U0957589

科技北京百名领军人才培养工程资助

Theory and Application for Urban Rail Transit Network Operation

城市轨道交通网络运营理论与应用

汪 波 著

人民交通出版社股份有限公司
China Communications Press Co.,Ltd.

内 容 提 要

本书共分 10 章，理论与实践相结合，主要介绍了城市轨道交通网络运营面临的问题、发展现状、客流分析、客流预测、能力分析与计算、运输计划编制、首末班车时间优化、周期化运行运输组织模式、周期事件安排问题、运力优化配置与列车运行图编制等内容。

本书可供城市轨道交通运营管理人员学习使用，也可供高等院校相关专业师生选用。

图书在版编目(CIP)数据

城市轨道交通网络运营理论与应用 / 汪波著. — 北京：人民交通出版社股份有限公司，2014.8

ISBN 978-7-114-11473-1

Ⅰ.①城… Ⅱ.①汪… Ⅲ.①城市铁路—轨道交通—交通网—运营管理 Ⅳ.①U239.5

中国版本图书馆 CIP 数据核字(2014)第 128016 号

书　　名：城市轨道交通网络运营理论与应用
著 作 者：汪　波
责任编辑：郭红蕊
出版发行：人民交通出版社股份有限公司
地　　址：(100011)北京市朝阳区安定门外外馆斜街 3 号
网　　址：http://www.ccpress.com.cn
销售电话：(010)59757973
总 经 销：人民交通出版社股份有限公司发行部
印　　刷：北京市密东印刷有限公司
开　　本：787×1092　1/16
印　　张：13.75
字　　数：316 千
版　　次：2014 年 8 月　第 1 版
印　　次：2014 年 8 月　第 1 次印刷
书　　号：ISBN 978-7-114-11473-1
印　　数：0001—3000 册
定　　价：39.00 元

Foreword 序

城市轨道交通运量大、方便、快捷，城市轨道交通的使用不仅彰显城市的品位，同时也不失为解决城市日益复杂的交通问题的“一剂良药”。

我国城市轨道交通建设起步虽晚，但近十几年来得到快速发展，成为世界城市轨道交通行业的后起之秀。以北京为例，2000年仅有2条城市轨道交通线路，运营里程54km，日客运量不足100万人次；到2013年底，北京城市轨道交通已发展成为含17条线路、运营里程达465km的复杂网络，2013年3月8日最大日客运量首次突破1 000万人次，北京城市轨道交通网络已经成为世界规模最大的城市轨道交通网络之一。目前，我国上海、广州和深圳等地的城市轨道交通网络也在迅速发展。

城市轨道交通线路交织成网，对网络运营管理的科学化和精细化提出了更高的要求。应该看到，我国很多城市的轨道交通建设虽然发展迅猛，但其运营方式尤其是网络运营管理方式却相对落后，比如我们轨道交通网络的规划设计水平、列车运行的灵活性、运营效率、运营服务水平等方面都与国外发达城市存在着一定的差距，这些因素会束缚我国城市轨道交通甚至城市将来的科学发展。可喜的是，我国已经有学者、城市轨道交通管理者意识到了存在的问题，开始尝试对此进行探索和研究，并取得了一定的成果。

汪波从事城市轨道交通运营的研究与实践有十余年时间，他将平时工作和研究中遇到的问题和自己的想法一点点积累，形成了本书——《城市轨道交通网络运营理论与应用》。本书从城市轨道交通的特点、实际运营条件、网络运营的本质出发，对城市轨道交通网络客流统计分析、网络运输能力评估、网络运输计划编制等一系列问题进行了理论与实践方面的探索，提出了解决城市轨道交通网络运营若干问题的理论和应用案例。

随着城市轨道交通网络化进程的不断推进，“如何经营好城市轨道交通”变得越来越重要，希望有更多的管理与研究人员关注这方面的问题，努力探索我国城市轨道交通网络运营管理的科学规律，进一步提高运营管理水平。

中国工程院院士

2014年1月

Preface 前言

城市轨道交通因其具有运量大、快速准时、安全高效、节能环保、节约土地资源等优点而在全世界范围内得到快速发展。目前，世界各大城市轨道交通系统已由单一线路发展成为纵横交错、经纬贯穿的轨道交通网络。城市轨道交通运营的总发展趋势呈现出网络结构复杂，客运运量大，突发事件传播快、影响大等发展态势，对现代城市发展的影响将越来越大。我国北京、上海等大城市的城市轨道交通发展已经进入了网络化发展阶段，什么是网络化运营、如何解决网络化运营带来的新矛盾、网络化发展的方向是什么，是现阶段所有城市轨道交通运营管理者必须尽快回答的问题。因此，开展网络化条件下的城市轨道交通网络运营理论、技术与方法研究显得尤其重要。

城市轨道交通网络运营是网络化发展的重要组成部分。目前，国内外相关研究领域已对网络条件下的票款清算、客流统计、共线运行、多交路运行等相关组织方法与实施技术进行了不同程度的探讨，然而总体上没有形成从单一线路到网络、从理论探讨到综合运用的网络化运营管理体系。

本书首先分析了城市轨道交通网络化运营条件特点；介绍了世界一些主要城市的轨道交通发展进程与运营特点；研究了网络化条件下的客流特征、清分与统计分析；研究了短期客流预测、新线接入既有网络客流预测与突发事件客流预测方法；研究了不同设备、设施、系统支持下的线网运输能力计算和分析方法。

其次，本书系统阐述了城市轨道交通运输计划编制的主要内容，研究了城市轨道交通网络首末班车时间制定的优化方法，探讨了城市轨道交通网络末班车延误的调整原则和方法。

再次，本书考虑城市轨道交通运营的特点，从提高运营效率和服务水平出发，提出了基于周期化运行的城市轨道交通运营模式，研究了周期事件安排问题(PESP)理论在城市轨道交通运营的运用。

最后，本书为解决城市客流与城市轨道交通运能矛盾愈发突出的问题，考虑网络结构、网络客流特征以及运营服务水平，研究了城市轨道交通网络运力配置计划制定及优化的方法；考虑优化线间衔接关系，借助周期事件排序理论研究了城市轨道交通网络列车运行图的编制方法。

本书围绕城市轨道交通网络运营特点开展理论研究，对城市轨道交通网络运营相关的关键问题进行分析，形成体系的网络运营关键理论、可操作的方法。本书各章节尽量以北京城市轨道交通网络运营为背景，力求将城市轨道交通网络运营的前沿理论与实际的运营需求相结合，在向城市轨道交通运营学习者阐述网络运营管理理论的同时，也为广大城市轨道交通运营从业者提供了解决实际问题的一些实用思路和方法。

我要感谢中国工程院施仲衡院士和北京交通大学韩宝明教授对本书写作给予的细致指导，感谢施院士在百忙之中为本书作序；感谢“科技北京百名领军人才培养工程”对本书的资助；我还要感谢北京市交通委员会、北京市基础设施投资有限公司、北京市交通信息中心、北京市轨道交通指挥中心、北京市交通运行监测调度中心的领导和同行们对我的大力支持和帮助。

受限于我的视野与能力，本书一定有许多不足之处，请各位专家学者以及同行们多多指正。如果这本书的内容能够引起大家对城市轨道交通网络运营的兴趣或者讨论，我将甚感荣幸。

汪　波

2014 年 4 月 18 日于北京

Contents 目录

第1章 城市轨道交通网络运营面临的问题

城市轨道交通(Urban Rail Transit)是一个范围较大的概念,在国际上没有统一的定义。一般而言,广义的城市轨道交通是指以轨道运输方式为技术特征的大运量城市公共交通系统。根据建设方式和标准、运输能力、服务对象的不同,可以将城市轨道交通分为有轨电车、轻轨、地铁等几种类别。

城市轨道交通具有运量大、速度快、安全、准点、保护环境、节约能源和用地等特点。随着世界范围内城市化进程的加速,人们的出行需求增多,机动车带来的环境问题日益显著,越来越多的城市建设者和管理者认识到:优先发展以轨道交通为骨干的城市公共交通系统,是解决城市交通问题的必由之路。

城市轨道交通网络运营是以复杂的城市轨道交通网络(含有圈或者两个以上换乘车站)和较大的客流量为基础,以线路间客流叠加作用明显、列车运行关联度高、突发事件容易传播和放大为特征,以不断提高网络整体通行能力、合理匹配网络资源、提高运输效率和安全水平为目的的一系列城市轨道交通组织管理过程。城市轨道交通网络运营包含网络客运组织、网络行车组织和网络运营服务三部分内容。

随着城市轨道交通网络规模的扩大,城市轨道交通服务对象不再仅仅是一条线路各站点吸引范围内的客流,而且还包括经换乘站由其他线路进入的客流,因此,线路间相互关联度的增强直接导致网络客流的演化规律更加复杂。由于居民出行需求迅速攀升,城市轨道交通的客流量明显增大,网络客流呈现高密度、高强度、阶段性的特点,原有单线运营管理模式、运输组织方法愈发显现出不足,难以适应以客流、车流在轨道交通网络时间和空间上分布为特点的网络运营。本章将从人、车和服务三个角度来分析城市轨道交通进入网络运营阶段后面临的问题及对策。

1 城市轨道交通网络运营的内容

城市轨道交通网络运营包含客运组织、行车组织、运营服务,其内容、理论方法和目的可以从人、车和服务三个角度进行分析,如图1-1-1所示。

城市轨道交通网络运营中人的因素对应的是客运组织方法,客运组织包括客流统计分析、客流预测和客运方案等内容。客流统计分析涉及的理论方法为客流清分方法,其目的在于通过清分模型获得城市轨道交通网络清分客流OD信息,进行灵活复杂的客流统计分析;客流预测涉及的理论方法为各种客流预测模型,其目的在于结合客流统计分析结果,利用各种客流预测模型,对城市轨道交通网络客流进行预测和客流仿真;客运方案是结合城市轨道交通网络客流信息和客流预测结果，采用仿真等手段，对城市轨道交通系统进行评估，提出科学的客运组织方案。

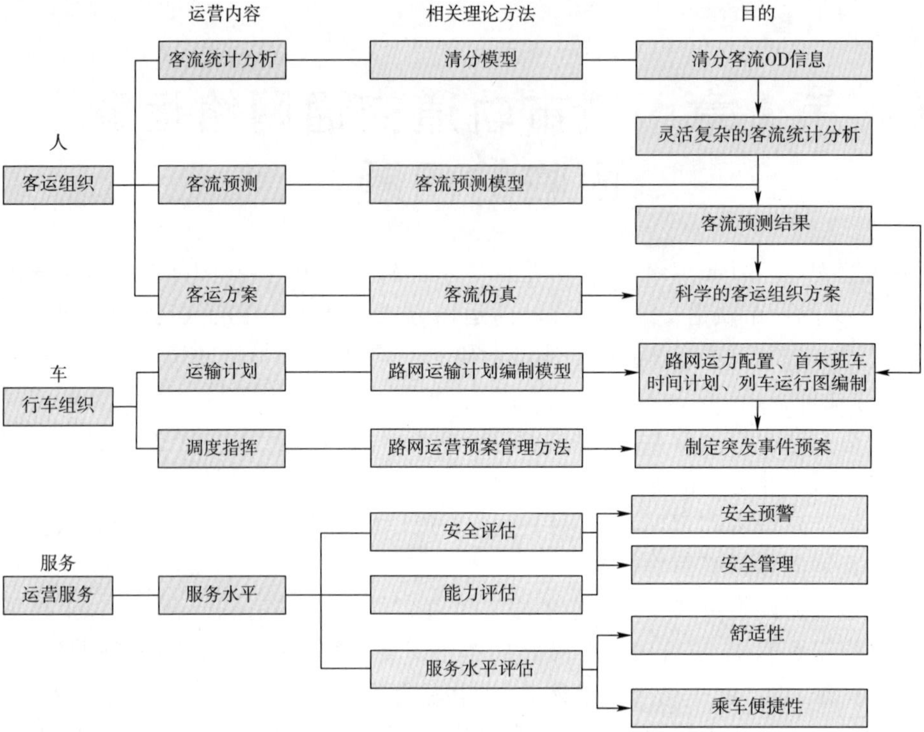

图 1-1-1　城市轨道交通网络运营内容、理论、目的及其关系

车的因素对应的是行车组织方法，行车组织的运营内容包括运输计划和调度指挥。运输计划涉及的理论方法是网络运输计划编制模型，其目的在于结合客流预测结果，根据网络运输计划编制模型，提出科学、最优的首末班车时间计划、网络运力配置计划及网络列车运行图编制计划；调度指挥涉及的理论方法是网络运营预案管理方法，其目的在于通过相关流程、方法研究，制定突发事件预案。

服务因素对应的是服务水平，其涉及的理论方法分别是安全评估、能力评估、服务水平评估。安全评估和能力评估为安全预警和安全管理提供了理论支持，服务水平评估主要考虑乘客的舒适性和乘车便捷性。

2　城市轨道交通网络运营的关键问题

城市轨道交通网络运营面临很多问题，研究相关理论方法是解决城市轨道交通网络运营的关键。

城市轨道交通网络运营是由单线运营发展而来的。在城市轨道交通单线运营时代，由于线路结构简单，客流吸引范围有限，客运组织和行车组织相对比较简单，服务水平较好控制；相对于单线运营管理模式，由于城市轨道交通网络结构的日益复杂，在一定时期内客流量将持续增长，造成客流规律多变、客流统计困难、行车计划编制和行车组织调整困难、安全运营风险大等诸多问题。另外,随着参与城市轨道交通出行人数和时间的增多,人们对城市轨道交通运营服务的需求也在不断增长。因此,城市轨道交通网络运营将面临越来越多的棘手问题。城市轨道交通关键问题主要包括:客流清分、客流统计与分析、客流预测、能力分析等,表1-2-1是城市轨道交通单线情况和网络条件下运营关键问题的比较分析。

城市轨道交通运营关键问题　表1-2-1

<table>
<tr><th colspan="2">关键问题</th><th>单线运营</th><th>网络运营</th></tr>
<tr><td colspan="2">客流清分</td><td>不存在或较简单</td><td>网络清分客流难度大:跨线运营条件;线间客流分配;复杂清分模型或方法</td></tr>
<tr><td colspan="2">客流统计与分析</td><td>指标单一</td><td>客流统计分析难度变大:由于存在换乘,相应指标数量增加;运量本身也增加</td></tr>
<tr><td colspan="2">客流预测</td><td>波动小</td><td>新线及既有线客流预测复杂:覆盖面大,影响因素多;变化复杂,规律很难掌握</td></tr>
<tr><td colspan="2">能力分析</td><td>车站、线路</td><td>车站、线路、网络及相互间影响关系</td></tr>
<tr><td colspan="2">运营模式</td><td>单一、实施方便</td><td>各线客流基础不同,模式复杂,由于线间客流互相影响,实施也有难度</td></tr>
<tr><td rowspan="3">运输计划</td><td>首末班车时间计划</td><td>简单,无需考虑</td><td rowspan="3">需考虑邻线及全网络运营效率与服务水平</td></tr>
<tr><td>运力配置计划</td><td>邻线影响</td></tr>
<tr><td>列车运行图编制</td><td>—</td></tr>
<tr><td colspan="2">运营服务、运营评估</td><td>简单</td><td>服务范围大,标准高,运营评估内容繁多;评估体系建设工作量大</td></tr>
</table>

本节结合城市轨道交通运营的实际情况,对表1-2-1所述城市轨道交通网络运营的关键问题进行逐一说明。

2.1 客流清分

随着城市轨道交通网络结构的不断复杂化,客流量不断攀升,OD路径多样化程度明显加深,对网络客流统计方法的精细化要求和统计结果的准确化要求将不断提高,加大了网络客流清分统计的难度。

单线运营情况下的城市轨道交通由于线路和运营企业单一,不存在客流在线路内的清分问题。而城市轨道交通形成网络后,一方面要计算各运营线路的断面客流情况,为下一步的客流统计分析、编制与客流合理匹配的运输计划等工作做好准备;另一方面,在网络一票通行的条件下,需根据旅客出行过程在线路间的分配情况,对不同运营主体间、线路间的票款进行重新分配。

以北京城市轨道交通发展情况为例(表1-2-2),在2002年之前,北京地铁仅有1号线、2号线两条线路,运营里程54km,由北京市地铁运营有限公司一家单位负责运营,因此不存在客流清分问题;而到了2013年6月,随着网络规模的扩大,地铁运营线路已由2条变为17条,运营里程发展到456km,并由北京市地铁运营有限公司和北京京港地铁有限公司两家运营商负责运营。因此,产生了在不同公司间、不同线路间客流、客票精细分配的问题。

城市轨道交通网络规模越复杂,换乘节点越多,客流清分越困难。针对这种情况,需定期开展客流调查,综合考虑旅客在网络中选择"较短费用"(如时间、票价、方便程度等)原则以及实际客流OD发生量,建立能够适应网络结构变化和运营条件变化的动态客流清分模型,保证网络客流清分结果的准确性。

北京市城市轨道交通发展情况 表1-2-2

时　间	运营线路	线路数目	运营里程(km)	运　营　商
2002年前	1号线、2号线	2	54	北京市地铁运营有限公司
2013年	1号线、2号线、4号线、5号线、6号线、8号线、9号线、10号线、13号线、14号线、15号线、大兴线、昌平线、亦庄线、房山线、八通线、机场专线	17	465	北京市地铁运营有限公司、北京京港地铁有限公司

对于成网条件下的客流清分方法的讨论,将在本书第3章详细阐述。

2.2 客流统计与分析

较准确地掌握客流的分布特点和发展情况,是城市轨道交通网络综合规划、运营管理的重要基础,也是工作中的难点。城市轨道交通进入网络运营阶段后,网络中大量的换乘站将独立运行的线路连接成一个网,为乘客在网络中有序地流动提供了物理条件。同时,网络自动售检票技术实现了乘客的一票换乘,为乘客在网络中有序流动提供了技术条件。在网络运营条件下,乘客出行路径具有多选性,这种多选性使城市轨道交通网络运营客流的统计与分析更趋于复杂。

在单线运营模式下,客流统计与分析指标相对简单,客流分析维度单一,主要分析指标有进站量、出站量、换乘量、客运量、断面客流量等。在网络运营模式下的客流统计指标数量繁多,客流分析的维度更多,需从时间、空间、不同的线路类型、不同的运营阶段等多角度对网络客流进行综合分析,其客流统计分析指标包括进站量、出站量、客运量、换乘量、换乘系数、线路断面客流量(线路日断面流量、小时断面流量)、客流方向不均衡系数(上下行两个方向断面流量的最大值与上下行最大断面流量均值的比值)、线路平均运距(全日平均运距和高峰小时平均运距)、线路客流量高峰小时系数(线路高峰小时客流量与全日客流量比值)、线路客流量(线路的总乘车人次,包括线路小时客流量、日客流量)、网络客流量(网络中各线客流量之和,包括小时网络客流量、日网络客流量)、线路高峰小时单向最大断面等,使得客流统计与分析的内容更多、难度更大。另外,在网络运营模式下,不仅客流统计与分析指标繁多,指标内容的计算难度也随着网络的复杂化而增加。如上面提到的客运量指标(反映一段时间内运送乘客的数量),在单线运营时,客运量等于线路的进站量,即本线进、本线出的乘客人次;在网络运营条件下,网络客运量是各线路客运量之和,线路客运量包括本线进本线出乘客人次、本线进其他线出乘客人次、它线进本线出乘客人次以及途径本线乘客。

在网络运营条件下,城市轨道交通客流的显著特点是网络客运量增长趋势十分明显。例如,2007年10月7日北京城市轨道交通5号线开通后,伴随着公交低票价的执行,北京城市轨道交通客流的网络增长趋势明显,日均客运量从2007年的不到200万人次猛增至2012年的700万人次。由于网络运营指标与各站、线路运营指标之间不是简单的线性关系,网络客流分析的复杂性和难度都很大。

本书将于第 3 章详细阐述城市轨道交通网络条件下客流统计与分析方法。

2.3　客流预测

城市轨道交通网络发展起来后，各线路之间的相互关联度会大大增强，客流的波动性和叠加性会使掌握网络客流规律更加困难。

随着城市轨道交通网络的大型化和复杂化，研究针对网络运营条件下的轨道客流预测理论和方法，实现城市轨道交通客流需求及其动态演化趋势的全面而精确的预测，对于城市轨道交通网络客流分析、运输计划编制以及其他网络运营决策具有重要意义。

网络运营条件下，由于网络覆盖面大，影响客流产生、时间空间分布的因素在增加，因此，不同线路的客流发展变化的趋势也会不同。以北京城市轨道交通为例，贯穿商业区的 1 号线、2 号线与主要服务于居住区的 13 号线、15 号线的进出站量的变化、断面客流量的变化规律相差很大，如 1 号线双休日全天分时最大断面客流量早晚高峰相对明显，15 号线双休日全天分时最大断面客流量变化相对平稳，如图 1-2-1 所示。

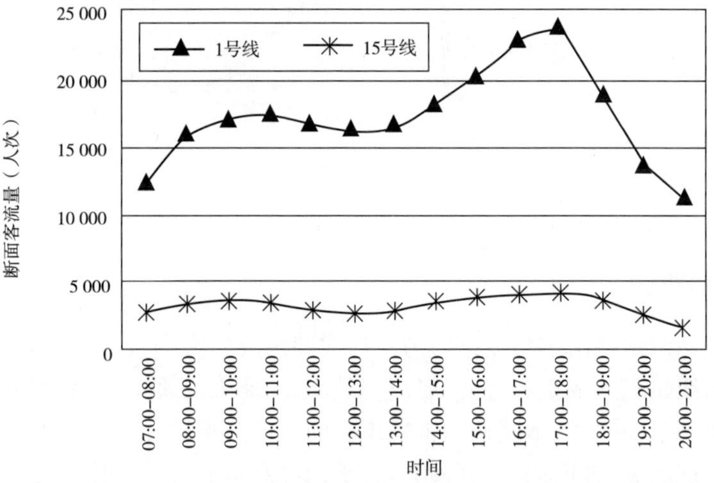

图 1-2-1　北京城市轨道交通 1 号线、15 号线双休日全天分时最大断面客流量（2011 年 7 月）

新线接入、突发事件等原因造成网络拓扑结构的改变，也进一步加大了网络客流预测的难度。以北京城市轨道交通为例，2010 年底开通的昌平线（5 条郊区线之一）对与之直接衔接的 13 号线客流产生的影响很大，而对亦庄线、5 号线、大兴线等物理位置较远的线路客流产生的影响较小，如图 1-2-2 所示。

因此，在城市布局、网络结构不断动态变化的同时，仅凭客运市场调查和研究，了解区域综合交通规划、客运市场构成，掌握新线投入前的乘客构成以及乘客需求，分析不同票制票价下的客流灵敏度，从宏观层面来把握整体客流变化的规律和趋势，来预测和把握今后各关键换乘站、新线乃至整个网络的客流情况，具有很大的难度。应该结合网络结构、网络客流历史数据，研究不同预测方法，对城市轨道交通网络客流的动态发展趋势做出较为科学的预测和分析，使之能够更好地服务于站线选择、行车计划编制。

本书将于第 4 章详细阐述城市轨道交通网络客流预测的理论与方法。

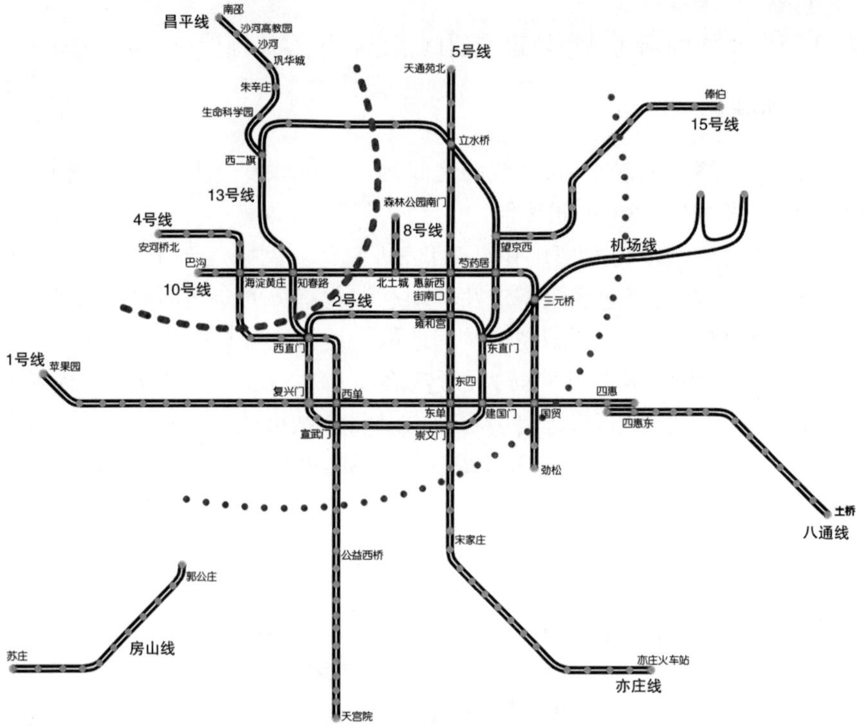

图 1-2-2　北京轨道交通昌平线影响范围示意图

（小圈范围内车站为昌平线客流主要目的地，大圈范围内车站为昌平线客流次要目的地）

2.4　能力分析

城市轨道交通网络是由多条城市轨道交通线路组成的大容量、快速客运系统，通过城市轨道交通车站与线路相互衔接和连接，形成规模大、功能强的客运网络，线路之间实现互联、互通、互动、资源共享，满足城市交通和乘客出行的需求。不同于单条线路管理，形成网络的庞大系统需要多层次、多方面的综合协调。对于构成网络的各条线路，承担相应区域的客流输送任务，线路之间可能存在客流吸引和竞争，在网络密度较高时尤为明显。但是系统的综合运输能力不是简单地多条线路子系统能力的叠加，而是受线路间相互影响关系的共同制约。网络系统构成的基本要素是多个“点”和多段“线”，其运输能力往往受制于“点”的瓶颈处，可以说是由“点”系统和“线”系统的最小能力决定的。

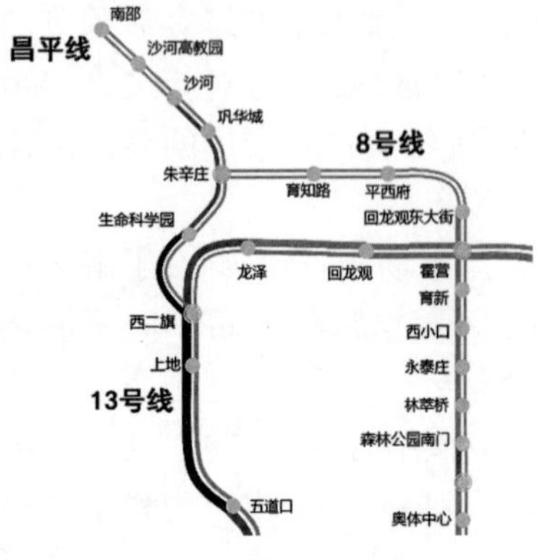

图 1-2-3　北京轨道交通网络能力受制约示意图

在城市轨道交通网络运营条件下，网络能力的发挥受线与线间能力的制约。以北京城市轨道交通为例，由于早高峰期间 13 号线下行回龙观至知春路区段满载率过高，使得西二旗站下行站台列车可上车人数大大减少，直接制约了昌平线能力的提升，进而限制了该区域运输能力的发挥（图 1-2-3）。

又如，与北京城市轨道交通1号线平行的6号线开通后，在缓解了1号线客流情况的同时，由于增加了网络东西向连通性，也提高了北京城市轨道交通整个网络的运输能力（图1-2-4）。

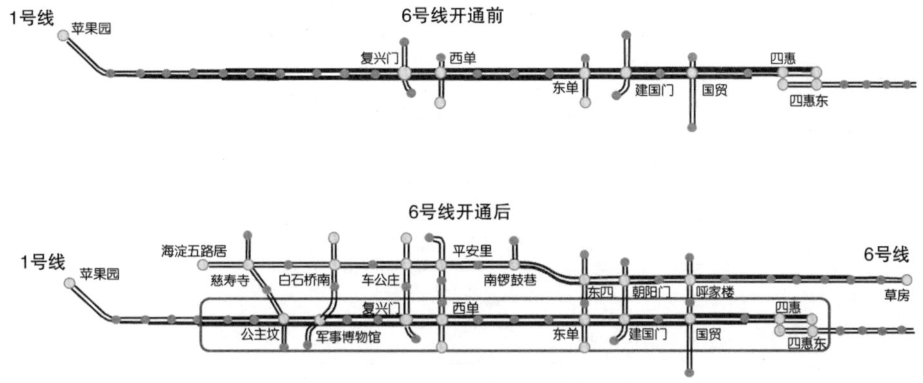

图1-2-4　网络能力提升示意图

关于轨道交通运输能力的具体分析，本书将于第5章详细阐述。

2.5　运营模式

在城市轨道交通网络运营条件下，由于各线客流特点不同、线路基础不同，每条线可采用的运营模式不尽相同。同样运营条件下，选择不同的运营模式，将得到完全不同的运营效果。

在线路条件、客流特征、车辆配属、运能配置等因素影响下，北京城市轨道交通网络呈现出运行交路复杂多样的特征，各线路列车运行交路会随着实际情况进行不断调整。例如，北京城市轨道交通5号线具备大屯路东至蒲黄榆间小交路运营条件，理论上5号线可采用“大屯路东至蒲黄榆间小交路＋大交路”的运营模式，如图1-2-5a）所示；但由于早高峰期间，客流多集中于5号线北部，因此只能采取“天通苑至蒲黄榆的小交路＋大交路”的运营模式，增加线路北段的运力，如图1-2-5b）所示；然而随着亦庄线的开通，由于5号线南端客流量持续增大，“天通苑至蒲黄榆的小交路＋大交路”的运营模式已不能满足南段客流增长的需求，因此5号线后来不得不采取大交路的运营模式，如图1-2-5c）所示。

另外，由于城市轨道交通客流量大，列车开行种类单一，可以考虑在城市轨道交通采用周期化的运营模式。所谓周期化运行，是指列车在各时段以基本相同的列车到发时刻、越行秩序等规律运行。此列车运行模式一方面极大利用了站线能力，乘客乘坐列车非常方便；另一方面，由于列车运行的规律性，缩小了各项运力配置约束范围，很大程度地简化了运力优化配置的难度，可以通过建立离散优化模型对大规模网络的运力配置进行快速、精确地求解。

本书将于第8章和第9章详细阐述列车周期化运行的相关理论与方法。

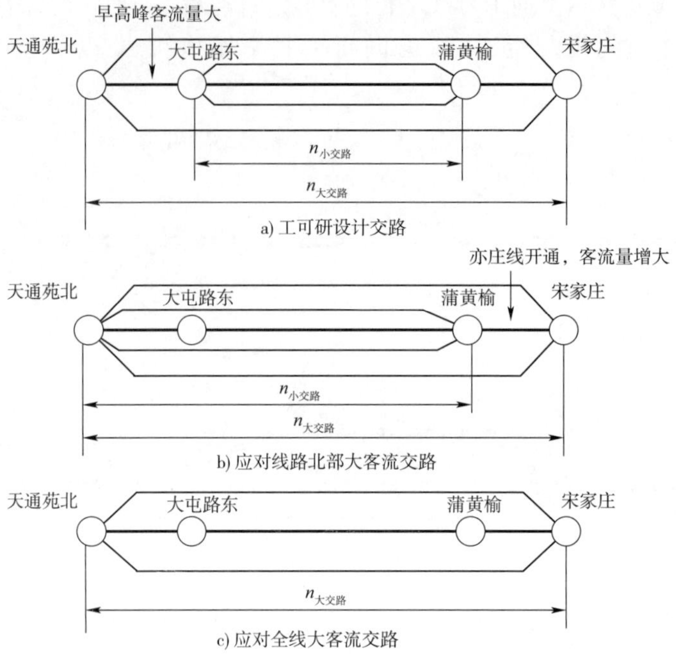

图 1-2-5　北京城市轨道交通 5 号线运营模式演进示意图

2.6　网络运输计划编制

考虑到现实网络条件及诸多不确定复杂因素，网络中的列车在不同线路、车站的开行全部获得最优组织方案是难以实现的。尤其对于多线交汇的大型换乘站，既要满足衔接线路间的换乘时间与各自列车到站时间的匹配，以减少乘客等待时间，又需兼顾多条线路的列车不同时在站停留，避免因客流大量集聚而增大车站设施资源的负荷，降低服务水平。而当某一换乘站满足以上要求得到最佳组织方案，在列车区间运行时间、中间站停时间一定时，受线路分布、换乘站结构等的影响，很可能会与该站邻接的其他换乘站的最优方案产生矛盾。

因此，应该将城市轨道交通运输计划的编制分成城市轨道交通首末班车时间计划、运力配置计划、列车运行图编制三个方面来进行研究。

2.6.1　首末班车时间计划

单线运营情况下的城市轨道交通由于线路单一，不存在首末班车时间计划问题。在城市轨道交通网络运营条件下，需要协调各线路的时间。首班列车衔接的目标是使早间市郊区域的客流经换乘后能够尽快乘坐所需列车进入市区范围从事日常工作，市郊区域的首班车开行时间应相对早于网络中心线路。末班列车衔接的目标是保证晚间市区范围的客流经换乘后，可搭乘到市郊线路的列车返程，即要求郊区线路末班车的终止时间晚于市区内的列车。

北京城市轨道交通网络呈“井”字形布局，换乘站及换乘方向众多，有两线换乘、三线换乘车站，首末班车时间计划编制非常复杂。由于城市轨道交通列车运行时间、站停时间一般为刚性设置，使得解决该问题尤为困难。所以，需要制定网络首末班车时间衔接规则，研究高效的衔接模型进行求解。

本书将于第7章详细阐述首末班车时间计划编制理论与方法。

2.6.2　运力配置计划

城市轨道交通网络是由相对独立的城市轨道交通线通过换乘节点衔接形成的，由于建设时机的不同以及所处城市功能区位的不同，各条线路对应的客流需求时空分布特点各异。比如，城市中心区的乘客希望得到高频率的服务，市郊的乘客希望得到较高旅行速度和延长运营时间的服务等。另外，不同线路列车的车辆型号、编组形式、信号制式、车站站型布置也存在差异。随着城市轨道交通网络的不断发展，这种差异将会变得更加明显而多变。综合上述因素，从提高列车旅行速度，降低运营成本，提供优质的运输服务出发，需要研究制定灵活的列车运行方案，比如，在城市中心区线路采用短间隔、各站停车的运行方式，在远郊线路采取长间隔、列车交错停车的运行方式，以及由此相对应的灵活的列车运行交路方式、乘务制度与车辆使用方案等；提高方案的质量和自动化编制水平，以有限的设备资源尽可能满足复杂的客流条件和需求。

网络运营条件下网络列车开行计划制定，不仅依据本线客流特点，而且需要考虑其他线路客流的转换影响，从而确定各线的运力运量关系，合理衔接首末班车时间，优化换乘站的列车接驳，提高列车的利用效率。运营组织方式可能采取多交路套跑、共线运营等复杂模式。复杂的运营组织方式加上复杂的网络结构和网络客流，给城市轨道交通的行车组织工作提出更高的要求。

单线运营组织的最优方案在全网络中不一定适用，往往受到其他线路的影响。这种影响表现为两个方面：多条线路的交汇使客流在不同线路区域间移动，对某条线路而言客流量有所增长，同时各线路高峰时段的差异引起网络客流变化的穿插而呈现不规则性，对列车开行方案的多样化提出了需求；另一方面，多条线路在换乘枢纽站的交汇对行车组织及车站设备、空间资源利用等提出了更高要求，需在其他线路的列车合理开行的前提下，制定与运行时间匹配的网络列车运行计划。因此，由单线向全局网络综合管理的适应性转化不可避免，而这一过程向多条线路的协调组织提出了实践需求。

在城市轨道交通网络运营条件下，网络运力配置计划需要综合考虑全网络范围内乘客换乘、网络、线路能力、客流波动、换乘人数及线间能力的配合。以北京城市轨道交通为例，1号线由于客流变化需增加运力时，不仅需考虑与其直接产生换乘关系的2号线、4号线、5号线、10号线的线路运输能力、换乘站换乘量、换乘能力的匹配，还需要考虑给网络其他线路运营带来的影响，在网络范围内做出是否要调整相关线路运力的判断。网络运力计划的理论与方法研究，本书将于第10章中详细阐述。

2.6.3　列车运行图编制

列车运行图是指导城市轨道交通运输生产的重要基础文件，同时也是能够直接体现和考核客运服务质量的技术文件。由于城市轨道交通列车速度较为单一、列车间相互越行以及列车跨线运行的机会较少，因此，当网络结构简单时，城市轨道交通列车运行图的编制相对容易。随着城市轨道交通规模和吸引人群的日益扩大，城市轨道交通网络间的关联性、运力与运量匹配的高要求、逐渐增长的客运服务需求与列车运行的内在规律性、运行图编制的灵活性、城市客流时空分布的不均衡性与有限的城市轨道交通运输资源之间的矛盾日益凸显,给网络列车运行图的铺画带来许多亟待解决的新问题。

编制城市轨道交通网络列车运行图具有以下 3 个难点:

(1)各线首末班车时间在换乘站接续的难度增大;

(2)列车在换乘车站接续的难度增大;

(3)列车运行图与列车运行方案结合的难度增大。

实际的经验和计算均表明,解决上述问题的难度非常大,特别是当网络具有环状线路又要求保证运行图铺画均衡性时,不可能使全网络的列车实现较好的衔接要求。针对以上各种困难,可以尝试采取以下几种方法解决:

(1)优化首末班车时间衔接方案。充分利用换乘冗余时间,并对网络边缘换乘衔接要求进行简化处理。

(2)将网络合理分区。根据功能定位和实际情况,将大的网络划分或组合为若干个小的网络区域,在小的网络范围内考虑运行图的优化编制方法。这样既降低了列车运行图的铺画难度,增加了铺画效率,又能够最大可能地满足乘客的运输需求,提高运输服务水平。

(3)采用灵活的运行图编制模式,增加编制运行图的弹性约束条件。现有的城市轨道交通运行图大多采用的是平行、追踪、随机的铺画模式,对于换乘节点的换乘约束、首末班车时间衔接约束是刚性约束。因此,编制网络运行图时如果考虑换乘等约束,通过模型计算不是可行解很少就是无解,无从谈起运行图编制的优化。如果在编制运行图时,考虑采用不同的运行图铺画模式,比如,非平行运行图模式、周期运行图模式,以及带有时间窗的约束条件,将扩大模型可行解的取值范围,大大降低模型的求解难度,所得的不同运行图结果也更加有利于实现提高乘客服务水平的要求。

(4)针对网络客流情况复杂、运行方案多样性的特点,研究新的模型及其求解算法,减少不必要的人为干预,以先进的计算机软硬件做支持,大力提升运行图自动化编制水平的技术,缩短各线路运行图的编制周期。

在城市轨道交通网络运营条件下,列车运行图的编制主要考虑换乘站、换乘等待时间、乘车方便性、提高服务水平等,本书将于第 10 章详细阐述编制网络运行图的理论和方法。

2.7 服务评估

2.7.1 形成一切以提高服务质量为出发点的客运服务理念

城市轨道交通的最大特点是客流吸引范围大、运送量大,能有效解决大城市居民的出行问题,有了线路、车站,远远还没有解决城市交通问题。城市轨道交通属于服务行业,还要采取各种策略吸引大家来乘坐城市轨道交通,充分利用现有城市轨道交通资源,放大城市功能区的辐射范围,促进城市化发展进程,缩减城市轨道交通建设的还款周期,使“规划—建设—运营”走向良性循环的过程。长期以来,城市轨道交通由于运力远低于运量,对于如何吸引客流关注不够,当城市轨道交通进入网络规模发展后,随着运力、运量的大增,它已经不再是一种单纯的交通工具,而是完善城市功能、提高民众生活品质、缓解环境恶化的重要方式。因此,应该将提高运输服务质量作为策划运营组织工作的出发点,提倡人性化的服务,将城市轨道交通当作一个很好的城市品牌来经营。

2.7.2 改善乘车环境

运营组织工作不能重“运”轻“营”,更不能重“营”轻“运”,应该“运”“营”并举。考虑乘客在换乘站换乘时，如仅仅考虑如何缩短旅客在车站的等待时间这一单一标准，将使网络列车运行计划陷入困境，而且计划与实际运营结果不一定达到良好的效果。乘客的需求是多层次、多方面的，应当进行充足的客运市场调查，了解乘客结构及其需求特征，通过改善换乘通道和候车设施、美化站厅结构、加强车站诱导系统功能、及时发布网络运营信息等方式，改善乘客乘车环境，提升城市轨道交通运输方式的竞争力。

2.7.3　建立完备的网络运营客运服务指标体系

良好的客运服务要落到实处，必须要有科学、严谨的客运服务管理。因此，有必要深入研究网络客运服务管理体系，突出研究网络运营条件下客运服务和管理的内容和特征；研究换乘站的换乘服务标准，保障任何情况下客流能够在换乘站内有序的流动和进出站；建立并不断完善客运服务质量评价体系，形成简单、全面的评价方法。

3　本章小结

本章从人、车、环境三个角度，对城市轨道交通网络运营的内容、理论方法和目的进行了分析。阐述了城市轨道交通由单线运营过渡到网络运营涉及的客流清分、客流统计与分析、客流预测、能力分析、运营模式、网络运输计划编制等关键理论与方法。

第 2 章　世界城市轨道交通网络运营发展现状

世界各国城市轨道交通都经历了由单线运营到网络运营的过程，由于国情不同，建设、运营时间也各有先后，各国城市轨道交通的网络进程不尽相同，因此，形成了各具特色的网络运营特点。

本章将对国内外 10 个代表性城市（北京、上海、广州、香港、东京、纽约、华盛顿、伦敦、巴黎、马德里）的城市轨道交通发展进程和网络运营特点进行介绍。

1 北　　京

1.1 概述

北京是中国第一个建设地下轨道交通的城市，截至 2013 年，北京城市轨道交通共有 17 条运营线路，组成覆盖北京市 11 个市辖区，拥有 277 座运营车站、总长 465km 运营线路的轨道交通系统。

目前，北京城市轨道交通由北京市地铁运营有限公司（图 2-1-1）和北京京港地铁有限公司（图 2-1-2）分别运营不同线路，北京京港地铁有限公司运营的 4 号线也是中国第一条采用公私合营模式建设和运营的轨道交通线路。

图 2-1-1　北京市地铁运营有限公司标志

图 2-1-2　北京京港地铁有限公司标志

以运营里程计算，北京城市轨道交通是世界第二大城市轨道交通系统；若以客运量计算，北京城市轨道交通则是中国最繁忙的城市轨道交通系统。北京城市轨道交通工作日的日均客运量在 800 万人次以上，并且在 2013 年 7 月 16 日创下最高值[*]，达到 1 106 万人次。

根据规划，到 2015 年，北京城市轨道交通网络将发展到 19 条线路，里程超过 660km，二环以内网络密度为 $1.08km/km^2$，五环以内网络密度为 $0.51km/km^2$。其中，中关村、金融街、

*2013 年运营数据。

北京西站、北京南站、奥林匹克公园和 CBD 等人口密集的区域，将有多条城市轨道交通相连。昌平、顺义、门头沟、房山、通州、亦庄和大兴 7 个周边新城，均有轨道交通通行，网络日均客运量也将提高到 1 000 万人次以上，并承担公共交通出行量的 50% 左右。北京城市轨道交通网络图及网络运营情况分别如图 2-1-3 和表 2-1-1 所示。

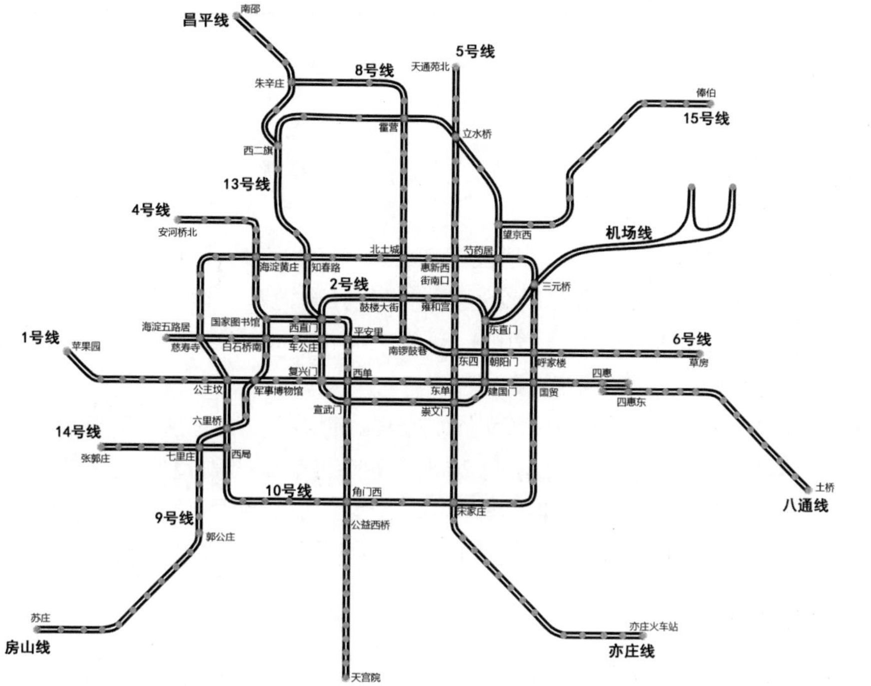

图 2-1-3　北京城市轨道交通网络图(截至 2013 年)

北京城市轨道交通网络运营概况(截至 2013 年)　　表 2-1-1

线路名称	首次通车时间	线路长度(km)	车站数(座)	起点站	终点站
1 号线	1969 年	31.0	23	苹果园	四惠东
2 号线	1984 年	23.1	18	环线	
4 号线	2009 年	28.2	24	公益西桥	安河桥北
5 号线	2007 年	27.6	23	宋家庄	天通苑北
6 号线	2012 年	30.4	20	五路居	草房
8 号线	2008 年	26.6	12	南锣鼓巷	朱辛庄
9 号线	2011 年	16.5	12	郭公庄	国家图书馆
10 号线	2008 年	57.1	45	环线	
13 号线	2002 年	40.9	16	东直门	西直门
14 号线	2013 年	12.4	6	西局	张郭庄
15 号线	2010 年	31.5	12	望京西	俸伯
八通线	2003 年	19.0	13	四惠	土桥
机场线	2008 年	28.1	4	T2 航站楼	东直门
昌平线	2010 年	21.3	7	西二旗	南邵

续上表

线路名称	首次通车时间	线路长度(km)	车站数(座)	起点站	终点站
房山线	2010 年	24.6	11	苏庄	郭公庄
亦庄线	2010 年	23.2	13	亦庄火车站	宋家庄
大兴线	2010 年	21.8	11	天宫院	公益西桥

1.2 历史

北京城市轨道交通一期工程于 1965 年 7 月 1 日开工,在 1969 年 10 月 1 日完工,这条线路长 23.6km,采用明挖填埋法施工,从西山苹果园到北京火车站,共有 17 座车站。这条线路是中国最早的城市轨道交通线路。

在试运营 10 年之后,北京城市轨道交通于 1981 年 9 月 15 日对外开放,它包括 19 座车站。1984 年 9 月 20 日,北京城市轨道交通二期工程开通运营。这条马蹄形的线路自复兴门至建国门,长 16.1km,有 12 座车站。2000 年,北京城市轨道交通建设开通了复八段,促使 1 号线全线贯通运营,处于缓慢发展阶段。

2001 年 7 月 13 日,北京获得了第 29 届夏季奥林匹克运动会主办权,极大地推动了北京城市轨道交通事业的发展。在 2001 年至 2008 年间,北京城市轨道交通又陆续建设开通了 13 号线、5 号线、10 号线一期、8 号线一期(奥运支线),机场线同时开通试运营。2009 年开始,北京城市轨道交通持续发展,逐渐迈入网络运营阶段。

1.3 票制票价

2007 年 10 月 7 日,地铁 5 号线开通运营之日,北京地铁同时实行全网 2 元单一票制票价。从最初使用参观票至今,地铁公司先后历经 10 次票价调整变化(表 2-1-2)。

北京城市轨道交通票价调整变化表 表 2-1-2

<table>
<tr><th>阶段</th><th>时　　间</th><th>线　　路</th><th>普票</th><th>月票(仅 1、2 号线有效)</th></tr>
<tr><td rowspan="2">一</td><td rowspan="2">1971 年 1 月至 1987 年 12 月
(2 号线 1984 年开通)</td><td>1 号线</td><td>0.1 元</td><td>10 元(1978 年开始)</td></tr>
<tr><td>2 号线</td><td>0.1 元</td><td>7 元(开通时开始)</td></tr>
<tr><td rowspan="3">二</td><td rowspan="3">1987 年 12 月至 1988 年 7 月</td><td>1 号线</td><td>0.2 元</td><td rowspan="3">10 元</td></tr>
<tr><td>2 号线</td><td>0.2 元</td></tr>
<tr><td>跨线</td><td>0.3 元</td></tr>
<tr><td>三</td><td>1988 年 8 月至 1990 年 12 月</td><td>1、2 号线</td><td>0.3 元</td><td>10 元</td></tr>
<tr><td>四</td><td>1991 年 1 月至 1995 年 12 月</td><td>1、2 号线</td><td>0.5 元</td><td>18 元</td></tr>
<tr><td>五</td><td>1996 年 1 月至 1999 年 12 月</td><td>1、2 号线</td><td>2 元</td><td>40 元</td></tr>
<tr><td rowspan="5">六</td><td rowspan="5">2000 年 1 月至 2006 年 4 月
(13 号线 2002 年 9 月开通;
八通线 2003 年 12 月开通)</td><td>1、2 号线</td><td>3 元</td><td>80 元</td></tr>
<tr><td>13 号线</td><td>3 元</td><td>50 元(专用)</td></tr>
<tr><td>八通线</td><td>2 元</td><td rowspan="3">无</td></tr>
<tr><td>1、2 号线与 13 号线换乘</td><td>5 元</td></tr>
<tr><td>1、2 号线与八通线换乘</td><td>4 元</td></tr>
</table>

续上表

阶段	时　　间	线　　路	普票	月票(仅1、2号线有效)
七	2006年5月至2006年12月31日	1、2号线	3元	90元
		13号线	3元	60元(专用)
		八通线	2元	无
		1、2号线与13号线换乘	5元	
		1、2号线与八通线换乘	4元	
八	2007年1月1日至2007年10月6日	1、2号线	3元	60元(专用)
		13号线	3元	
		八通线	2元	
		1、2号线与13号线换乘	5元	
		1、2号线与八通线换乘	4元	
九	2007年10月7日至2008年7月18日	全网络	2元	无
十	2008年7月19日至今	城市轨道交通网络	2元	无
		机场线	25元	

2008年6月9日起，北京城市轨道交通启用新型AFC检票售票系统。乘客可通过自动售票机购一票通，还可以使用市政交通一卡通乘坐城市轨道交通。

1.4　运营特点

1.4.1　客流特点

2008年奥运会后，由于城市规模和人口的增长、低票价的实施，北京城市轨道交通客流增长迅猛，日均客运量逐年攀升，如图2-1-4所示。

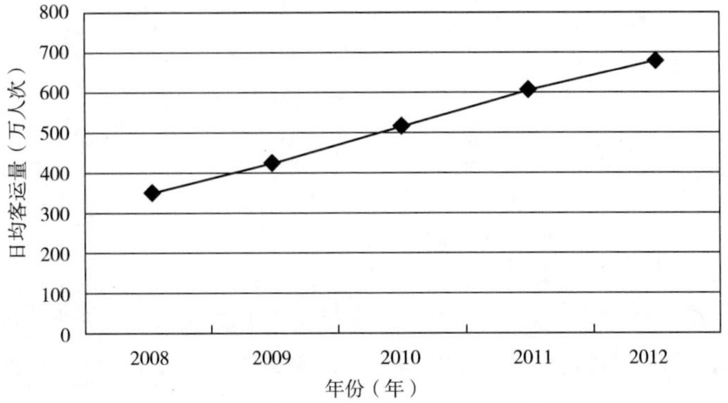

图2-1-4　北京城市轨道交通日均客运量变化情况(2008～2012年)

北京城市轨道交通全日客流分布，在时间上有较为明显的高峰和平峰，高峰时段客流集中，平峰时段客流相对较小；在空间上也存在客流密度差异明显的情况，如在早高峰时段网络各区间断面客流量的分布极不均衡，部分线路如5号线、10号线和13号线的运力明显不足。

1.4.2　城市轨道交通行车特点

(1)城市轨道交通列车运行间隔短，发车密度高。截至2013年10月，北京城市轨道交通市区线在客流高峰期列车的发车间隔都已经缩短至 3min 或以下,2 号线和 4 号线最小间隔已达到 2min,见表 2-1-3。

北京城市轨道交通各线最小发车间隔　　表 2-1-3

线路名称	最小发车间隔	线路名称	最小发车间隔
1 号线	2min5s	13 号线	2min40s
2 号线	2min	15 号线	6min15s
4 号线—大兴线	2min	八通线	2min50s
5 号线	2min30s	机场线	8min30s
6 号线	4min	昌平线	5min30s
8 号线	3min30s	房山线	9min30s
9 号线	7min30s	亦庄线	5min50s
10 号线	2min15s		

(2)计算机编制列车运行计划。北京城市轨道交通已实现了计算机编制列车运行图,列车运行图的种类包括平日、双休日、节假日、节前、除夕及其他特殊阶段运行图类型。

(3)行车调度工作。调度控制中心(OCC)是北京城市轨道交通系统运行的核心和基本单位,它实行各部门各工种高度集中的统一指挥,保证列车运行安全、准点,及时调整与实现各种情况下的乘客运输任务。在突发事件情况下,当在调度控制中心控制权转移为车站控制时,实现车站所辖范围内的列车进路的办理及信号开放等行车作业。

1.4.3　网络运营管理模式

北京市通过对城市轨道交通各线路的行车组织、电力控制、环境控制、视频监控等诸多专业系统资源进行系统整合,建设网络调度指挥平台(TCC);通过对各线路的自动售检票系统进行系统整合,建设网络联网收费与清分清算平台(ACC),实现了高效的运输方式和科学严谨的管理体系。

2　上　　海

2.1　概述

上海城市轨道交通第一条线路于 1995 年 4 月 10 日正式运营,是继北京地铁、天津地铁建成通车后中国大陆投入运营的第三个城市轨道交通系统,由上海申通地铁集团有限公司(简称"上海申通地铁",图 2-2-1)负责运营。

截至 2013 年 10 月,上海城市轨道交通网络已开通运营 13 条线路、200 座车站(含磁浮示范线,换乘站重复计算,共线车站不重复计算),运营里程达 492km(含磁浮示范线,共线里程不重复计算),总里程为世界第一。到 2014 年,运营里程将达到 600km,近期及远期规划则达到 510km 和 970km。网络图及网络运营情况如图 2-2-2 和表 2-2-1 所示。

图 2-2-1　上海申通地铁集团有限公司标志

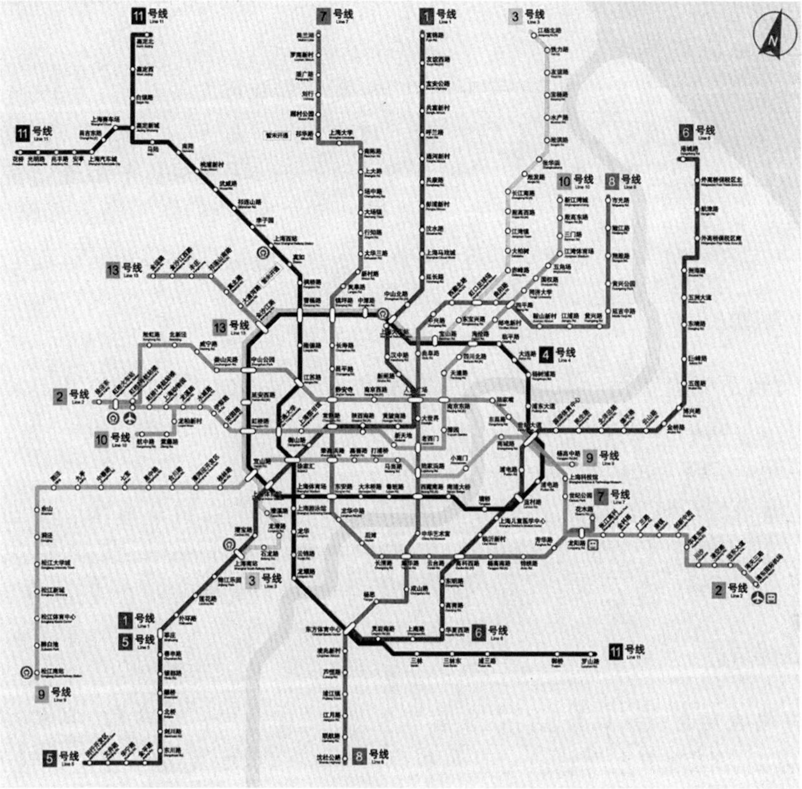

图 2-2-2　上海城市轨道交通网络图(截至 2013 年)

上海城市轨道交通网络运营概况(截至 2013 年)　　表 2-2-1

线路名称	首次通车时间	线路长度(km)	车站数(座)	起点站	终点站
1 号线	1995 年	36.9	28	莘庄	富锦路
2 号线	2000 年	60.3	30	徐泾东	浦东国际机场
3 号线	2000 年	40.2	29	上海南站	江杨北路
4 号线	2005 年	33.8(与 3 号线共线运营 11.6)	26(与 3 号线共线运营 9 座车站)	环线	
5 号线	2003 年	17.2	11	莘庄	闵行开发区
6 号线	2007 年	32.7	28	港城路	东方体育中心
7 号线	2009 年	43.9	32	美兰湖	花木路
8 号线	2007 年	37.4	30	市光路	沈杜公路(原航天博物馆)
9 号线	2007 年	45.6	26	松江南站	杨高中路
10 号线	2009 年	35.2	31	虹桥火车站/航中路	新江湾城
11 号线	2013 年	65.0	32	嘉定北/安亭	罗山路
13 号线	2010 年	9.4	6	金运路	金沙江路
磁浮线	2002 年	30.0	2	龙阳路	浦东国际机场

2.2 历史

上海地下铁道工程新龙华站(今上海南站)至新客站(上海火车站)于1990年3月7日开工兴建,1995年建成投入运营。从此,上海的城市轨道交通步入了飞速发展的时期。

2009年,上海地铁运营体制改革,撤销上海地铁运营有限公司、上海现代轨道交通有限公司,新组建上海轨道交通运营管理中心、上海地铁第一运营公司、上海地铁第二运营公司、上海地铁第三运营公司、上海地铁第四运营公司,负责上海城市轨道交通运营工作。

2.3 票制票价

上海所有轨道交通实行一票通的全网络计价模式,无论乘客跨线乘坐多少城市轨道交通,均按进出两站间最短换乘里程计费,起步3元(5号线起步2元),6km内3元,最高10元,以后每10km增加1元。

另外,上海也发行特殊车票,包括:1日票,票价18元,乘客可在首次刷卡进站后24h的运营时段内无限次乘坐上海轨道交通的所有线路(磁浮线除外);3日票,票价45元,乘客可在首次刷卡进站后72h的运营时段内无限次乘坐上海轨道交通的所有线路(磁浮线除外)。

2.4 运营特点

(1)上海轨道交通系统具有较强的乘客服务理念,车站的设备设施、乘客诱导以及出行信息发布等方面都体现着上海轨道交通乘客至上的服务理念,主要体现在如下几个方面。

首先,上海申通地铁集团有限公司非常重视与媒体的沟通,为乘客提供更直接、便捷的运营服务等相关信息(图2-2-3)。上海地铁目前已运用成熟的媒介,包括电视台、交通广播、移动电视、网络微博、门户网站等,通过这些媒介可及时、全面地将各线路断面客流信息、突发事件信息向乘客发布,为乘客的出行及路径选择提供了极大的便利。

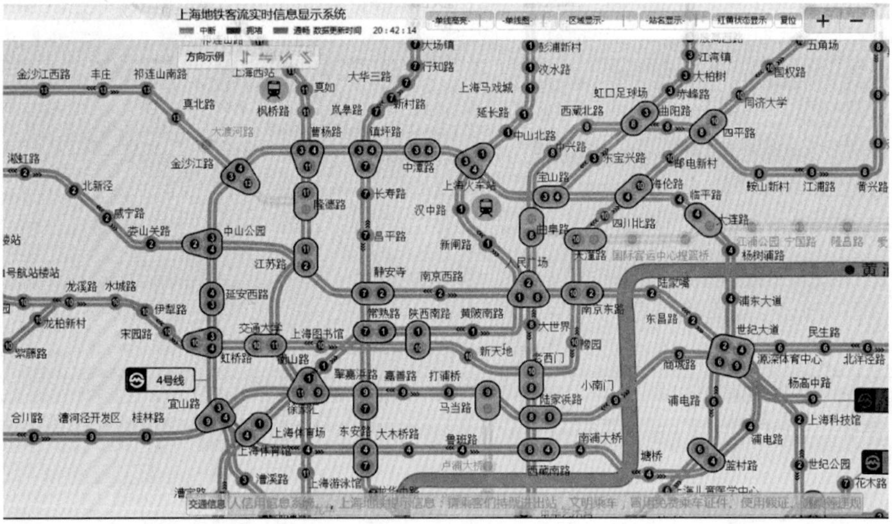

图2-2-3 上海城市轨道交通客流实时信息显示图(来源:上海地铁博客)

其次,上海申通地铁车站设备设施的设计和建设均考虑了乘客的便利性。上海申通地铁诱导标示标注显著，自助购票设备机界面友好、操作简单，为乘客的出行提供了极大的便利；车站信息牌详细、清晰告知乘客最关注的信息，如图 2-2-4 所示。

图 2-2-4　上海城市轨道交通车站大牌信息

(2)上海的轨道交通系统是一个高度综合、统一的集团组织，其运营、建设、投融资及设计研究单位统一归属上海申通地铁，各运营企业、建设单位及设计研究单位之间业务虽相互独立，但亦相互依托、紧密结合。

(3)上海的轨道交通系统在运营管理平台中建立了COCC 应急指挥平台，统一监控处理各线路的突发事件，并建立了简单高效的红黄牌制的应急管理体制，通过应急指挥中心的统一协调指挥监控，判定相应的事件等级，向相应的车站、线路等相关人员下发红黄牌指令，启动相应级别的应急响应，通过调度系统、短信平台、电话通报等方式达到对事件的快速有效处置通报。

(4)目前，上海城市轨道交通各条线路受制于不同的线路情况，行车间隔各不相同，最短行车间隔为 3min 左右，由于部分线路折返能力的限制，或与其他线路存在共线运营的区段(如 4 号线虹桥路至宝山路共 9 个车站与轨道交通 3 号线共线运营)的原因，导致这些线路能力提升比较困难。

3　广　　州

3.1　概述

广州城市轨道交通系统首段于 1997 年 6 月 28 日正式开通。截至 2013 年，广州城市轨道交通共有 8 条营运路线，总长为 236km，共 144 座车站，其中换乘车站 12 座，转乘站 2 座，由广州地铁总公司(图 2-3-1)负责运营。

此外，广州地铁总公司还是广佛地铁的实际建设及运营者，并由此间接成为佛山地铁 1 号线(即佛山境内魁奇路至金高新区区间)的运营商。网络图及网络运营情况如表 2-3-1 和图 2-3-2 所示。

图 2-3-1　广州地铁总公司标志

广州城市轨道交通网络运营概况(截至 2013 年 10 月)　　表 2-3-1

线路名称	通车时间	线路长度(km)	车站数(座)	起点站	终点站
1 号线	1997 年	18.5	16	西朗	广州东站
2 号线	2002 年	32	24	嘉禾望岗	广州南站
3 号线	2005 年	64.4	16	天河客运站	番禺广场
			13	机场南	体育西路
4 号线	2005 年	43.6	16	金洲	黄村
5 号线	2009 年	40.5	24	滘口	文冲

续上表

线路名称	通车时间	线路长度(km)	车站数(座)	起点站	终点站
8 号线	2002 年	14.2	13	万胜围	凤凰新村
广佛线	2010 年	32.9 (广州段约 18.2)	14	西朗	魁奇路
珠江新城集运系统	2010 年	3.8	9	赤岗塔	林和西

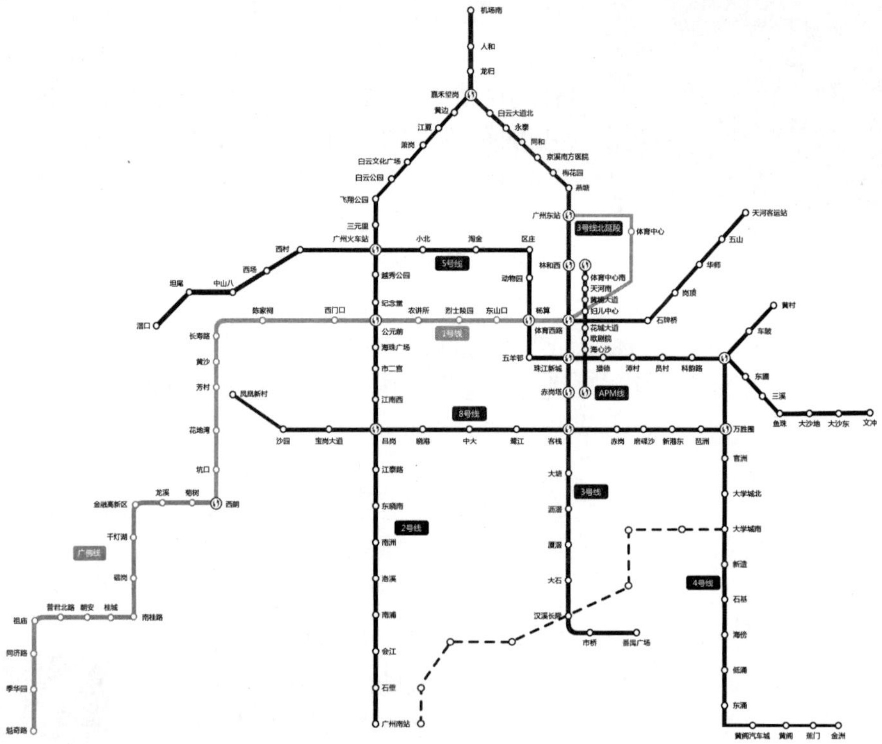

图 2-3-2　广州城市轨道交通网络图(截至 2013 年)

3.2　历史

广州城市轨道交通首段(西朗至黄沙)于 1997 年 6 月 28 日正式开通,是中国第一个拥有城市轨道交通的副省级城市。1999 年 6 月 28 日,城市轨道交通 1 号线全线(西朗至广州东站)正式开通运营。2002 年 12 月 29 日,城市轨道交通 2 号线首段(三元里至晓港)开通试运营,与原有的 1 号线形成"十"字形交叉地下轨道网络。至 2012 年底,广州城市轨道交通又陆续兴建开通了 3 号线、4 号线、5 号线、8 号线、广佛线等线路,初步形成了网络运营格局。

3.3　票制票价

广州城市轨道交通网络票价按里程分段计价,票种多样、票制灵活。里程分段计价办法为:起步4km以内2元;4～12km范围内每递增4km加1元;12～24km范围内每递增6km加1元;24km以后,每递增8km加1元。APM独立计费,每程2元。使用羊城通搭乘城市轨道交通享9.5折优惠;持羊城通学生卡搭乘城市轨道交通的学生享5折优惠;60(含)岁至65(不含)岁广州市籍老人,持老年人优惠卡搭乘城市轨道交通享5折优惠;65岁以上广州市籍老人持老年人优惠卡搭乘城市轨道交通免费,如图2-3-3所示。

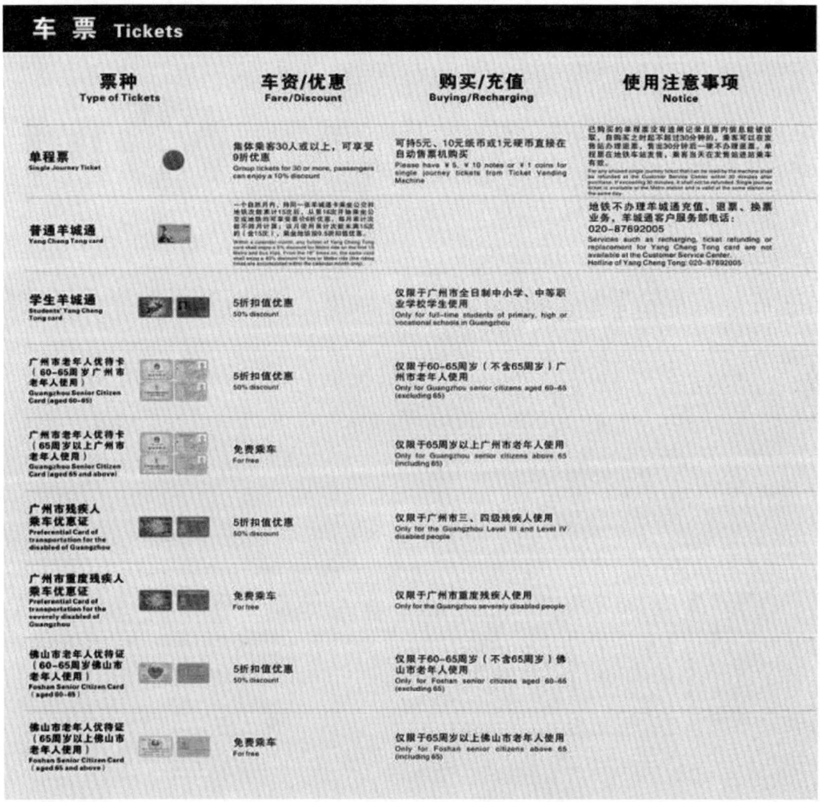

图2-3-3　广州城市轨道交通票种票价明细

3.4　运营特点

(1)广州城市轨道交通建立了具有高效统一的网络层级应急指挥平台,通过网络控制中心的运营监控和协调处置,实现了对网络突发事件的快速反应和应急联动协调上报。

(2)广州城市轨道交通方注重与其他公共交通方式的联合接驳问题,通过交通委层面的协调,在相应的突发事件条件下,加强了与公交公司的合作,建立了长效的合作机制,在固定的断面客流较高区段,当有突发事件发生时,开通了免费公交接驳,明确了接驳车辆行经路径,极大地缓解了轨道交通的运营压力,方便了乘客的出行。

(3)广州城市轨道交通客流较多的线路多集中在新的人口居住区,如3号线北段的白云新区以及南段的番禺区。值得注意的是,广州城市轨道交通客流有别于北京城市轨道交通和上海城市轨道交通的特征是:节前客流不明显,节日当天客流较高。

4 香　　港

4.1 概述

香港城市轨道交通由香港铁路有限公司(MTR Corporation Limited,图 2-4-1)运营。香港城市轨道交通是一个既快捷又安全可靠的集体运输网络,覆盖香港中心地带,连接中国内地。整个综合铁路系统全长 211.6km,由观塘线、荃湾线、港岛线、东涌线、将军澳线、东铁线、西铁线、马鞍山线、迪士尼线、机场快线及轻铁各线共 150 座车站组成。

MTR

图 2-4-1　香港铁路有限公司标志

港铁周日平均载客量约为 340 万人次,是全球首屈一指的铁路系统,以其安全、可靠、卓越服务及成本效率见称。此外,使用港铁的直通车服务前往内地多个城市公干或游玩,可享受同样舒适方便的旅程。

港铁网络图及网络运营情况如图 2-4-2 和表 2-4-1 所示。

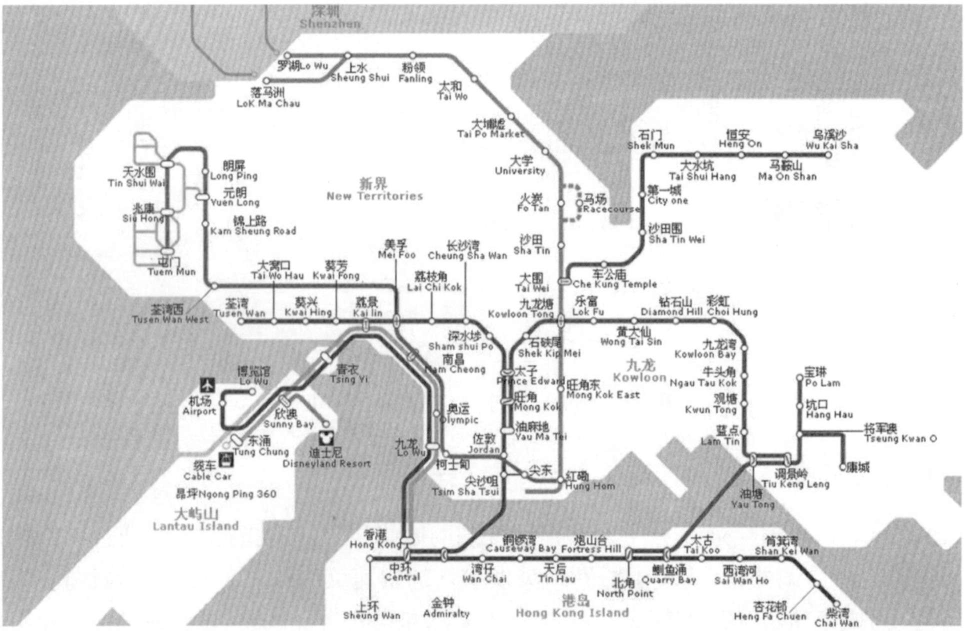

图 2-4-2　香港城市轨道交通网络图(截至 2012 年)

香港城市轨道交通网络运营概况(截至 2012 年)　　表 2-4-1

线路名称	通车时间	线路长度(km)	车站数(座)	起点站	终点站
观塘线	1979 年	11.2	15	油麻地	调景岭
荃湾线	1982 年	16	16	中环	荃湾

续上表

线路名称	通车时间	线路长度(km)	车站数(座)	起点站	终点站
港岛线	1985 年	13.3	14	上环	柴湾
东涌线	1998 年	31.1	8	香港	东涌
将军澳线	2002 年	11.9	7	北角	宝琳
迪士尼线	2005 年	3.3	2	欣澳	迪士尼
机场快线	1998 年	35.2	5	香港	博览馆
昂坪 360	2006 年	5.7	2	东涌	昂坪

4.2　历史

香港于 1975 年 11 月动工兴建第一条城市轨道交通线路,连接中环至观塘。该线路于 1979 年 9 月 30 日完工,并于 10 月 1 日正式通车。路线将香港岛中环与九龙的主要住宅及工业区连接起来,其中 12.8km 在地底建造,其余的 2.8km 则为架空路段。全线有 15 个车站,包括 12 个地底车站及 3 个架空车站。

之后,陆续建设了荃湾线、港岛线、东隧延线、将军澳线、机场铁路等线路,香港城市轨道交通网络初步形成。

4.3　票制票价

香港城市轨道交通收费并非简单划一,而是根据路程长短而定。所搭乘的站数越多,收费就会越高。一般路线的成人单程收费由 3.8 港币至 23.1 港币不等。特惠票价约为成人票价的一半。

香港城市轨道交通付款方式有八达通、单程票及旅客票 3 种。八达通是一种电子收费系统,也是香港城市轨道交通最常用到的一种付款方式。除了机场快线,香港城市轨道交通为八达通使用者提供一定优惠。单程票即为单次出行车票。旅客票分为两种,一种是一日内任意搭乘的通行票,于车票有效期内(由首次车程入闸时间开始计算 24 小时内)无限次搭乘城市轨道交通,部分线路及车站除外;另一种为 3 日内任意搭乘,附有机场快线单程或往返程的通行票。

4.4　运营特点

(1)香港城市轨道交通在平日提供每日 19 小时的营运服务,大约由 6:00 至翌日 1:00,非行车时间则进行轨道及轨旁维修工程。在一些假期和节日,例如平安夜、除夕、农历新年前夕及中秋节,城市轨道交通会作出特别服务安排,甚至会提供通宵列车服务(机场快线除外,迪士尼线则会延长服务时间);烟花会演等大型活动则加密班次。

(2)香港城市轨道交通几乎所有换乘节点均由两个换乘车站组成,每个换乘站实现一个换乘方向的同站台换乘,即某一方向换乘客流无需通过换乘通道,便可实现快捷换乘。如图 2-4-3 所示。

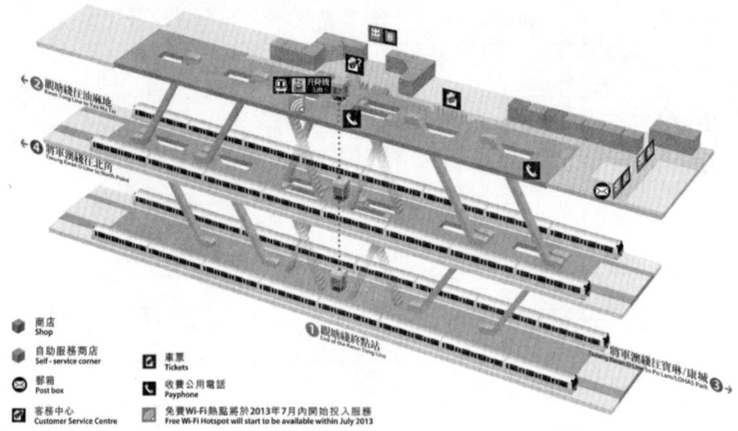

图 2-4-3　香港城市轨道交通同站台换乘车站结构示意图

5　东　　京

5.1　概述

东京城市轨道交通现有 13 条运营线路(总里程为 312.4km),城市轨道交通年均客流量高达 26.6 亿人次*,位居世界前列。这些线路既有地下铁路,也有高架铁路,其互相交错形成了密如蜘蛛网的交通体系。

东京城市轨道交通分别由东京地铁股份有限公司(简称东京地铁公司,Tokyo Metro,图 2-5-1)和东京都交通局(又称都营地铁公司, Toei Subway,图 2-5-2)负责运营。目前,东京地铁公司负责运营的线路有 9 条,分别为银座线(线路标识号为 G)、丸之内线(M 和 m)、日比谷线(H)、东西线(T)、千代田线(C)、有乐町线(Y)、半藏门线(Z)、南北线(N)、副都心线(F),总里程为 203.4km;都营地铁公司负责运营的线路有 4 条,分别为浅草线(A)、三田线(I)、新宿线(S)、大江户线(E),总里程为 109km。

图 2-5-1　东京地铁公司标志

图 2-5-2　都营地铁公司标志

东京城市轨道交通共设车站 294 个,与 JR(日本国有铁系统 Japanese Railway)、私营铁路三部分共同组成了日本东京城市快速轨道交通,整体服务范围涵盖东京都、神奈川县、埼玉县与千叶县,在公共交通中的分担率达 60% 以上,是东京地区非常重要的交通方式之一,其以人为本、方便、安全、高效的理念很大程度上缓解了东京交通大拥堵问题,满足了居民日

* 2010 年运营数据。

常出行需求。网络图及网络运营情况如图 2-5-3 和表 2-5-1 所示。

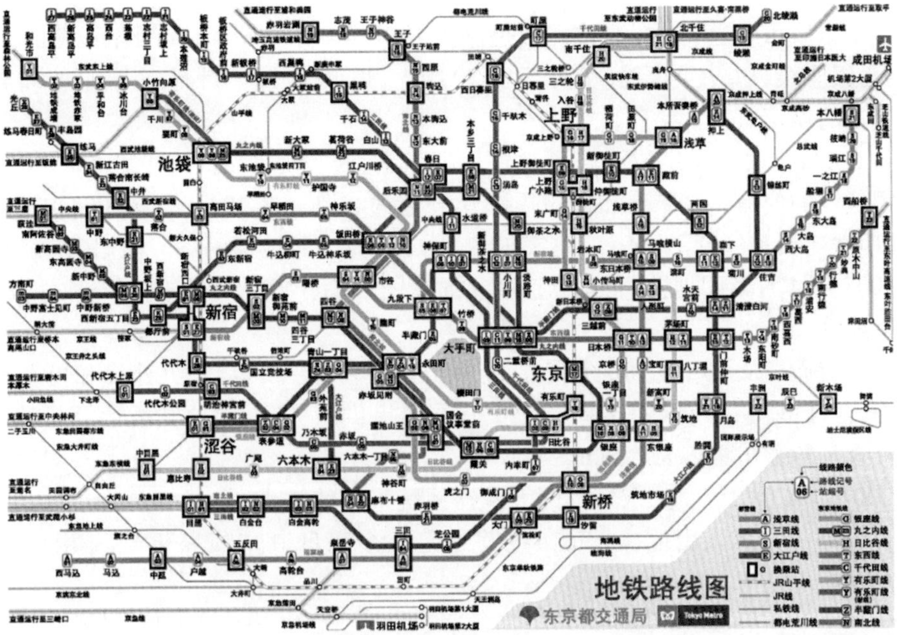

图 2-5-3 东京城市轨道交通网络图(截至 2012 年)

东京城市轨道交通网络运营概况(截至 2012 年) 表 2-5-1

线路名称	通车时间	线路长度(km)	车站数(座)	起点站	终点站
浅草线(A)	1960 年	18.3	20	西马込	押上
日比谷线(H)	1961 年	20.3	21	中目黑	北千住
银座线(G)	1927 年	14.3	19	涩谷	浅草
丸之内线(M)	1954 年	24.2	28	荻洼	池袋
	1962 年	3.2	4	方南町	中野坂上
东西线(T)	1964 年	30.8	23	中野	西船桥
三田线(I)	1968 年	26.5	27	目黑	西高岛平站
南北线(N)	1991 年	21.3	19	目黑	赤羽岩渊
有乐町线(Y)	1974 年	28.3	24	和光市	新木场
千代田线(C)	1969 年	24.0	20	代代木上原	绫濑
新宿线(S)	1978 年	23.5	21	新宿	本八幡
半藏门线(Z)	1978 年	16.8	14	涩谷	押上
大江户线(E)	2000 年	40.7	38	光丘	都厅前
				都厅前—饭田桥—两国—六本木(环状)	
副都心线(F)	2008 年	20.2	16	和光市	涩谷

5.2 历史

日本东京城市轨道交通的历史可以追溯到1927年,当时诞生了上野至浅草的2.2km线路,取名为银座线,1939年全线(上野至涩谷)竣工,长14.2km。因而,东京是亚洲最早有城市轨道交通的城市。

1941年,日本政府决定成立营团地铁[帝都高速度交通营团(TRTA)],即东京地铁前身。营团地铁的使命是在东京和城市周围建设地铁线路。在1941年至2004年的60多年间,营团地铁建设和经营了169km地铁线路,形成了庞大的地铁网络。根据《东京地铁株式会法》,2004年4月营团地铁“帝都高速度交通营团”(TRTA)变更为“东京地铁株式会社”,简称东京地铁。

东京都交通局从20世纪70年代起,开始修建地铁,到2000年,共建设和投入运营4条铁路线路,合计里程109km,每天向245.4万乘客提供服务,承担地铁客运总量的29.4%。平均每个乘客的乘车距离为7.0km。

从2004年4月1日起,东京都两大地铁系统采用统一编号,目的是为了方便乘客,特别是来自国外的乘客乘用地铁。每条线路规定一个字母,即“线路记号”,并对各车站编序号。

5.3 票制票价

东京城市轨道交通的票价比较灵活,总体包括5种票制,基本票价按区段确定。成人,1~6km为160日元,7~11km为190日元,12~20km为230日元,21~27km为270日元,28~40km为300日元;儿童票价为成人票价的一半。此外,有多种优惠票:一种是“自由车票”,每张700日元,限1名持票人当天使用,不限次数乘坐东京城市轨道交通任何线路的车,分为1个月、3个月、6个月3个票种;另一种是“回数票”,可用10张普通票的价格购买11张车票;还有“非高峰时间次数票”、“周末/节假日次数票”,一般以10张普通票价格购买12张车票。另外,对团体、学生乘车也有优惠。乘客使用通勤/通学月票可享受相当大的优惠,与普遍票价相比,1个月的通勤月票可节省37.4%,而学生月票可节省66.1%。

为了方便乘客,2007年东京27家城市轨道交通、铁路公司和32家公交巴士公司联合推出了一种可反复充值的新型IC卡——PASMO。使用时只需将其接触验票机的读卡部分,也可作为月票使用。若已充值,在区间以外乘车时可自动补票。PASMO还具备电子货币的功能,可在加盟店和部分自动售货机代替现金购物。

5.4 运营特点

5.4.1 客运组织

东京地铁公司客流主要由通勤、通学人员组成,据统计,高峰时段该种客流约占90%。在工作日高峰时段和平峰时段,客流量存在很大不同,在高峰时段常出现拥挤、人流如潮等现象,但在站务人员积极的组织下,车站秩序良好,乘客有条不紊地购票、进站出站、上车下车。

5.4.2　列车车辆

东京城市轨道交通不同线路的列车，都有特定的颜色进行区别。由于开通年代不同，各线列车装备类型差别较大，但设备完备，车厢整洁，车内列车运行信息的显示内容丰富、清晰且易识别。但是，由于东京城市轨道交通列车车厢内大幅广告较多，有时会干扰乘客观看列车运行信息。

东京地铁公司各类列车运营速度有所不同，其中列车最高运行速度为70km/h，旅行速度约为60km/h。银座线、丸之内线、南北线为6辆编成，日比谷为8辆编成，东西线、千代田线、有乐町线、半藏门线、副都心线为10辆编成。工作日每日开行列车5 655列，列车走行公里约为100 000车·km，双休日每日开行列车4 451列，列车走行公里约为80 000车·km*。

5.4.3　列车运行

东京城市轨道交通运营时间为4:00~24:00，且工作日和周末及节假日运行时间一样，但根据客流需求，开行不同数量的列车，早高峰时段最小列车开行间隔为1min50s（丸之内线），平峰时段最小列车开行间隔为3min（银座线），晚高峰时段最小列车开行间隔为2min15s（银座线、丸之内线）。另外，东京城市轨道交通在现有设备条件下，通过采用高效的运营组织措施来提高服务质量和运营效率，其组织措施主要体现在周期化列车运行、直通运行和快慢车混合运行三个方面。

1）周期化运行图

日本城市轨道交通系统在日本铁路的影响下，实行列车周期化运行，即：列车在车站非常具有规律性地到发。为了使列车周期化运行，东京城市轨道交通所有列车在平峰时段的开行间隔都是3min、4min、5min、6min，均可被60整除。这一方面大大简化了列车运行图编制难度，另一方面也提高旅客在换乘站的换乘效率，最终有利于实现网络列车运行图编制工作。图2-5-4为半藏门线清澄白河站周期时刻表。

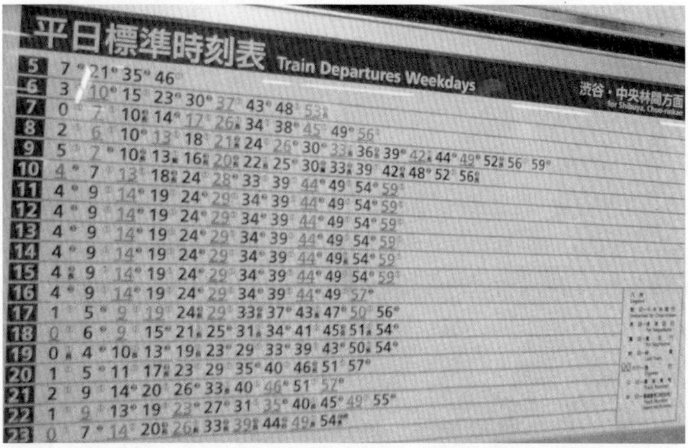

图2-5-4　东京地铁半藏门线清澄白河站周期时刻表（2009年）

*2009年运营数据。

2)直通运行

东京地铁公司的另一特色是列车在其运营公司与其他线路(主要为郊区线)之间采取直通运行方式,如图2-5-5所示。根据直通线路和客流的特点,东京地铁公司线路与其他线路的直通方式主要包括:东京地铁公司线路全线参与直通;其他线路(郊区线路)则存在全线参与直通或部分区段参与直通两种。其一方面使旅客不需要换乘也可在较长区间旅行,大大节省了时间和出行成本;另一方面也缓解了换乘站(特别是在高峰时段)的客流压力。同时,由于其他线路(主要郊区线路)大多止于城市中心,直通后,线路设施的分段点及部分运行交路分段点向郊区迁移,避免了线路在城市中心区域断开。

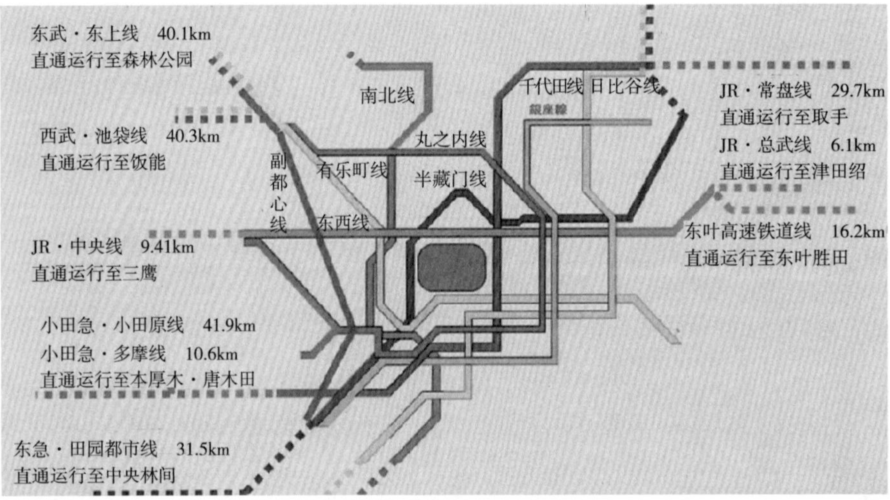

图2-5-5 东京城市轨道交通列车直通运行

3)快慢车混合运行

根据东京都2000年人口普查数据,东京都(含23区及27市)有居民1 206万人,日间人口总计达1 467万人,每天从临近区域到东京都的通勤人数达到260多万人。为满足如此大规模的通勤交通需求,部分线路延伸到郊外30km及更远地区,且采用快慢车混合运营方式。这不仅缩短了居民出行时间,而且提高了运营效率、降低了运营成本。例如,东京城市轨道交通副都心线连接了东京最繁华的商业区与学校、工作集中区域,为了提升运输效率,缩减单程列车运行时间,该线实现了快慢列车混合运行。

5.4.4 安全管理

东京城市轨道交通除在车站站台设置报警设备、安全屏蔽门及活动踏板等常规安全设备,以保证乘客乘车安全外,还建立了一套完备的防灾减灾措施,其主要包括电源故障维护,防震、防洪、防火措施,以应对自然灾害的突袭。同时,东京城市轨道交通综合指挥所在行车调度、行车控制(客运)信息调度、车辆管理、电力调度和设备设施控制等方面的工作,也为其安全运行提供了更大的保障(图2-5-6)。

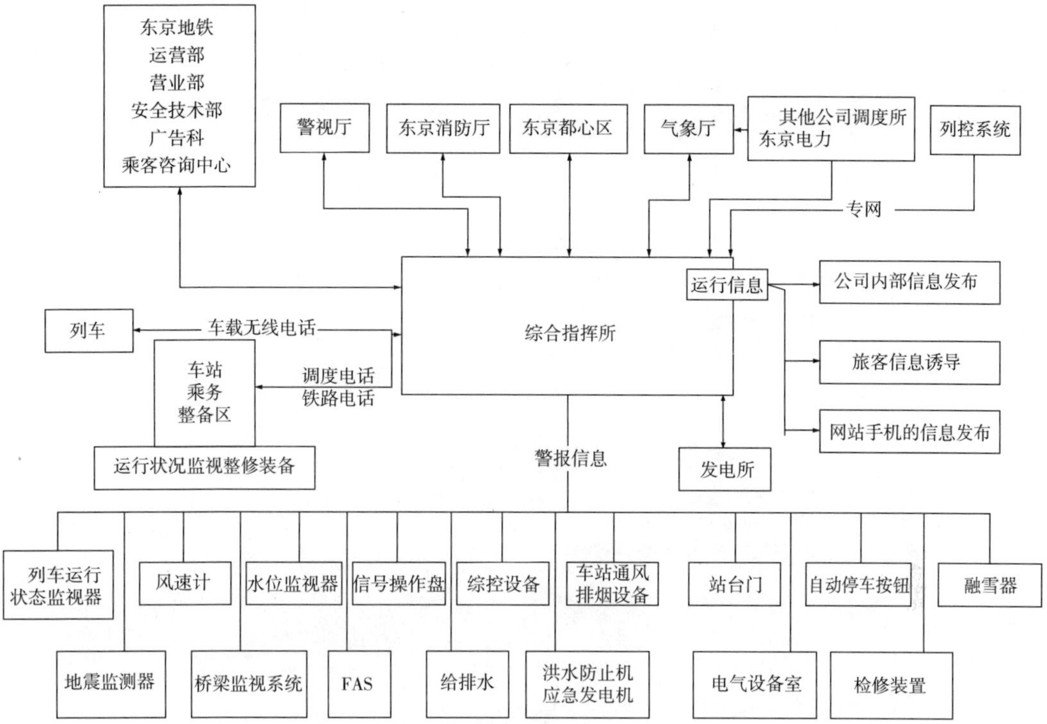

图 2-5-6　东京城市轨道交通综合指挥所工作示意图

6　纽　　约

6.1　概述

纽约城市轨道交通(New York City Subway,简写 NYCS)是美国纽约市的城市轨道交通系统,现由纽约大都会运输署(Metropolitan Transportation Authority,简写 MTA)管理,纽约市捷运局负责运营。

纽约城市轨道交通是全球历史最悠久的公共地下铁路系统之一,也是世界上覆盖范围最广的公共交通系统。目前,纽约城市轨道交通运营线路达 37 条,共开行 24 路列车,运营路线长度为 368km,共计 468 座车站,有 60% 的车站在地下。虽然纽约城市轨道交通站间距较短,但最长的区间(Howard Beach/JFK Airport 站与 Broad Channel 站)也达到了 5.6km。

纽约城市轨道交通是 24 小时全年无休的快速交通系统之一。按照 2012 年客运量来说,纽约城市轨道交通是世界非常繁忙的轨道交通系统,仅次于东京、首尔、北京、莫斯科、上海和广州。2012 年,纽约城市轨道交通客运量为 16.7 亿人次,其中工作日的日均客运量为 540 万人次,周六日均客运量为 320 万人次,周日日均客运量约为 250 万人次。纽约城市轨道交通网络图及网络运营情况如图 2-6-1 和表 2-6-1 所示。

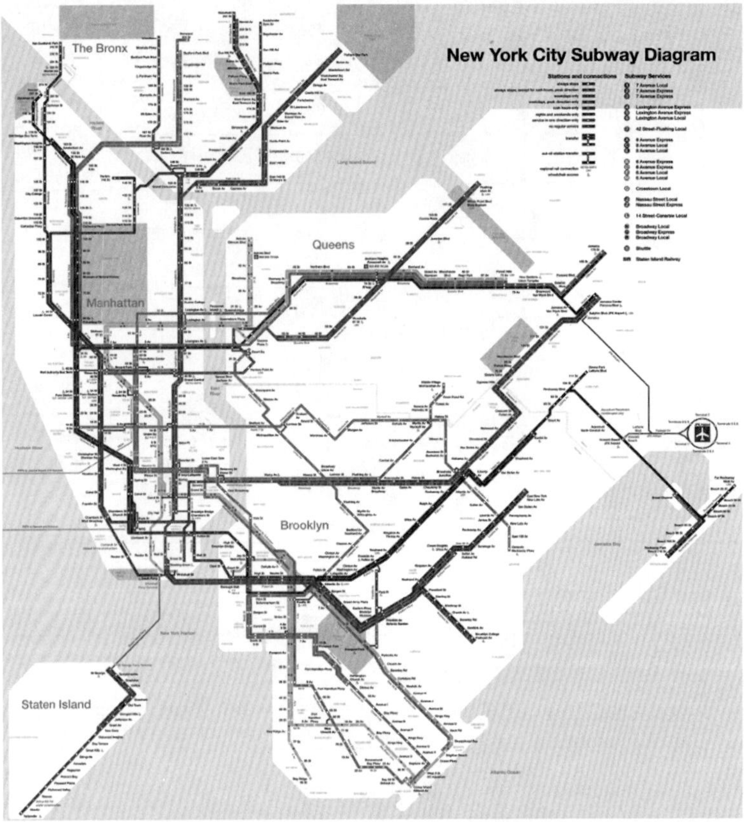

图 2-6-1　纽约城市轨道交通网络结构图(截至 2012 年)

纽约城市轨道交通网络运营概况(截至 2012 年)　　　　表 2-6-1

线路名称	通车时间	车站数(座)	起 点 站	终 点 站
1 路车	1904 年	37	范科特兰公园—242 街	南码头
2 路车	1905 年	61	威克菲—241 街	纽罗次大道
3 路车	1904 年	34	哈林—148 街	纽罗次大道
4 路车	1917 年	54	坞隆	纽罗次大道
5 路车	1918 年	53	伊斯特切斯特—代里大道	纽罗次大道
6 路车	1904 年	38	佩蓝湾公园	布鲁克林桥—市政府
7 路车	1948 年	21	法拉盛—缅街	时报广场
A 路车	1932 年	66	印坞—207 街	洛克威公园—临海 116 街
B 路车	1940 年	45	贝德福公园大道	布来顿海滩
C 路车	1933 年	40	168 街	尤克利德大道
D 路车	1940 年	41	诺坞—205 街	科尼岛—斯提威尔大道
E 路车	1933 年	34	牙买加—179 街	世界贸易中心
F 路车	1940 年	45	牙买加—179 街	科尼岛—斯提威尔大道
G 路车	1933 年	21	长岛市—法庭广场	教堂大道

续上表

线路名称	通车时间	车站数(座)	起点站	终点站
J 路车	1883 年	30	牙买加中心—帕森斯/射手	百老街
L 路车	1924 年	24	第八大道	卡纳西—洛克威公园
M 路车	1924 年	36	七十一大道—州陆大道—森林高地	中村—大主教大道
N 路车	1915 年	46	阿斯托利亚—迪特马士大道	科尼岛—斯提威尔大道
Q 路车	1920 年	35	阿斯托利亚—迪特马士大道	科尼岛—斯提威尔大道
R 路车	1920 年	45	七十一大道—州陆大道—森林高地	湾桥
Z 路车	1883 年	30	苏特芬大道/射手大道—机场捷运	百老街
42 街接驳车	1940 年	2	时报广场	大中央车站
法兰克林大道接驳车	1920 年	4	法兰克林大道	前程公园
洛克威公园接驳车	1950 年	5	百老汇水道	洛克威公园—临海 116 街

6.2　历史

纽约市轨道交通运输史十分悠久。早在 1868 年左右，第一条高架路线(IRT 第九大道线)就已开通。从炮台公园出发，沿格林威治街绵延半英里(约 800m)。它是全世界第一条使用缆索牵引的客运铁路，后改用电力牵引。BMT 莱辛顿大道线(现布鲁克林 BMT 牙买加线部分)的轨道结构自 1885 年使用至今。最老路线为布鲁克林—曼哈顿地铁公司的 BRT 西侧线。后鉴于密密麻麻的高架铁网络吵闹，又妨碍市容，逐渐以地下城市轨道交通系统建设为主要方向。

6.3　运营情况

纽约城市轨道交通简化及分成三大系统：IRT (Interborough Rapid Transit)、IND (INDependent Subway)、BMT (Brooklyn Manhattan Transit)，其中 IRT 线由于规格上和 IND 以及 BMT 不同 (IRT 的车辆限界比较小)，所以无法与 IND 或 BMT 相连，而事实上 IND 与 BMT 早已相通，因此在路线上 IRT 是以数字表示，IND 与 BMT 系统则是以英文大写字母来表示，如图 2-6-2 所示。

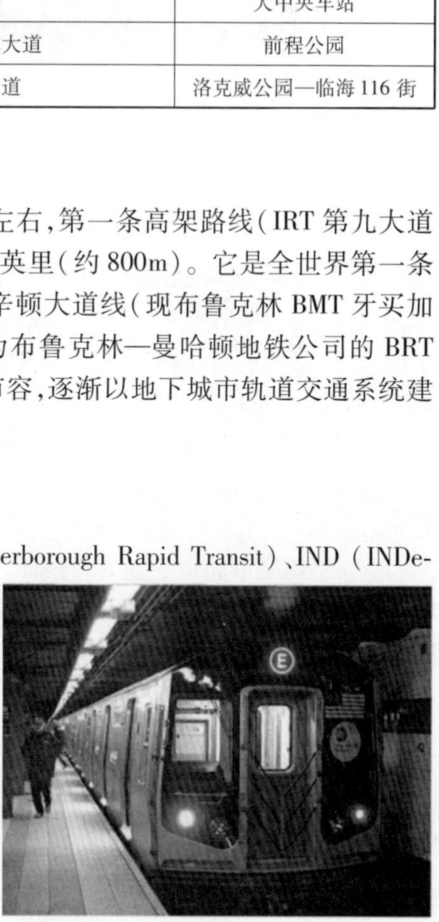

图 2-6-2　纽约城市轨道交通列车示意图

纽约城市轨道交通的车种有快车(Express，菱形)和区间车(Locals，圆形)两种，如图 2-6-3 所示。快车全日营运，只停大站；区间车则每站都停。

纽约城市轨道交通高峰时段 3 ~ 5min 发一趟

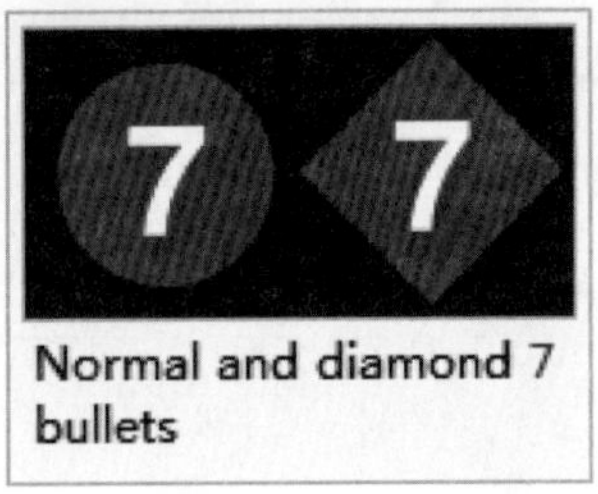

图 2-6-3　纽约城市轨道交通列车标识示意图

车，白天非高峰时段 10 ~ 12min 发一趟车，夜间 12 点至凌晨 5 点之间每 20min 发一趟车。

6.4　票制票价

目前，纽约的城市轨道交通票单程票价是 2 美元，出站不需要检票。此外，还有在一定时间内无限制乘坐城市轨道交通的定期票(卡)，1 天内的价格是 7 美元，7 天内的价格是 24 美元，一个月内的无限制卡费用是 76 美元。纽约城市轨道交通于 1994 年由纽约市捷运局推出新票证系——MetroCard(图 2-6-4)来取代代币(图 2-6-5)，1997 年新增 2h 内转乘免费的优惠，代币于 2003 年停止使用。

图 2-6-4　纽约城市轨道交通 MetroCard

图 2-6-5　纽约城市轨道交通代币

6.5　运营特点

(1)世界上多数城市的城市轨道交通系统的“列车行车路径(Route)”或“营运区间(Service)”等同于“轨道线路(Line)”，如北京轨道交通 1 号线列车的行车路径仅限于 1 号线线路范围内。但纽约城市轨道交通列车的行车路径常因轨道的启用、暂停或运营模式的更正而改变，列车的行车路径往往跨越几条轨道线路，因此，纽约城市轨道交通将两者分开。列车的行车路径以英文字母或数字作为代号(如 4 路车)；而轨道线则给予名字称呼(通常是行经的地名或街道名称，如 IRT 莱辛顿大道线)。

(2)纽约城市轨道交通设备老旧，网络结构复杂，列车多跨线运行，列车开行方案较为复杂。

(3)纽约城市轨道交通是全球唯一一个 24h 全年无休的大众运输系统。车站遍布于曼哈顿、布鲁克林、皇后区以及布朗克斯区。某些车站夜晚或周末时会关闭，但不会影响乘客在市区范围内出行。

(4)纽约城市轨道交通主干线一般有四条轨道，城市轨道交通的四个轨道中，有两条是给快车行驶，另两条则是给慢车行驶。有快慢线的换乘站，往往有上下几层站台，非换乘站的同一层站台四道并行，快车 E 从中间两条车道疾驶而过，慢车 L 则经由两侧慢线靠站，快慢车各行其道，如图 2-6-6 所示。

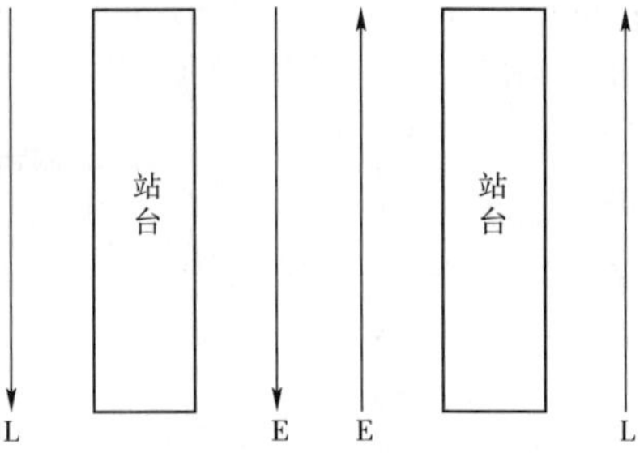

图 2-6-6　纽约城市轨道交通四轨车站示意图(岛式站台)

7　华　盛　顿

7.1　概述

华盛顿城市轨道交通(图2-7-1),也称华盛顿都会区捷运系统(Washington Metrorail),为美国第二繁忙的城市轨道交通系统,仅次于纽约城市轨道交通,于1976年开始运营,总长171.1km。服务范围包含华盛顿特区及邻近马里兰州的乔治王子县、蒙哥马利县、维吉尼亚州的费尔法克斯县、阿灵顿县及亚历山卓市。

图2-7-1　华盛顿城市轨道交通标志

网络图及网络运营情况如图2-7-2和表2-7-1所示。

图2-7-2　华盛顿城市轨道交通网络图(截至2012年)

华盛顿城市轨道交通网络运营概况(截至2012年)　　表2-7-1

线路名称	通车时间	线路长度(km)	车站数(座)	起点站	终点站
1号线	1976年	51.3	27	凉荫丛	格兰蒙特
2号线	1978年	50.4	26	维也纳/费尔法克斯	乔治梅森大学·新卡罗顿
3号线	1977年	29.76	27	法兰克尼亚	斯普林菲尔德·拉哥镇中心
4号线	1983年	26.16	17	亨廷顿	塔腾堡
5号线	1991年	38.4	21	布兰奇大道	绿带

7.2 历史

华盛顿城市轨道交通于1969年开始动工，1976年3月27日，长7.4km的捷运系统开始运营，从罗德岛大道站（Rhode Island Avenue）至法拉格特北站（Farragut North）；同年的7月1日，城市轨道交通延伸至维吉尼亚州的阿灵顿县；1978年2月6日延伸至蒙哥马利县；11月20日延伸至马里兰州乔治王子县；1983年12月17日延伸至维州亚历山卓市。2001年1月13日，总长166km、83个车站的系统终于完成，但系统的延伸计划并未因此停止。2004年12月18日，蓝线完成了5.18km长的延伸段。

7.3 票制票价

华盛顿城市轨道交通车费依据搭乘距离及进站时间而有所差异。在平常时段（周日至周五为早上开业时间至9:30、15:00～19:00，周五及周六晚间从凌晨2:00至歇业时间）的车费依行驶站数，介于1.65美元至4.50美元之间，其他时段车费则为1.35美元、1.85美元或2.35美元。学龄儿童、残障人士及老人享有折扣优惠。除了哥伦布日、退伍军人节、马丁·路德·金纪念日、总统节4个会在高峰时段加开班次的节日外，其他国定假日期间的车费都会降价。

此外，城市轨道交通乘客还可以使用称为“智慧旅（SmarTrip）”的智能卡，这种卡可储值45美元，储值用罄可以补值重新利用。乘客也可以在大部分的售票机购买乘车证，这种乘车证用法同SmarTrip，但可以让乘客在一定时段里无限制地在城市轨道交通系统内搭车。

7.4 运营特点

（1）每逢假日或特定节日，如美国独立日或总统就职典礼时，华盛顿城市轨道交通会采用特殊的列车运营模式，以提供民众抵达国家广场的交通工具。有时城市轨道交通为了疏解拥挤的情形，甚至会规定部分车站仅可进站或出站。图2-7-3为Smithsonian Station车站构造。

图2-7-3　华盛顿城市轨道交通 Smithsonian Station 车站构造

（2）华盛顿城市轨道交通网络设计很有特点，网络各线间重合线路比例较高，重合区段的各线间列车到发时刻交替设计，列车开行间隔多为3min、5min、6min。在单线运力不大的情况下，重合区间也可以有较大的运力，既缓解了城区运输压力，又节约了运营成本。

8 伦　　敦

8.1　概述

伦敦城市轨道交通(图2-8-1)是世界上历史最悠久的地下铁道,伦敦已建成总长402km的城市轨道交通网,其中160km在地下,每日载客量平均高达304万人次。2004~2005年度总载客人次为9.76亿人次。按线路运营长度来说,它是世界上第三大的城市轨道交通网络,仅次于上海和北京。

2003年开始,伦敦城市轨道交通成为伦敦交通局的一部分,该公司同时运营市内巴士(包括伦敦著名的红色双层巴士)及伦敦地上铁系统。伦敦城市轨道交通是国际城市轨道交通联盟(COMET)的成员之一。

图2-8-1　伦敦城市轨道交通标志

今天的大伦敦是一个长宽各40km的城市,环状划分成了6个区,一、二区为市中心,六区则是较偏远的地区。12条城市轨道交通线在6个区里纵横交错,其中11条穿过市中心所在的一区。不少一区的车站像贝克街一样,必须在地下修建成上下若干层,以供几条线路同时使用。网络图及网络运营情况如图2-8-2和表2-8-1所示。

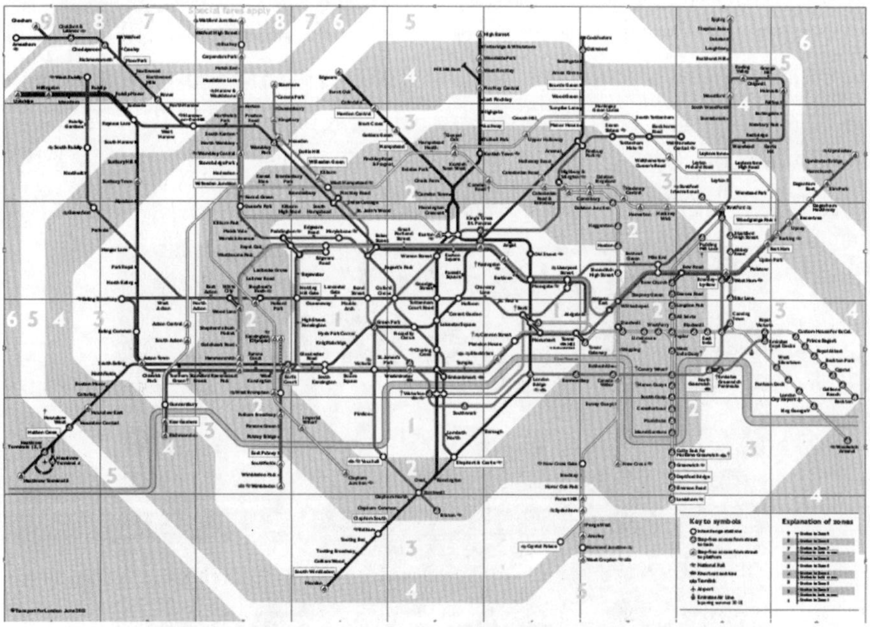

图2-8-2　伦敦城市轨道交通网络图(截至2012年)

伦敦城市轨道交通网络运营概况(截至2012年)　　表2-8-1

线路名称	通车时间	线路长度(km)	车站数(座)	起　点　站	终　点　站
贝克鲁线	1906年	23.3	25	哈洛与威尔士东	象堡
中央线	1900年	74.0	51	西鲁斯利普	艾平

续上表

线路名称	通车时间	线路长度(km)	车站数(座)	起　点　站	终　点　站
环线	1884 年	27.0	35	环线	
区域线	1868 年	64.0	60	里奇蒙	艾奇韦尔路
东伦敦线	1869 年	8.0	30	高贝利与艾斯灵顿	西克罗伊登
汉默史密斯及城市线	1863 年	26.5	28	汉默史密斯	柏京
银禧线(或朱必利线)	1979 年	36.2	27	史丹摩	斯特拉福
大都会线	1863 年	66.7	34	奥德门	阿默斯罕
北线	1890 年	58.0	50	莫登	埃奇韦尔
皮卡迪里线	1906 年	71.0	53	卡克福斯特	厄士桥
维多利亚线	1969 年	21.0	16	沃森斯托中央	布里克斯顿
滑铁卢与城市线	1898 年	2.3	2	银行	滑铁卢

8.2　历史

19 世纪初期,伦敦人口快速增长,交通成了伦敦的一大难题。因此,伦敦交通委员会征集方案,律师皮尔森提出了修建“伦敦中央火车站”的设想,将火车通到城市中心;而一些承包商提出在伦敦修建一条地下道路的设想,让人和车在地下通行。这两个想法的结合,形成了我们今天所熟悉的城市轨道交通的概念。

伦敦于 1856 年开始修建世界上第一条城市轨道交通,1863 年 1 月 10 日正式投入运营,长约 7.6km,隧道横断面高 5.18m、宽 8.69m,为单拱形砖砌结构,当时以蒸汽机车牵引列车。

1890 年建成第二条地下铁道,即环线城市轨道交通(CIRCLE LINE),长 5.2km,隧道为圆形,内径 3.10 ~ 3.20m,铸铁管片衬砌,用电力机车牵引列车,是世界上第一条电气化城市轨道交通。图 2-8-3 为伦敦城市轨道车站内部示意图。

图 2-8-3　伦敦城市轨道交通车站内部示意图

随着滑铁卢与城市线(WATERLOO & CITY LINE)、中央线(CENTRAL LINE)的开通,伦敦纵横交错的城市轨道交通网开始形成。直至 1959 年,才继续建设维多利亚线(VICTORIA

LINE)、朱必利线(JUBILEE LINE)。

8.3 票制票价

伦敦城市轨道交通实行分段计价,乘客在车站通过自动售检票系统购买车票、检票、进站、出站等,图 2-8-4 为伦敦城市轨道交通闸机情况。

图 2-8-4 伦敦城市轨道交通闸机

伦敦城市轨道交通车票种类繁多,按时间(9:30 前和 9:30 后)、地区(1 个区价、2 个区价等)、时间(单程票、1 日票、2 日票等)使用、年龄(大人票、儿童票)、人数(个人票、家庭票等)实行不同票制。另外设置各类型的组合票制,如一周第一区大人票、周末两日家庭票等,方便乘客选择。

8.4 运营特点

伦敦城市轨道交通是世界上最早建设与运营的城市轨道交通系统,150 年前设定的很多标准和规范至今仍在大部分国家城市轨道交通系统广泛使用。

8.4.1 城市轨道交通地图标准

城市轨道交通线路图(Tube Map)也称城市轨道交通图,是一种广泛用于表示城市轨道交通线路、车站和地区的原理图(Schematic Diagram),而不是传统的地理图(Geography Map)。

(1)以颜色区分路线。

(2)路线大多以水平、垂直、45°角三种形式来表现。

(3)路线上的车站距离与实际距离不成比例关系。

目前,全球各大城市的城市轨道交通系统大多采用这种设计原则绘制城市轨道交通线路图。

8.4.2 建设标准

伦敦城市轨道交通建设初期就采用了与铁路一样的标准轨距(1 435mm),保证了今后城市轨道交通速度、载客量的不断发展。

伦敦城市轨道交通采用的城市轨道交通供电方式、车站设计标准也为各国城市轨道交通建设提供了依据。

8.4.3 复杂的线路结构和运营情况

伦敦城市轨道交通不仅线路里程较长,其线路结构也较为复杂,很多线路具有在郊区分叉、在市区汇合并再度分开或者汇合的特点,如图2-8-5所示。

图2-8-5 伦敦城市轨道交通北线线路图

为了与复杂的线路结构相适应,伦敦城市轨道交通采取了相对复杂的列车运行模式,如在不同时段的北线采取了不同比例的交路设置,适应北部客流进出城区的需要,图2-8-6为Brent Cross车站不同交路列车发车间隔指示牌。

图2-8-6 伦敦Brent Cross车站不同交路列车发车间隔指示牌

8.4.4 便捷措施多

伦敦城市轨道交通的P+R设施很多,基本所有的二区以外车站都有停车设施,每个车站的停车设施并不大,主要是靠周围小区停车场支持,而且走行距离也并不近。

伦敦城市轨道交通车厢狭小,但是几乎所有车站都允许乘客在高峰期间外的时间携带自行车进入城市轨道交通车站。图2-8-7为伦敦城市轨道交通可以携带自行车进站的车站示意图。

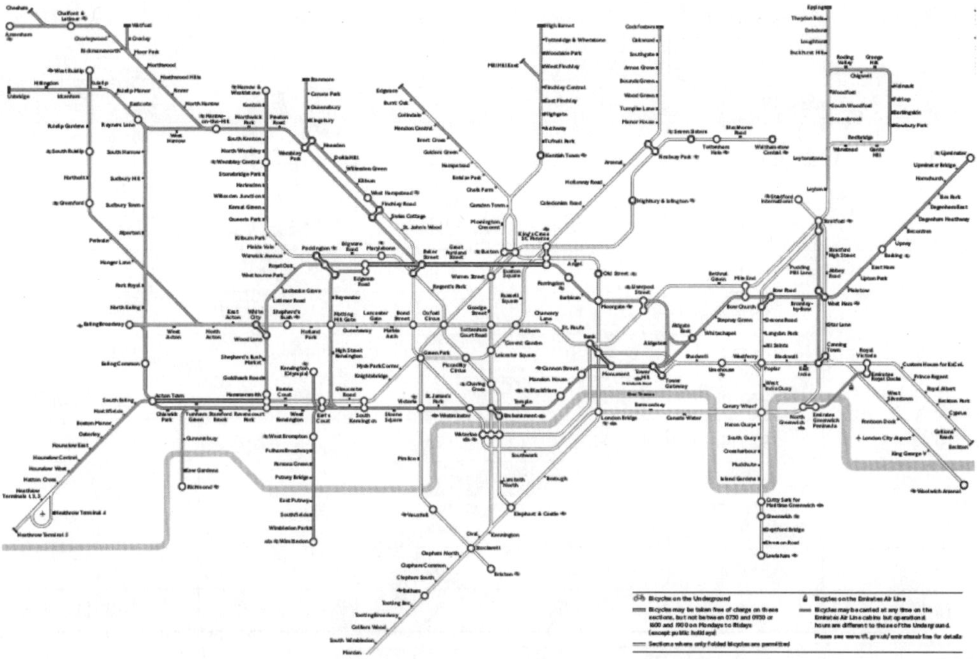

图 2-8-7　伦敦城市轨道交通可以携带自行车进站的车站示意图
（实线为高峰期间外允许普通自行车进站，空心线为任何时候允许折叠自行车进站）

9　巴　　黎

9.1　概述

巴黎城市轨道交通（图 2-9-1）是法国巴黎的地下捷运系统，现由巴黎大众运输公司（Régie Autonome des Transports Parisiens，简称 RATP）负责运营。截至 2013 年 10 月，巴黎城市轨道交通总长为 213.8km，共 14 条主线、2 条支线，383 个车站、62 个交会站，日客运量超过 600 万人次。

图 2-9-1　巴黎城市轨道交通标志

巴黎的城市轨道交通分成两个系统：运行的范围在二环之内的，称作 Metro，城市轨道交通站入口有的用一个 M/Metro 作标志，这个系统共有 16 条线，用数字表示，如 M1、M14 等；运行的范围超出二环的，称作 RER，共有 5 条线，用字母表示，就是 RER A，B 等。网络图及网络运营情况如表 2-9-1 和图 2-9-2 所示。

巴黎城市轨道交通网络运营概况（截至 2013 年）　　表 2-9-1

线路名称	通车时间	线路长度（km）	车站数（座）	起点站	终点站
1 号线	1900 年	16.6	25	拉德芳斯	文森城堡
2 号线	1900 年	12.3	25	王妃门	民族广场

续上表

线路名称	通车时间	线路长度(km)	车站数(座)	起点站	终点站
3 号线	1904 年	11.7	25	勒瓦卢瓦桥	加列尼
	1971 年	1.3	4	冈贝塔	丁香门
4 号线	1908 年	12.1	27	克里尼昂古门	奥尔良门
5 号线	1906 年	14.6	22	博比尼	意大利广场
6 号线	1909 年	13.7	28	凯旋门	民族广场
7 号线	1910 年	18.6	38	新庭	伊夫里镇 / 犹太城
	1967 年	3.1	8	路易 · 布朗克	佩圣热尔维
8 号线	1913 年	23.4	38	巴拉	克雷特伊湖之角
9 号线	1922 年	19.6	37	塞夫尔桥	蒙特勒伊
10 号线	1923 年	11.7	23	布洛涅	奥斯特里茨车站
11 号线	1935 年	6.3	13	夏特雷	丁香镇
12 号线	1910 年	15.3	29	小教堂门	伊西镇
13 号线	1911 年	24.3	32	阿尼耶/圣德尼	沙蒂永
14 号线	1998 年	9.2	9	圣拉扎尔	奥林匹亚德

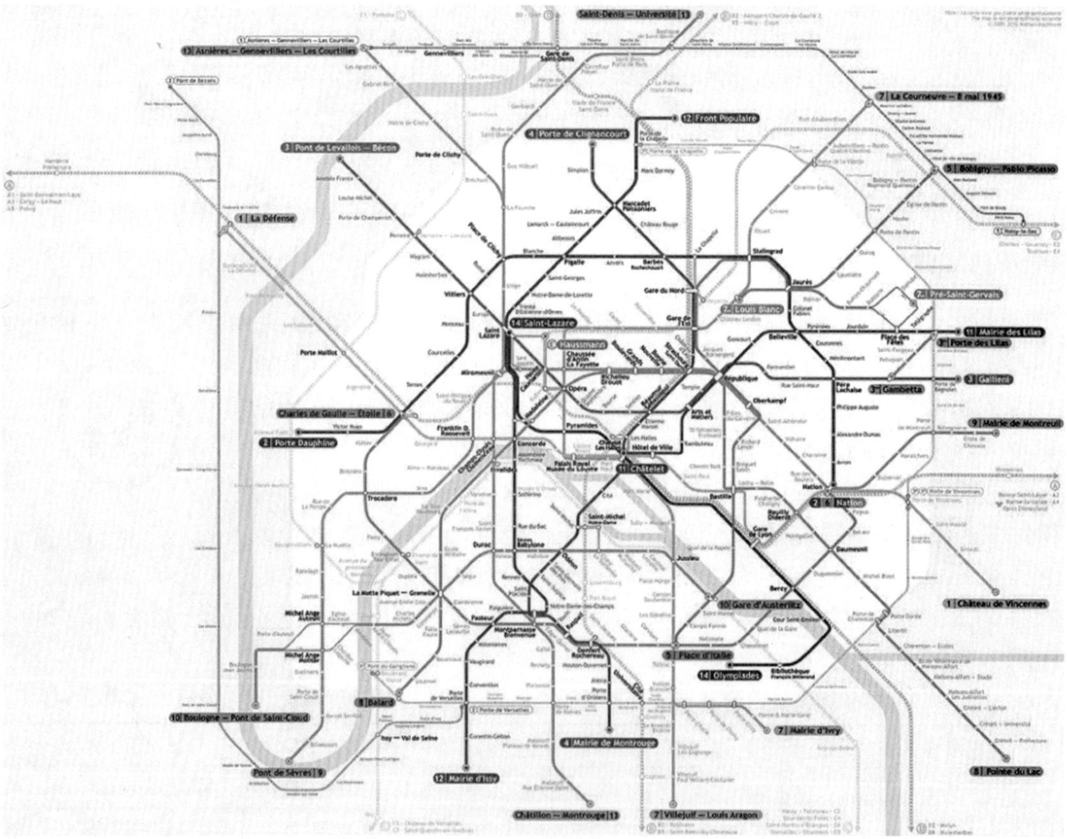

图 2-9-2　巴黎城市轨道交通网络图(截至 2013 年)

9.2　历史

1896年，巴黎当局核准城市轨道交通网络修建计划。1900年，巴黎城市轨道交通首条线路Maillot-Vincennes线随巴黎世界博览会开幕启用，车站新艺术样式（图2-9-3）出入口沿用至今。原计划的网络有10条线（今日1号线～10号线），开工后进度极快，并做了小小的变动。

图2-9-3　巴黎城市轨道交通车站

9.3　运营情况

20世纪20～30年代，巴黎城市轨道交通开通了两条线路，分别为连接市区西南部与市中心，并行走巴黎十六区大部分地段的左岸中北部。30～50年代，巴黎城市轨道交通网络开始新一轮扩张，向巴黎近郊拓展，但因处于第二次世界大战期间，部分线路因此缩并或调整，第二次世界大战后城市轨道交通开始重建，但恢复过程漫长。

1998年10月，14号线开通，这是巴黎城市轨道交通网最新建成的一条线路。该线路采用VAL无人驾驶系统，全自动运行（图2-9-4）。

图2-9-4　巴黎VAL无人驾驶系统

9.4　票制票价

巴黎城市轨道交通车票种类较多，分为单票、日票、周票、月票、1天～5天的票、年票、青年票等，而每种票按 1～6 环的区域价格不等，如 1～2 环日票等。

9.5 运营特点

（1）巴黎城市轨道交通运营最大的特点是极其方便，4 线换乘、5 线换乘的车站不在少数，乘客使用方便，极大减少了乘客一次出行的换乘次数。

（2）城市轨道交通与其他公共交通方式实现无缝衔接，如巴黎北站、巴黎东站、高铁车站、普通铁路车站、市郊铁路车站和城市轨道交通车站一体化的设计建造，乘客换乘便捷（图 2-9-5）。

图 2-9-5　巴黎东站

（3）巴黎城市轨道交通从每日清晨约 5:30 开始服务，每条线路的首班车从线路的起讫站开出，至次日凌晨 1:15 服务停止。在高峰期，列车平均 2min 一班，但在客流量较大的线路，比如 1 号线和 4 号线平均 1min30s 一班；非高峰期 4min 一班；深夜 8min 一班。逢重大节日，如新年夜、音乐节时，1 号线、2 号线、4 号线、6 号线、9 号线和 14 号线改为 24h 开放通宵运营，但只停靠个别车站。

10　马　德　里

10.1 概述

马德里城市轨道交通（图 2-10-1）网络包括 12 条主线及 1 条支线的地下铁路和 3 条轻轨，共设 326 个车站，其中 27 个两线转乘站，12 个三线转乘站，1 个四线转乘站，由马德里地铁股份有限公司（Metro de Madrid S. A.）负责运营。总长度 321km，将马德里市中心及附近多个城镇连接。值得一提的是，马德里市区人口只有 300 万，城市轨道交通日客运量却超过 250 万人次。

图 2-10-1　马德里城市轨道交通标志

马德里城市轨道交通包括长 296km、设 281 个车站的地下铁路系统和长 27.78km、设 38 个车站的 3 条电车线（轻轨，Metro Ligero），分为 6 个区域：市区城市轨道交通（Metro Madrid）是马德里城市轨道交通的核心网络，占全网络长度 2/3，包括轻轨 1 号线；城市轨道交通南支线(Metro Sur),包括12号线全段、10号线最后两站,经过马德里南部多个主要城镇;城市轨道交通东支线(Metro Este);城市轨道交通北支线(Metro Norte);轻轨西支线(Metro Ligero Oeste)和城市轨道交通TFM支线(Transportes Ferroviarios de Madrid)。网络图及网络运营情况如图2-10-2和表2-10-1所示。

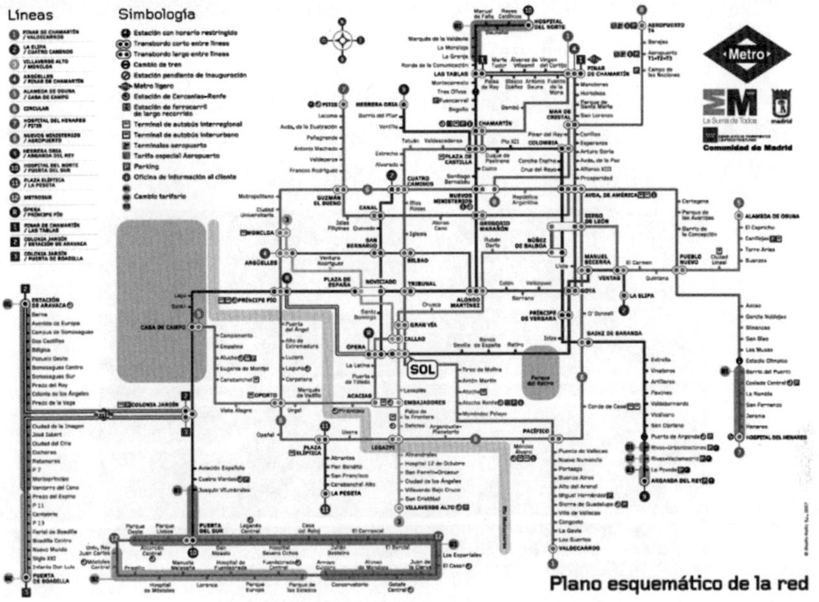

图2-10-2　马德里城市轨道交通网络图(截至2012年)

马德里轨道交通网络运营概况(截至2012年)　　表2-10-1

线路名称	线路长度(km)	车站数(座)	起点站	终点站
1号线	23.9	33	Pinar de Chamartín	Valdecarros
2号线	14.0	20	Las Rosas	Cuatro Caminos
3号线	16.4	18	Villaverde Alto	Moncloa
4号线	16.0	23	Argüelles	Pinar de Chamartín
5号线	23.2	32	Alameda de Osuna	Casa de Campo
6号线	23.5	28	环线	
7号线	32.9	30	Hospital del Henares	Pitis
8号线	16.5	8	Nuevos Ministerios	Aeropuerto T4
9号线	39.5	28	Mirasierra	Arganda del Rey
10号线	36.5	31	Hospital InfantaSofía	Puerta del Sur
11号线	8.5	7	Plaza Elíptica	La Fortuna
12号线	41.0	28	环线	
R4线	1.1	2	ópera	Príncipe Pío
轻轨1号线	5.4	9	Pinar de Chamartín	Las Tablas
轻轨2号线	8.9	13	Colonia Jardín	Estación de Aravaca
轻轨3号线	13.7	16	Colonia Jardín	Puerta de Boadilla

10.2 历史

1916 年马德里人口已达 60 万时,才开始兴建 1 ~4 号线 4 条城市轨道交通路线,总长度 154km。

1919 年第一条城市轨道交通正式通车,来往太阳门及 Cuatro Caminos 站,长 3.48km,共设 8 站。两年后,路线长度已达 14.8km。

自从 1975 年西班牙恢复民主政制后,之后数年,网络长度已超过 100km。1995 年至 1999 年数年间推出的发展计划,令多条新路线投入服务,使路线总长度超越 170km,如图 2-10-3 所示。

图 2-10-3 马德里城市轨道交通 10 号线车站

10.3 票制票价

马德里城市轨道交通票制分为单程票和 10 次票,票价根据乘坐线路、乘坐次数、乘坐范围等进行划分。单程票分为全区单程票、市区单程票、南支线单程票、轻铁单程票等,票价随车站数量递增,起价 1.5 欧,仅限 5 站以内,5 站以上多一站多 0.1 欧,2 欧封顶;10 次票分为市区城市轨道交通巴士连票、TFM 支线票、轻铁支线票等,每种票的价格是固定的,分别为 18 欧和 12 欧,如图 2-10-4。

图 2-10-4 马德里城市轨道交通票种情况

10.4 运营特点

(1)马德里城市轨道交通大部分网络服务时间为早上6:00至凌晨1:00,繁忙时段各路线列车班次为2~4min一班,非繁忙时段则为4~7min一班。TFM支线(9号线)及Pitis线(7号线)服务时间则是早上6:00至晚上11:30分,繁忙时段,各线路列车班次为3.5~5.5min一班,非繁忙时段则为5.5~7.5min一班。

(2)马德里城市轨道交通控制中心(Central Post, Metro de Madrid)承担着马德里城市轨道交通12条线路的运营管理、能耗管理、安全管理等方面的工作。另外两条轻轨虽然属于城市轨道交通系统,但是不在此控制中心监控范围之内。

①运营管理。每个马德里城市轨道交通车站有两名工作人员,一个负责乘客服务,如购票、问询、联系线路OCC等工作,另外一名主要负责车站的安全工作。

马德里城市轨道交通每两条线有1个调度控制中心(OCC),仅负责所辖线路的日常监视,将运营监视情况向控制中心报告。控制中心负责线路列车的实际行车调度指挥工作,行车调度岗每班3个人对所有城市轨道交通线路进行统一调度指挥。马德里城市轨道交通运行计划以单线为编制单位,列车满载率标准为3.5人/m^2。

②能耗管理。马德里城市轨道交通对城市轨道交通系统的牵引供电和车站供电进行统一管理,每班3人。

③安全管理。马德里城市轨道交通控制中心有一套独特的具有自主知识产权的安全管理体系,该体系由车站安全员—线路OCC—控制中心调度员—值班警察—控制中心值班主任—控制中心主任构成,有一套安全管理系统支持各个级别管理人员进行现场处置、信息报送、资源调配和应急决策等工作。

11 本章小结

本章从发展历史、运营情况、运营特点、票制票价等方面,对当今世界范围内一些有代表性的城市轨道交通网络运营情况进行了介绍。

第3章　城市轨道交通网络客流分析

城市轨道交通网络形成后，由于客流量增多，乘客换乘的机会增多，客流变化与规律比单一线路或简单网络结构下客流更加复杂，但是在一定时间范围内，客流具有明显的特征，主要体现在客流量大且持续增长、客流分布不均衡、换乘量大、新线接入网络后客流 OD 及路径改变大等方面，对网络客流统计、分析、高效的运营提出更高要求。

本章主要从网络客运量、客流分布、客流分配、客流变化规律等方面分析网络客流的特点，研究了网络客流清分的方法，及网络客流统计与分析方法。

1　城市轨道交通网络客流特征

城市轨道交通的网络运营不是单线运营的简单叠加，而是在确保各条线路通过换乘站的有效衔接的基础上，使客流在网络中安全、高效、有序地流动。随着线路的增加，网络规模逐步扩大、复杂程度日益增加，网络客流会呈现出与单线客流截然不同的特点，即在网络结构相对稳定的静态网络客流特点和网络结构变化的动态客流特点。

研究城市轨道交通网络的乘客出行规律和掌握网络客流特点是进行网络运营和管理的工作之一，是实施客流统计分析、客流预测、运输计划编制、应急处置、客运组织和票务管理等工作的重要基础，如图 3-1-1 所示。

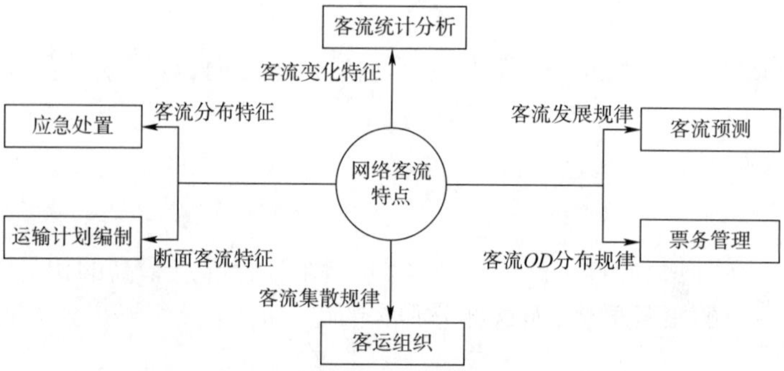

图 3-1-1　城市轨道交通网络客流特点与运营管理的关系

本节将对网络客流的特点进行详细的分析，为建立以人为本、科学合理的网络运营体系奠定坚实基础。

1.1　网络客运量持续增长

城市轨道交通网络由多条线路通过换乘站衔接组成，覆盖城市的各个功能区，随着城市轨道交通网络的不断发展，网络客运量呈现出持续增长的特点。这一特点的形成原因如下：

首先,城市轨道交通网络形成之后,由于覆盖面扩大、线路和车站数量增加,网络的可达性逐渐提高,吸引越来越多的乘客选择城市轨道交通出行。

其次,由于网络中换乘站的增加和出行距离的增长,会增加乘客换乘的几率,间接导致城市轨道交通网络中各线客运量的增长。

再次,随着城市轨道交通设备、技术以及行车组织和客运组织的管理水平全面提升,城市轨道交通运输的高效性和服务的优良性,票制票价的合理性,均促使城市居民选择城市轨道交通出行,使网络客流持续增长。

最后,由于城市道路交通拥堵加剧、出行成本增加,凸显了城市轨道交通作为绿色出行方式的优势,使城市轨道交通逐步成为城市交通体系中的骨干力量。

以北京城市轨道交通网络为例,自2007年起,北京城市轨道交通进入快速发展的时期,每年都开通一条或多条城市轨道交通新线,逐步形成了复杂的城市轨道交通网络。北京城市轨道交通近年客运量发展情况如表3-1-1所示。

近年北京城市轨道交通客运量发展情况　　表3-1-1

年份	线路数(条)	总里程(km)	车站总数(个)	网络日均客运量(万人次)	网络客流增长比例(%)
2007年	5	143	119	179	—
2008年	8	170	142	362	102
2009年	9	228	172	389	8
2010年	13	336	196	505	30
2011年	14	372	215	600	19

1.2　网络客流分布不均衡

城市轨道交通网络客流具有分布不均衡的特点,这主要体现在时间、空间、流向及发展趋势四个方面。

1.2.1　网络客流时间分布不均衡

城市轨道交通网络客流时间分布不均衡主要体现在网络进站量、出站量和换乘量等客流量在早高峰和晚高峰期间相对高于全日的其他时段,导致高峰期间出现列车车厢拥挤度高、车站站台密度大、换乘通道走行速度慢等现象。其形成原因,以平日客流出行特征为例进行说明。

首先,由于城市轨道交通具备网络可达性高、列车运行准点率高的优势,吸引城市通勤、通学居民成为其主要的服务群体,而这部分乘客的出行时间是大多集中在早高峰和晚高峰,而平峰时段乘客数量相对较少。

其次,城市中一些以休闲、娱乐等为目的的另一部分居民,在综合考虑出行时间与出行费用的要求后,可能不选择城市轨道交通出行,导致平峰时段城市轨道交通客运量相对高峰较少。

以北京城市轨道交通网络为例,进站量、出站量排名前20位的车站,高峰进站量、出站量分别占全日总量的15%以上和20%以上,霍营、天通苑等远郊车站的高峰进站量比例甚至超过50%,2012年部分车站早高峰进站量情况和10号线劲松站全日分时进站量情况如表3-1-2和图3-1-2所示。

2011 年北京城市轨道交通网络平日高峰进站量排名前 5 位车站　　表 3-1-2

排序	车　站	平日高峰进站量(千人次)	高峰占全日进站量比例(%)
1	劲松	30.4	41
2	回龙观	27.0	59
3	天通苑	24.5	50
4	天通苑北	22.2	43
5	霍营	21.8	67

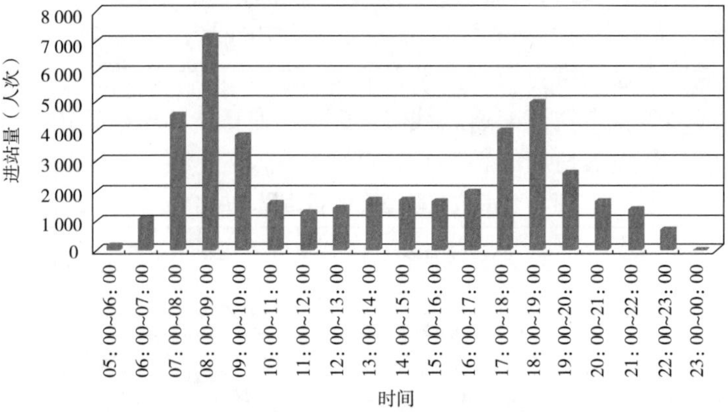

图 3-1-2　2011 年 10 号线劲松站全日分时进站量

1.2.2　网络客流空间分布不均衡

城市轨道交通网络客流空间分布不均衡主要体现在:早高峰期间因通勤通学客流出行导致的居住区进站量、学习办公区出站量明显高于网络其他普通车站的现象;而晚高峰期间因返程而出现相反的现象,表现在居住区、学习办公区周边的车站客流集中,甚至出现拥挤、排队等现象。形成这种不均衡性的原因主要是在城市各功能区日趋成熟和完善的条件下,根据城市总体规划和布局,城市中居民的居住区和办公区、学习区、购物区、娱乐区等位于不同的区域,居民会根据不同的出行目的在各区域的城市轨道交通车站进站和出站,因此该区域客流量高于普通车站。

以北京城市轨道交通网络为例,网络平日早高峰进站量超过 10 000 人次的车站仅占车站总数的 17%,主要分布在靠近大型居住区的网络边缘,如苹果园、天通苑、劲松、回龙观等站,如图 3-1-3 所示;而出站量超过 10 000 人次的车站也仅占车站总数的 19%,集中在大型办公区域和院校附近,如西二旗、国贸、西直门、三元桥等车站,如图 3-1-3 所示。

1.2.3　网络客流流向不均衡

网络客流流向不均衡主要表现在同一时间网络中某一方向的客流偏高,而另一方向相对较低,其形成原因以平日早高峰为例进行说明。

乘坐城市轨道交通出行的乘客,根据出发地和目的地的不同位置确定出行需求,平日高峰期间主要在居住区与学习办公区之间移动。一些连接这两大区域的线路,可能出现上、下行双方向客流不均衡的现象。根据一般的城市布局,如果学习居住区大多分布在中心网络,早高峰期间,网络整体呈现进城方向断面客流量明显高于出城方向、方向不均衡系数较高的特点,容易造成城市轨道交通运输压力较大和资源浪费。

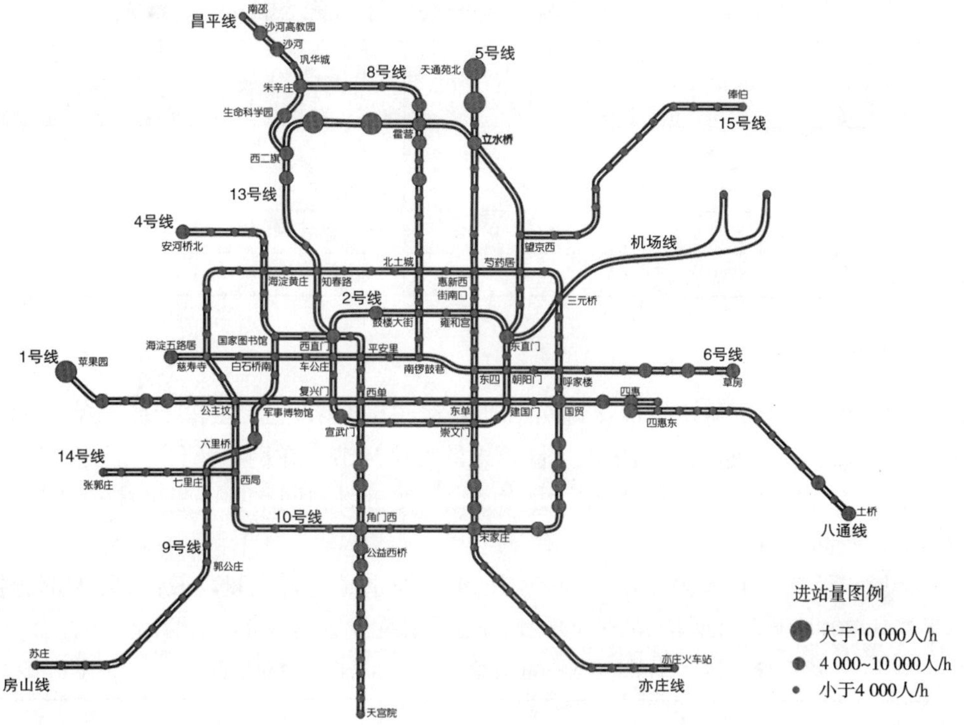

图 3-1-3　北京城市轨道交通网络平日早高峰进站量分布情况

以北京地铁 13 号线为例,平日早高峰期间,由回龙观地区去往市区的上行方向最大断面客流量达到 35 千人/h,但下行方向仅为 12 千人/h,方向不均衡系数达到 1.5,双向不均衡现象明显。

1.2.4　网络结构趋于合理后,网络客流发展趋向均衡

当城市轨道交通网络具备一定规模时,网络结构受以下因素影响会使网络客流分布特征趋于均衡。

首先,随着线路数量的增加、车站在整个城市中的均匀分布、网络结构的日趋合理,乘客根据各自的出行目的可方便到达各车站,使各条线路、各个车站都可以充分发挥自身的作用,客流量趋于平均水平。

其次,随着中心骨干线路与远郊线路的共同发展,促进了乘客对出行线路选择的多样化,乘客可在多条可达且方便的路径中根据车站位置、车厢环境、换乘条件等个人偏好选择适合自己的路径出行,而这种个性差异会分散某些原本客流集中的线路和车站,从而逐步将客流在网络中的分布推向均衡的状态。

最后,城市轨道交通的发展促使城市功能区分布区域合理,减少了长距离的出行。

以北京城市轨道交通为例,2012 年底开通 4 条城区中心骨干线路之后,网络效应使网络客流分布出现明显的改变:城区骨干线路在充分发挥自身客流聚集作用的同时,分担了相似并行线路的部分客流,如与 1 号线平行的 6 号线开通之后,1 号线全线各区间高峰小时满载率普遍出现下降趋势,全线最大满载率由 116% 降至 106% ,如表 3-1-3 所示。城区骨干线路

在缓解自身客流压力的同时，将乘客在网络中均匀分布，促进网络均衡运转。

北京城市轨道交通2012年1号线在6号线开通前后最大满载率变化情况 表3-1-3

线路	方向	时　间	最大断面客流量（千人/h）	区　间	满载率（%）
1号线	上行	新线开通后	42.1	万寿路→公主坟	106
		新线开通前	47.3	永安里→国贸	116
	下行	新线开通后	41.9	大望路→国贸	102
		新线开通前	48.6	国贸→永安里	116

1.3　网络换乘量大

满足乘客出行需求的城市轨道交通网络都非常注重换乘，主要是由于换乘站发挥着衔接不同线路的重要作用，是实现网络可达性要求的关键环节。在网络条件下，无论客流的起点和终点位于任何车站，只要通过网络中的换乘站，便可以在网络中畅通的流动，因此网络会出现换乘量较高的特点。

以北京城市轨道交通为例，2012年网络中24个换乘站的换乘量均较高，且大部分换乘站的换乘量比2011年有所增长，部分换乘站的换乘量变化如表3-1-4所示。

北京城市轨道交通部分换乘站早高峰换乘客流变化情况 表3-1-4

车　站	平日高峰换乘量均值（千人次）	2012年较2011年增长比例（%）
西直门	74.2	10.95
复兴门	55.3	18.07
建国门	51.6	16.20
惠新西街南口	48.9	1.24

1.4　网络客流呈现明显规律性

城市轨道交通网络客流呈现出明显的规律性，主要是由于以下原因所致：

首先，在出行时间方面，由于城市轨道交通的主要服务对象为通勤、通学客流，这部分乘客的出行时间具有明显的规律性，同时在选择出行线路和车站时形成一定的出行习惯，导致网络客流特征在同类型的日期中具有明显的相似性。

（1）就一周客运量而言，平日（周一至周五）客流量普遍高于双休日（周六和周日）客流量，如图3-1-4所示。

（2）就日客运量而言，平日每天客运量水平相当，双休日每天客运量水平相当。

其次，在一个多条线路组成的城市轨道交通网络中，功能相似的线路和性质相同的车站可能吸引相同类型的乘客出行，导致这些相似的线路和车站客流规律较为一致。

最后，城市轨道交通乘客出行受到客观因素影响也较为突出，如特殊天气、大型活动、节假日等，因此在这类情况发生时，网络客流也具有相似的特征。一般情况下，出现雨、雪等特殊天气时，网络客运量高于一般水平。

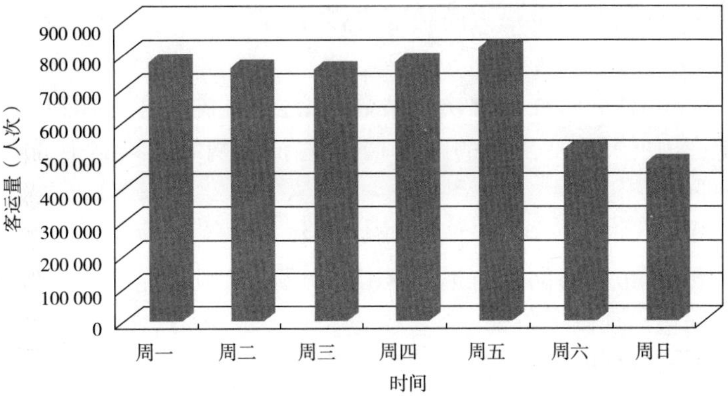

图 3-1-4　2012 年北京城市轨道交通 13 号线一周客运量变化

1.5　网络客流清分难度大

城市轨道交通中一般以 O(Origin)代表乘客出行的起点,如进站车站;以 D(Destination)代表乘客出行的终点,如出站车站。城市轨道交通网络简单时,由于出行路径简单,可达路径较少,网络客流分配起来也比较容易。当网络结构逐渐复杂时,由于客流分布的不均衡,同时乘客出行 OD 和 OD 之间的可达路径数量呈指数级增长,给准确清分客流、掌握客流在城市轨道交通网络中的时间、空间分布带来极高的难度。对城市轨道交通网络的客流清分方法将在下节介绍。

1.6　新线接入后网络客流特点

城市轨道交通线路按照服务区域可以分为两类:新城线路与城区线路。为丰富城市轨道交通资源、提高乘客服务水平,两类线路应有步骤地开通、各司其职。由于受制于城市规划、城市轨道交通投资策略,新线的开通时序不一定能满足实际的客流需求,并对既有网络产生较大的影响,因此本节将研究新线开通后,由于网络结构的改变,网络客流呈现出的新特点。

1.6.1　城区线接入网络后的网络客流特征

城区线路基本属于中心骨干线路,成网条件下存在与之相似并行的线路,自身具有较强的客流聚集及分担作用。在开通之后,网络出现以下特征:

1)网络客运量稳步增长

城区线路本身具有较强的客流吸引作用,一方面来自公交和自驾车的客流会为城市轨道交通新增部分客运量,而另一方面由于相似并行既有线路部分客流转移至新线,减少了既有线路的部分客运量。在这两种作用的综合影响下,网络客运量呈现稳步增长趋势。以北京城市轨道交通为例,2012 年开通 4 条城区骨干线路之后,新线客运量与日俱增,但部分既有线路客运量有所下降,网络日客运量增长不足 10% ,处于客流的稳步发展中。

2)网络部分线路断面客流量下降

由于城区线路开通后,分担了相似并行既有线的部分客流,导致既有线的断面客流量出现下降。以北京城市轨道交通为例,2012 年开通 4 条城区骨干线路之后,既有 1 号线、2 号线等城区骨干线路的断面客流及最大满载率均有所下降。

3)网络客流清分难度大

当网络出现多条相似并行线路且换乘站数量增多,可供乘客选择到达目的地的路径增多,部分乘客可能会因此而改变出行的路径,导致客流在网络各线路中的分配发生改变,增加网络客流清分难度。

1.6.2　新城线接入既有网络后的网络客流特征

新城线路是衔接城市中心网络与远郊区县的线路,一般情况下具备较强的客流聚集作用。在开通之后,网络出现以下特征:

1)网络客流增长速度快

新城新线在很大程度上缩短市郊乘客的出行时间、优化乘车环境,吸引日渐增多的乘客,并将这些乘客引入城区既有网络中,导致新线开通之后,网络客流呈现逐月上涨趋势,且增长速度较快。以北京城市轨道交通为例,2011 年底开通 4 条新线后,2012 年 1 ~4 月份网络客运量呈现逐月攀升的特点,如图 3-1-5 所示。

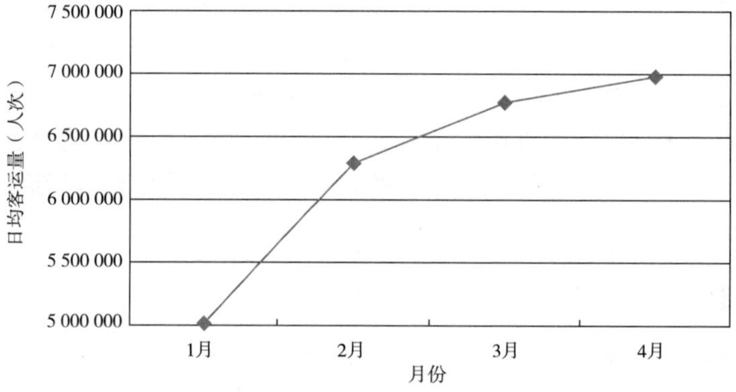

图 3-1-5　2012 年 1 ~4 月份北京城市轨道交通网络平日日均客运量月变化趋势

2)既有网络断面客流增长幅度大

新城线路由于肩负着运送居住在远郊区县的乘客通勤、通学任务,早晚高峰的换入客流加重城区线路各断面的客流压力,导致网络运力运量匹配出现矛盾,区间最大满载率不断增长。以北京城市轨道交通为例,由于昌平、亦庄等新城线路的接连开通,网络多条线路运量已经接近或达到饱和状态。

3)网络部分 *OD* 变化大

新城线路开通后,吸引部分原本乘坐公交或自驾车出行的乘客,新线可能出现新的 *OD*、而既有线一些 *OD* 消失,导致网络客流的空间分布规律发生改变。

2　城市轨道交通网络客流清分基本方法

2.1　客流清分介绍

为提高城市轨道交通网络乘客乘坐的便利性,一般情况下,乘客在城市轨道交通系统内各线间的换乘、转换其他交通方式(如公交)的时候,无需刷卡或重新购票。乘客进入和离开城市轨道交通系统一般只留下进站和出站信息，乘客的走行路径很难直接获得。为了进行客流统计、掌握客流变化规律、进行客流预测、制定运输计划、清分票款甚至核算运输成本等工作，都需要网络客流的时空分布信息。

客流清分便是借助技术手段，对进入网络的每一个有效的客流 *OD* 进行合理的时间、空间分布分析的过程。如，一名乘客乘坐城市轨道交通出行，a 时刻由 *O* 站进站，此为进站信息（站名及进站时刻），b 时刻由 *D* 站出站，此为出站信息（站名及出站时刻），b 时刻与 a 时刻之间的时间为出行时间，经客流清分后，可得到此乘客的出行路径、进出各区间时刻，客流清分过程如图 3-2-1 所示。

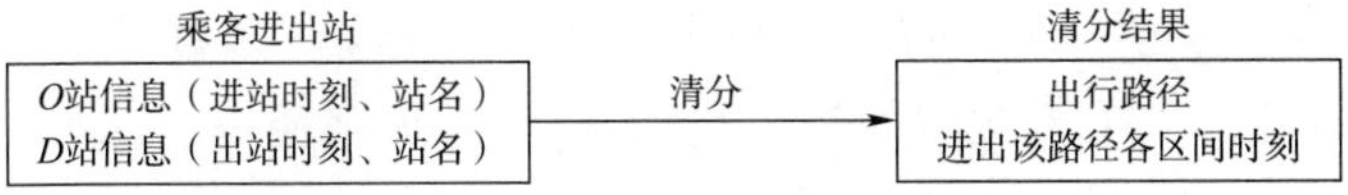

图 3-2-1　城市轨道交通网络客流清分过程

2.2　客流清分方法

根据城市轨道交通运营的不同需求，网络客流清分种类较多，但大致可总结成一种清分流程，如图 3-2-2 所示。

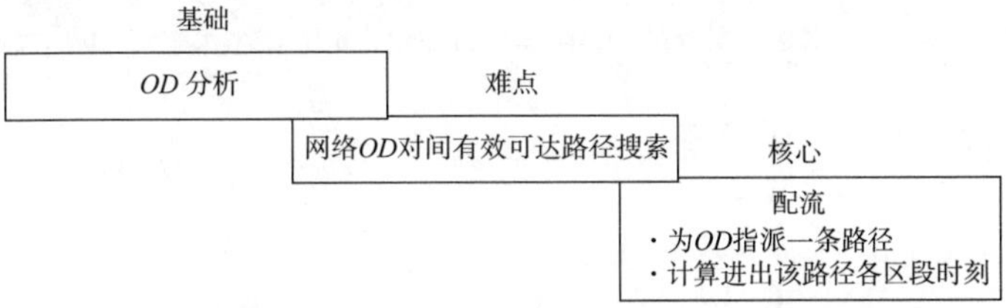

图 3-2-2　城市轨道交通网络客流清分方法

首先，对所有 *OD* 进行分析，得到真实有效的 *OD* 对，这是客流清分的基础。

其次，搜索所有有效 *OD* 对之间的合理可达路径，这是清分的难点。

最后，将 *OD* 分配至可达路径集的某一条路径上，包括为 *OD* 指派一条路径并计算进出该路径各区段的时刻，这是清分的核心。

2.2.1　*OD* 分析

OD 分析是网络客流清分的第一步，是对城市轨道交通网络 *OD* 信息的真实性与可行性进行筛选和分析，从而得到真实、可靠、有效的 *OD* 对，为客流清分后续工作奠定坚实基础。

由于 *OD* 数据在获得过程中可能出现 AFC 闸机上传延误、乘客刷卡错误等现象，导致网络客流的 *OD* 信息不完整或缺失，出现有 *O* 无 *D*、有 *D* 无 *O*、出行时间过长或过短等现象。例如，由于某个刷卡信息未及时上传，导致原 20min 的出行时间变为 2h，影响客流清分的整体效果，必须对这些明显不合理的数据进行处理。

2.2.2　有效可达路径搜索

有效可达路径搜索是网络客流清分的第二步，在城市轨道交通网络中，由于在 *O* 和 *D* 之间有多条连通的路径，但乘客只可能沿着一部分合理的路径出行。有效可达路径搜索是在城市轨道交通网络中，为真实、有效的 *OD* 对寻找合理的出行路径集的过程，为下一步 *OD* 对配流做准备。如果网络结构比较复杂，任意两点 *OD* 之间可达路径的数量会非常多，使得寻找合理有效的可达路径集具有一定难度。

网络 *OD* 间有效可达路径集搜索的过程一般可概括为：无向图 *K* 短路径（Kth-shortest path）搜索、有效可达路径集搜索两部分。

1）无向图 *K* 短路径的搜索

K 短路径是指网络中任意 *O* 和 *D* 之间寻找最短路径、次短路径、……、第 *K* 短路径，形成最短路径集的过程。

K 短路径问题描述如下：给定赋权图 *G* 及图上两个顶点 O_i 和 D_j，r_{ij}为 O_i 和 D_j 之间的一条路径，记权值为 $d(r_{ij})$，各不相同的路径 r_{ij}组成的集合 $R(G,O_i,D_j)$为 O_i 和 D_j 之间的路径集合。按路径集合$(r_1,r_2,\cdots,r_m)$的广义费用大小进行排序，得到 $d(r_1)\leqslant d(r_2)\leqslant\cdots\leqslant d(r_m)$，则称 r_1 为 *G* 上 O_i 和 D_j 之间的最短路径、r_2 为次短路径……。求解 O_i 和 D_j 之间的 $1-K(k<m)$最短路径问题即为 *K* 短路径问题。如图 3-2-3 所示图例中，从 *A* 到 *C* 的路径集中，最短路径为 *A*→*D*→*C*、次短路径为 *A*→*E*→*C*。

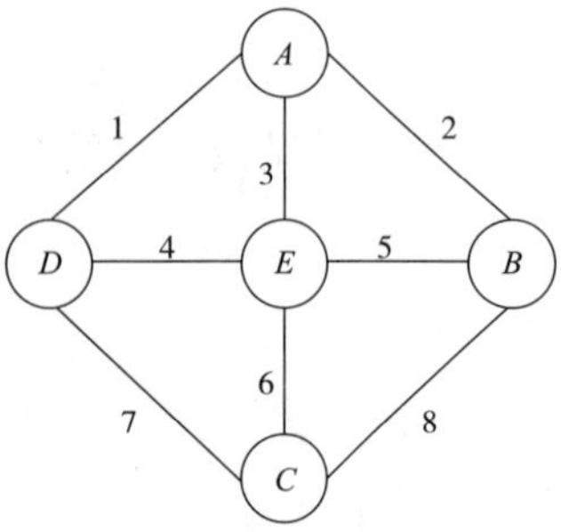

图 3-2-3　*K* 短路径问题图例

在介绍 *K* 短路径计算方法之前，先介绍最短路径的一个经典计算方法——Dijkstra 算法（Dijkstra Algorithm）。

Dijkstra 算法是建立在松弛技术的基础上，并要求图中所有边的权值非负。松弛技术是反复减小每个节点的实际最短路径权值的上限，直到该上限等于最短路径权值。Dijkstra 算法的主要思想为：

步骤 1，定义图 *G* 上两个顶点 *O* 和 *D* 之间存在节点 S_i，$d(S_i)$是沿顶点到 S_i 的最短路径的权值，$r(i,j)$是 S_i 到 S_j 的权值，检查 S_j。

步骤 2，设 $d(O)=0$，$d(S_i)=d(D)=\infty$，S_j 为空集。

步骤 3，选取从节点 S_i 出发到达 S_j 的所有 $r(i,j)$，若 $d(S_i)+r(i,j)<d(S_j)$，则更新 S_j 为 S_i，即 $d(S_j)=d(S_i)+r(i,j)$；反之，S_j 不变。

步骤 4，当所有 S_j 被检查完毕，算法停止，$d(D)$为 *O* 和 *D* 之间的最短路径。

K 短路径搜索目前也有多种具体计算方法，以下介绍删边法（Delete Algorithm）、分离算法（Deviation Algorithm）和双向扫视法（Double Sweep Algorithm）。

（1）删边法是建立在求最短路径的基础上，搜索 *K* 短路径最直接的方法之一，其主要思想为：

首先，在图中找到最短路径；

其次，若存在最短路径，则删除最短路径中的一边，再求出一条临时最短路径；

接着，重复上一步的工作，直到最短路径中所有边都已删除，比较所有临时最短路径，其中最短的那条路径就是次短路径；

最后，若求取第 *K* 条短路径，要先把前 *K*－1 条短路径中所有边进行集合配对，每次删除一个边对，其他过程与上两步工作相似，将得到的临时最短路径进行比较，最短的那条路径即为 *K* 短路径。

删边法虽然计算直接、简单，但计算量较大，计算复杂网络 *K* 短路径难度较大。

（2）分离算法是 20 世纪 70 年代发展起来的一种有效的 *K* 短路搜索算法，通过删除第 *K*

-1 条短路，再依次恢复该短路各节点进行 K 短路的搜索，有效地减少了度为 2 的节点的搜索，算法非常高效。

假设有向图 $G(N,A)$，c_{ij} 为 G 中边 (i,j) 的费用，G 中节点 s 与节点 t 间的路径为 $p=\{s=v_1,v_2,\cdots,v_l=t\}$，$p^k=\{s=v_1^k,v_2^k,\cdots,v_{l^k}^k=t\}$ 为第 K 短路；第 K 短路中分别与前 $K-1$ 短路开始分离的最远的点为 $d(p^k)$，X 为动态的后选路径集合，每次选出最短路作为第 K 短路，$X=\{s\to t$ 的 p 集合$\}$，p^k 中的一段路径为 $sub_{p^k}(v_i^k,v_j^k)$，T_t 是以 t 为顶点的最小路径树，$T_t(v_i)$ 是 T_t 中节点 v_i 到 t 的一段路径，π_{v_i} 为 $T_t(v_i)$ 的最小费用。

G 中节点 s 与节点 t 间的 K 短路径分离算法步骤如下。

步骤 1：找到 G 中 (s,t) 的最短路 p；

步骤 2：$d(p_1)=s$；

步骤 3：$X=\{p\}$

步骤 4：令 $K=0$；

```
While(X≠Φ   and   k≤K)
{
    k++;
    p^k = X 中最短的路径;
    X-={p^k};
    G 中去除 sub_{p^k}(s, v^k_{l^k-1});
    G 中再次去除(d(p^k), i), i∈N, 其中(d(p^k), i)∈p^1, p^2, …, p^{k-1};
    生成以 t 为顶点的最小路径树——T_t;
    for(v^k_i ∈ (v^k_{l^k}, …, d(p^k)); i--)
    {
      在上述 G 中恢复 v^k_i;
      SubClass1(v^k_i), 计算 π_{v^k_i};
          If(π_{v^k_i} ≠ ∞){
            SubClass2(v^k_i);
            p = sub_{p^k}(s, v^k_i) + T_t(v^k_i);
            d(p) = v^k_i;
            X+=p;
                    }
            在上述 G 中恢复(v^k_i, v^k_{i+1});
            If(π_{v^k_i} > π_{v^k_{i+1}} + c_{v^k_i v^k_{i+1}}){
                π_{v^k_i} = π_{v^k_{i+1}} + c_{v^k_i v^k_{i+1}};
                SubClass2(v^k_i);
                            }
    }
    在 G 中恢复 p^k 中的 sub_{p^k}(s, d(p^k));
```

在 G 中恢复 $(d(p^k),i)$，$i \in N$，其中 $(d(p^k),i) \in p^1,p^2,\cdots,p^{k-1}$；

}

其中：

*SubClass*1：更新 $\pi_{v_i^k}$

*SubClass*2：更新 v_i^k 周围点 v_j^k 的 $\pi_{v_j^k}$

经过多次迭代后，最终集合 X 中留下的便是所求的节点 s 与节点 t 间 K 短路集合。

(3)双向扫视法是利用扫视，反复执行加法和求极小值的运算过程。

扫视分为正向扫视和反向扫视，正向扫视是按照顶点号的递增顺序，即 $D=1,2,\cdots,n$，连续检查所有与顶点 D 相邻的前一个顶点 $A(A<D)$，确定从 O 到顶点 D 的 K 短路径是否通过 A，如果通过，则可取新的估计值，并用于下一步的迭代；反向扫视执行正向扫视类似的过程，只是按照顶点号递减的顺序，即 $D=n,n-1,\cdots,1$，只检查与顶点 D 相邻的后一个顶点 B $(B>D)$。双向扫视法的主要思想是：从 O 到顶点 D 的第 K 条短路径是从 O 到顶点 A 的第 K 条短路径与 A 到 D 的一段边之和，其中 A 是 D 的相邻顶点，最短路径从 A 指向 D；即把与 A 关联的边作为 K 条短路径的最后一段扫视一遍，可正向扫视也可反向扫视，都需要选取 A 到 D 的 K 条短路径参与计算。

双向扫视法的思想虽然并不复杂，但涉及迭代和矩阵运算，实现起来比较烦琐。

2)有效可达路径集的搜索

计算有效可达路径集之前，需要先介绍一下路径的广义费用概念。路径广义费用也可称为出行阻抗，是指乘客沿某条路径出行时，在时间、经济等方面上的花费，包括：乘坐城市轨道交通时间、步行时间、换乘时间及次数、经济支出、对服务的期望和对舒适性的要求等。

在城市轨道交通网络中，随着网络规模的扩大和结构的复杂，每个 OD 之间存在多条可供选择的出行路径，仅靠搜索 K 短路径并不一定符合实际条件和需要，主要由于以下两个原因。

一方面，一个 OD 对之间的多条路径中，由于可能存在多条路径的广义费用相同或相差不大，都可能成为合理路径，造成可达路径集非常庞大，不利于客流的分配。

另一方面，由于乘客选择城市轨道交通出行时，会受到自身选择偏好以及线路、车站的实际运营条件等众多因素影响，选择一条并不是较短路径但适合自己的路径，导致上小节算出的 K 短路径集中，某些路径不一定真实反映乘客出行情况。

因此，为准确获取符合实际情况的出行路径，对下一步清分工作提供可靠支持，须有一套搜索有效可达路径集的方法。

首先，计算网络各 OD 间 K 短路的广义费用；

其次，去除明显较大广义费用(与该 OD 间最小广义费用相比)的路径，可以根据网络规模、该 OD 间最小广义费用和第 K 条短路广义费用比值进行取舍；

接着，去除显然不合理的路径，比如环路、重复路径；

最后，对各条路径的广义费用进行升序排序。

这样经过筛选，网络中有效可达路径集便产生了。

2.2.3 配流为 OD 指派一条路径

配流过程实际上为 OD 指派一条路径过程。当在 OD 对之间搜索到有效可达路径之后，需根据一定的原则和算法为 OD 确定一条出行路径。例如，某一乘客在北京城市轨道交通网络中（图 3-2-4），由知春路站出发到达崇文门站的合理可达路径如下：

*L*1：10 号线经惠新西街南口换乘 5 号线到达崇文门；

*L*2：13 号线经西直门换乘 2 号线外环到达崇文门；

*L*3：13 号线经西直门换乘 2 号线内环到达崇文门。

如何确定该乘客是沿哪条路径出行？以下两种方法常用来进行配流计算，即按广义费用比例配流和按合理出行时间可能性配流两种办法。

1）方法 1：按广义费用比例分配

广义费用是乘客在城市轨道交通网络中选择出行路径的重要考虑因素，与乘客的出行目的、出行成本的需求息息相关，因此可根据广义费用的比例进行配流。该方法的基本思想是通过分别计算可达路径集中每一条路径的广义费用，得到各路径分配比例，再将 OD 量按此比例分配到各路径上。具体计算步骤如下。

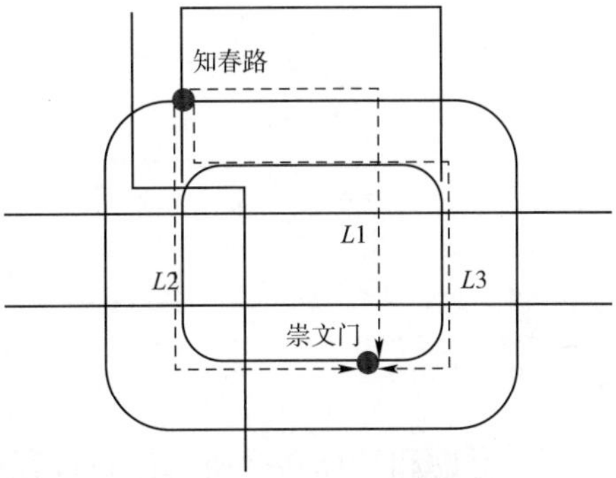

图 3-2-4 知春路站出发到达崇文门站的合理可达路径集

步骤 1，确定出发站 i 至到达站 j 的所有 OD 量 Q^{ij}、可达路径集 $\{L_n^{ij}\}$，n 为可达路径条数；

步骤 2，计算可达路径集中每条路径的广义费用 C_n^{ij}；

步骤 3，将每条路径的广义费用进行求和，得到 $\sum_n C_n^{ij}$；

步骤 4，计算配流比例 α_n^{ij}，计算公式如下：

$$\alpha_n^{ij} = \frac{C_n^{ij}}{\sum_n C_n^{ij}} \tag{3-2-1}$$

步骤 5，根据配流比例 α_n^{ij}，将出发站 i 至到达站 j 的 OD 量 Q^{ij} 分配至每条可达路径上，完成分配过程。计算公式如下：

$$q_n^{ij} = Q^{ij} \times \alpha_n^{ij} \tag{3-2-2}$$

2）方法 2：按合理出行时间可能性配流

合理出行时间是指乘客在城市轨道交通网络中由出发站进站至到达站出站需花费的总时间（图 3-2-5），一般包括以下环节的时间。

（1）进站时间：乘客从出发站站厅闸机刷卡进入，步行至站台等候列车位置的时间；

（2）候车时间：乘客在站台等候列车到达的时间，包括出发站站台等候时间、换乘站站台等候时间；

（3）列车运行时间：乘客乘坐列车运行的总时间，包括整个出行过程中所乘坐的每条线路列车运行的时间之和；

（4）换乘时间：乘客从一条线路换乘至另一条线路的步行时间；

(5)出站时间:乘客在到达站由站台步行至站厅闸机刷卡出站的时间。

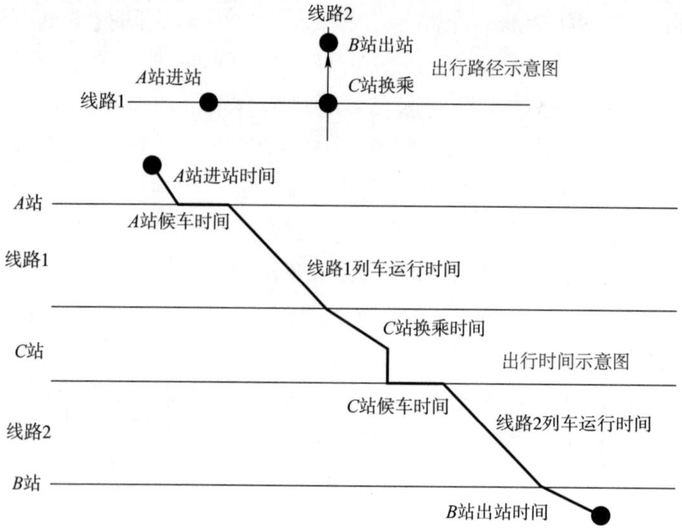

图 3-2-5 乘客合理出行时间计算

当考虑和计算乘客所有出行过程中各环节时间因素之后,可确定合理出行时间,就可以了解其最有可能选择哪条路径,也就可以根据这个可能性对完整的 *OD* 进行分配。具体计算步骤如图 3-2-6 所示。

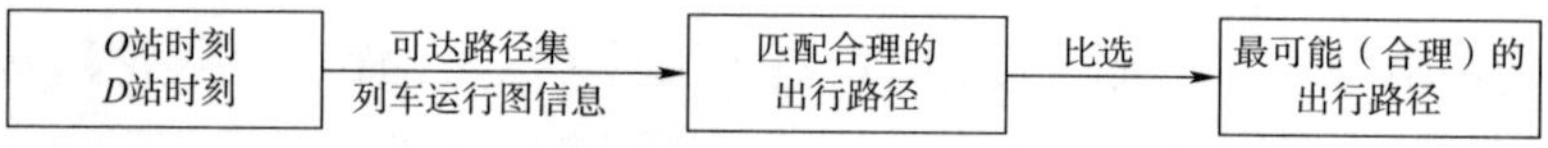

图 3-2-6 按实际出行时间可能性配流过程

步骤 1,确定出发站 i 至到达站 j 的可达路径集$\{L_n^{ij}\}$,n 为可达路径条数;

步骤 2,通过现场实际调查,确定进站时间、等候时间、换乘时间、出站时间等时间要素,并通过列车运行图信息确定列车运行时间要素,确定出发站 i 至到达站 j 间的合理出行时间集$\{T_n^{ij}\}$;

步骤 3,根据某条 *OD* 的进站时刻和出站时刻,与$\{T_n^{ij}\}$进行对比,找到该 *OD* 最合理(可能)的一条出行路径。

上述两种方法利用不同的分析和判定指标,即广义费用和实际出行时间,对 *OD* 量进行路径分配,其本质都是为 *OD* 找到最真实、最可能的路径,但在算法思想和方法上仍有区别:方法 1 是一种模糊的计算方法,主要是靠广义费用对所有 *OD* 之间的 *OD* 量进行概率分配;方法 2 是一种精确的设计思路,主要是通过出行的实际时间为每个 *OD* 指派一个唯一的最可能路径。在实际运用中,这两种方法并不能说哪一种好哪一种不好,应根据网络结构和使用目的进行选择,原因有三点:

首先,方法 1 中广义费用的计算是关键环节,需充分考虑乘客乘坐城市轨道交通出行的广义费用的所有影响因素,并对这些因素的权重进行判断和设置,并在实验和实际中进行验证,因为往往由于某些因素与实际情况的偏差造成某条路径的分配比例上的偏差,容易使计算结果带有一定的主观性。

其次,从准确性的角度,由于方法 2 需要掌握乘客选择城市轨道交通出行的信息更全面、更真实，而且针对每个 *OD* 进行配流，清分结果应该比较准确，但当网络结构越来越复杂时，同一个 *OD* 之间的可达路径集的出行时间可能会趋于一致，为确定合理路径的准确性带来一定难度。

最后，方法 2 需结合大量的列车运行信息和时间信息计算较大规模的出行数据量，占用计算机资源较多。

综上所述，方法 1 和方法 2 的选择和使用需结合实际工作情况而定，当网络结构相对简单，且各路径之间广义费用相差不大时，宜采用方法 1；当网络结构简单、广义费用差别较大时，宜采用方法 2；当网络结构复杂时，宜将方法 1 和方法 2 相结合。但从运算效率的角度出发，一般情况下应适当减少方法 2 的使用。

2.2.4 计算每个 *OD* 占用出行路径各区段时刻

把 *OD* 分配到某路径后，就可以根据进站时刻、出站时刻、列车运行信息、换乘时间等，确定该 *OD* 对在网络中的时空分布，为得到清分结果提供数据支撑，如图 3-2-7 所示。

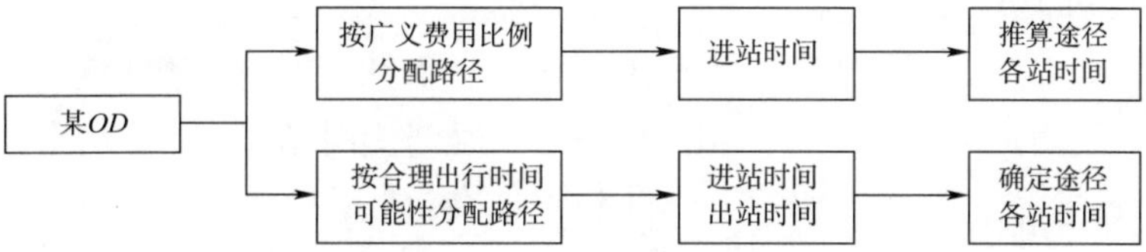

图 3-2-7 计算每个 *OD* 占用出行路径各区段时刻过程

2.2.5 清分结果

通过上述网络客流的清分工作，可得到计算出每个 *OD* 对出行路径的进出该路径各区段时刻的清分结果，见表 3-2-1，并可进一步根据每分钟的清分结果对网络客流指标进行计算，如，不同时间粒度（5min、15min 等）的进站量、出站量、换乘量、断面客流量等。

网络客流清分结果 表 3-2-1

OD	路径及各站时间
O_1D_1	O_1 时刻→到达 *A* 站时刻→…→D_1 时刻
⋮	⋮
O_nD_n	O_n 时刻→到达 *A* 站时刻→…→D_n 时刻

3 城市轨道交通网络客流统计分析

客流统计分析是通过获取城市轨道交通网络 *OD* 出行数据，根据客流清分结果，对反映网络客流特征的各类客流指标进行计算。

3.1 客流指标统计的意义

为满足城市轨道交通运营管理的实际需求，对网络客流进行统计分析是研究网络客流特征、进行客流预测、编制运输计划、制定客运组织、改造设备设施等运营工作的基础，需对一个运营日内的全日客流进行计算和统计。

3.2 客流统计维度

根据城市轨道交通网络物理和客流特征，可以将客流统计分为三个维度，即：空间维度、指标维度和时间维度，这三个维度从三个不同的视角描述客流数据结构。一般情况下，每个客流指标都是同时描述这三个维度的数据信息。

1）空间维度

城市轨道交通网络是一个空间结构，该结构的最小组成单元是车站，即空间结构的车站层级；相同线路的每个车站之间由区间连接，由多个车站组成线路，这是空间结构的线路层级；多条线路由换乘站相连组成整个城市轨道交通网络，即网络层。

2）指标维度

客流指标包括以下三类：

（1）基础类指标：进站量、出站量、换乘量、断面客流量、断面满载率、换乘次数、周转量、乘车站数、乘车时间等；

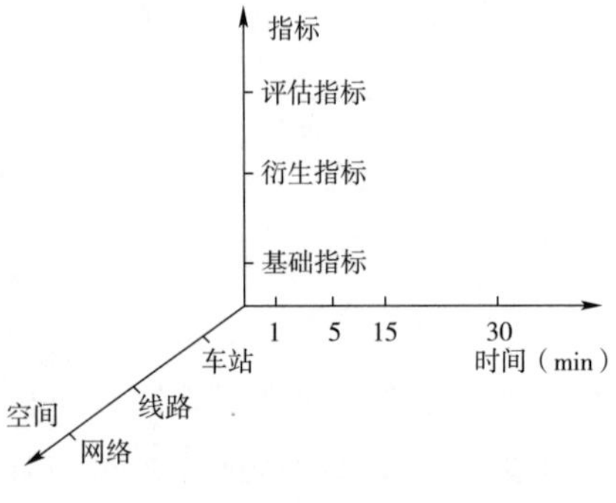

图 3-3-1　客流数据结构示意图

（2）衍生类指标：客运量、集散量、换乘系数、换乘比例、平均乘距、平均乘车站数、平均乘车时间等；

（3）评估类指标：方向不均衡系数、断面不均衡系数等。

3）时间维度

时间维度是指客流统计的跨度，根据运营需要，一般可分为：1min、5min、15min、30min、小时、阶段、日、周、月、季度、半年、年等维度。实际工作中，不同的指标具有不同的时间维度，见图 3-3-1。

3.3 客流指标定义及计算方法

根据城市轨道交通网络实际工作需要及客流统计的三个维度，可定义各类客流指标，见图 3-3-2。客流指标计算方法的基本思路是采集网络 OD 客流信息，经网络清分汇总进站时刻、出站时刻信息，可计算 OD 量和进出站客流；OD 客流信息与网络客流清分工作得到清分结果之后，可根据进出路径各区段时刻，计算满足空间结构维度、时间维度要求的各类客流指标数据，如换乘客流量、断面客流量等。

1）车站客流

（1）进站客流量

定义：统计期内，在城市轨道交通车站刷卡进站的乘客数量，单位为人次。

计算方法：车站进站量 A_i 是统计期 t 内，在车站 i 刷卡进站的乘客数量 O_i 之和，即：

$$A_i = \sum_i O_i \tag{3-3-1}$$

（2）出站客流量

定义：统计期内，在城市轨道交通车站刷卡出站的乘客数量，单位为人次。

计算方法：车站出站量 B_j 是统计期 t 内，在车站 j 刷卡出站的乘客数量 D_j 之和，即：

$$B_j = \sum_j D_j \tag{3-3-2}$$

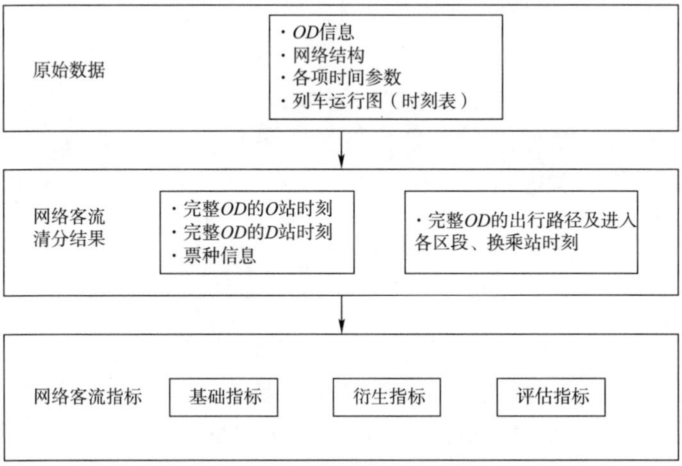

图 3-3-2　客流指标计算流程

(3)换乘站换乘客流量

定义：统计期内，城市轨道交通换乘站线路间各方向换乘乘客的总量，单位为人次。

计算方法：利用清分结果进行计算，首先，每个方向的换乘量 T_x^y 是所有在统计期 t 内途经换乘站 x、方向 y 的配流量 p_x^y 之和，即：

$$T_x^y = \sum p_x^y \tag{3-3-3}$$

其次，换乘站的换乘量 T_x 是统计期 t 内所有方向换乘量之和，即：

$$T_x = \sum_y T_x^y \tag{3-3-4}$$

(4)车站集散客流量

定义：统计期内，城市轨道交通车站进站、出站、换乘总量，单位为人次。

计算方法：车站集散客流 C 是统计期 t 内该车站进站量 A、出站量 B、换乘量 T 之和，即：

$$C = A + B + T \tag{3-3-5}$$

2)线路客流

(1)线路进站客流量

定义：统计期内，在城市轨道交通运营线路所属车站刷卡进站的乘客总量，单位为人次，包括该线路的本线进站且出站、本线进站但他线出站两部分客流。

计算方法：线路进站量 A_l 是统计期 t 内线路 l 所属各车站 i 进站量 A_i 之和，即：

$$A_l = \sum_i A_i \tag{3-3-6}$$

(2)线路出站客流量

定义：统计期内，在城市轨道交通运营线路所属车站刷卡出站的乘客总量，单位为人次，包括该线路的本线进站且出站、他线进站但本线出站两部分客流。

计算方法：线路出站量 B_l 是统计期 t 内线路 l 所属各车站 j 出站量 B_j 之和，即：

$$B_l = \sum_j B_j \tag{3-3-7}$$

(3)线路换乘客流量

定义：统计期内，换入城市轨道交通该线的乘客数量，单位为人次，包括该线路的他线进站但本线出站、途径本线两部分客流。

计算方法：线路换乘量 T_l 是统计期 t 内由线路 l 所属各换乘站 x 换入该线路的换乘量 T_x^l 之和，即：

$$T_l = \sum_x T_x^l \tag{3-3-8}$$

（4）断面客流量

定义：统计期内，单向通过城市轨道交通运营线路某一断面的乘客数量，单位为人次。

计算方法：断面客流 U_z^y 是统计期 t 内所有出现在区间 z 方向 y 的配流量 p_z^y 之和，即：

$$U_z^y = \sum_y p_z^y \tag{3-3-9}$$

（5）线路客运量

定义：统计期内，城市轨道交通线路运送的乘客数量，单位为人次。它包括该线路的进站量与换乘量两部分客流，一般情况下，使用全日线路客运量。

计算方法：线路客运量 N_l 是统计期 t 内线路 l 进站量 A_l、换乘量 T_l 之和，即：

$$N_l = A_l + T_l \tag{3-3-10}$$

（6）线路客运周转量

定义：统计期内，运营线路乘客乘坐距离的总和，单位为人·km。一般情况下，使用小时线路客运周转量、日线路客运周转量。

计算方法：线路客运周转量 E_l 是统计期 t 内每位乘客乘坐线路 l 的距离 S_l^i 之和，即：

$$E_l \underset{i}{=} \sum_t S_l^i \tag{3-3-11}$$

（7）线路换乘次数

定义：统计期内，指定线路进站的乘客完成一次出行需要换乘的次数，单位为次。

计算方法：线路换乘次数 Q_l 是通过追踪统计期 t 内线路 l 刷卡信息获得。

（8）线路换乘比例

定义：统计期内，本线路进站的乘客中，在其他线路出站的乘客所占比例，无单位。

计算方法：线路换乘比例 α_l 是统计期 t 内线路 l 的本线进其他线出人次 A_l^t 与进线量 A_l 之比，即：

$$\alpha_l = \frac{A_l^t}{A_l} \times 100\% \tag{3-3-12}$$

（9）线路平均乘距

定义：统计期内，在某一线路上乘客一次乘车的平均乘车距离，单位为 km。一般情况下，使用小时线路平均乘距、全日线路平均乘距。

计算方法：线路平均乘距 F_l 是统计期 t 内线路 l 的客运周转量 E_l 与客运量 D_l 之比，即：

$$F_l = \frac{E_l}{D_l} \tag{3-3-13}$$

（10）线路平均乘车站数

定义：统计期内，在某一线路上乘客一次乘车的平均乘车站数，单位为站。

计算方法：线路平均乘车站数 S_l 是统计期 t 内线路 l 的乘车站数 S_l^i 之和与客运量 D_l 之比，即：

$$S_l = \frac{\sum_i S_l^i}{D_l} \tag{3-3-16}$$

(11)线路平均乘车时间

定义:统计期内,在某一线路上乘客一次乘车的平均乘车时间,单位为分钟。

计算方法:线路平均乘车时间 G_l 是统计期 t 内线路 l 的乘车时间 G_l^i 之和与客运量 D_l 之比,即:

$$G_l = \frac{\sum_i G_l^i}{D_l} \tag{3-3-15}$$

(12)方向不均衡系数

定义:统计期内,在一条线路的高断面上,单向最大断面客流量与双向客流量平均值之比,无单位。

计算方法:方向不均衡系数 ε_l 是统计期 t 内线路 l 上、下行最大断面客流量中最大值的 2 倍与上行最大断面客流量 $U_{ls}^{\max}$、下行最大断面客流量 $U_{lx}^{\max}$ 之和的比,即:

$$\varepsilon_l = \frac{2 \times \max(U_{ls}^{\max}, U_{lx}^{\max})}{U_{ls}^{\max} + U_{lx}^{\max}} \tag{3-3-16}$$

(13)断面不均衡系数

定义:统计期内,在一条线路上,单向最大断面客流量与该时段该方向所有断面客流量平均值之比,无单位。

计算方法:断面不均衡系数 δ_l 是统计期 t 内线路 l 最大单向断面客流量 $U_l^{\max}$ 与线路断面数量 k_l 之积与断面客流量 U_l^k 之和的比,即:

$$\delta_l = \frac{U_l^{\max} \times k_l}{\sum_k U_l^k} \tag{3-3-17}$$

(14)断面满载率

定义:统计期内,单位时间运营线路单向断面客流量与相应断面运力的比值,无单位。

计算方法:断面满载率 η_l 是统计期 t 内线路 l 区间 z 方向 y 的断面客流量 U_z^y 与断面运力 M_z^y 之比,即:

$$\eta_l = \frac{U_z^y}{M_z^y} \times 100\% \tag{3-3-18}$$

(15)线路列车平均满载率

定义:统计期内,运营线路列车的平均满载情况,无单位。

计算方法:线路列车平均满载率 η_l^a = 线路客运量 N_l × 线路平均乘距 F_l/(线路运营长度 d × 线路客运列车开行列数 m × 线路列车定员 q) × 100%,即:

$$\eta_l^a = \frac{N_l \times F_l}{d \times m \times q} \times 100\% \tag{3-3-19}$$

3)网络客流

(1)网络进站客流量

定义:统计期内,城市轨道交通网络各运营线路车站刷卡进站的乘客总量,单位为人次。

计算方法:网络进站量 A_n 是统计期 t 内网络 n 所属各条线路 l 进站量 A_l 之和,即:

$$A_n = \sum_l A_l \tag{3-3-20}$$

(2)网络出站客流量

定义:统计期内,城市轨道交通网络各运营线路车站刷卡出站的乘客总量,单位为人次。

计算方法:网络出站量 B_n 是统计期 t 内网络 n 所属各条线路 l 出站量 B_l 之和,即:

$$B_n = \sum_l B_l \tag{3-3-21}$$

(3)网络换乘客流量

定义:统计期内,进入城市轨道交通网络的乘客在换乘站由一条线路换乘到另一条线路的总量,单位为人次。

计算方法:网络换乘量 T_n 是统计期 t 内网络 n 所属各条线路 l 换乘量 T_l 之和,即:

$$T_n = \sum_l T_l \tag{3-3-22}$$

(4)网络客运量

定义:统计期内,城市轨道交通网络中各条运营线路运送的乘客总量,单位为人次,包括网络的进站量与换乘量两部分客流。一般情况下,使用全日网络客运量。

计算方法:网络客运量 N_n 是统计期 t 内网络 n 进站量 A_n、换乘量 T_n 之和,即:

$$N_n = A_n + T_n \tag{3-3-23}$$

(5)网络客运周转量

定义:统计期内,网络内乘客乘坐距离的总和,单位为人·km。一般情况下,使用小时网络客运周转量、日网络客运周转量。

计算方法:线路客运周转量 E_n 是统计期 t 内每位乘客在网络 n 中乘坐距离 S_n^i 之和,即:

$$E_n = \sum_i S_n^i \tag{3-3-24}$$

(6)网络换乘次数

定义:统计期内,网络进站乘客完成一次出行需要换乘的次数,单位为次。

计算方法:网络换乘次数 Q_n 是统计期 t 内网络 n 所辖线路换乘次数 Q_l 之和,即:

$$Q_n = \sum Q_l \tag{3-3-25}$$

(7)网络换乘系数

定义:统计期内,乘客在网络内完成一次出行需乘坐平均线路条数,无单位。

计算方法:网络换乘系数 β_n 是统计期 t 内网络 n 客运量 D_n 与进站量 A_n 之比,即:

$$\beta_n = \frac{D_n}{A_n} \tag{3-3-26}$$

(8)网络换乘比例

定义:统计期内,乘客在网络完成一次出行,需换乘的人数与进站量的比值,无单位。

计算方法:线路换乘比例 α_n 是统计期 t 内网络 n 的本线进其他线出人次 A_n^t 与进站量 A_n 之比,即:

$$\alpha_n = \frac{A_n^t}{A_n} \times 100\% \tag{3-3-27}$$

(9)网络平均乘距

定义:统计期内,网络中乘客平均一次出行全程的总乘车距离,单位为 km。一般情况下,使用小时线路平均乘距、全日线路平均乘距。

计算方法:网络平均乘距 F_n 是统计期 t 内网络 n 的客运周转量 E_n 与网络进站量 A_n 之

比,即:

$$F_n = \frac{E_n}{A_n} \tag{3-3-28}$$

(10)网络平均乘车站数

定义:统计期内,网络中乘客平均一次出行全程的总乘车站数,单位为站。

计算方法:网络平均乘车站数 S_n 是统计期 t 内网络 n 的乘车站数 S_n^i 之和与进站量 A_n 之比,即:

$$S_n = \frac{\sum_i S_n^i}{A_n} \tag{3-3-29}$$

(11)网络平均乘车时间

定义:统计期内,网络中乘客平均一次出行全程的总乘车时间,单位为 min。

计算方法:网络平均乘车时间 G_n 是统计期 t 内网络 n 的乘车时间 G_n^i 之和与进站量 A_n 之比,即:

$$G_n = \frac{\sum_i G_n^i}{A_n} \tag{3-3-30}$$

(12)网络列车平均满载率

定义:统计期内,网络各线路列车的平均满载情况,无单位。

计算方法:网络列车平均满载率 η_n^a =(网络客运量 N_n × 网络平均乘距 F_n/∑线路运营长度 d_l × 线路客运列车开行列数 m_l × 线路列车定员 q_l)×100%,即:

$$\eta_n^a = \frac{N_n \times F_n}{\sum_l d_l \times m_l \times q_l} \times 100\% \tag{3-3-31}$$

4　城市轨道交通断面客流特征分析

城市轨道交通断面客流量是配置列车运力的决定性因素,但由于客流的波动性和不确定性将导致断面客流量发生随机变化。在一定的时间范围内,如果网络结构稳定,某区间的断面客流量或某条线某方向最大断面客流量会服从某种统计规律变化。研究城市轨道交通网络断面客流量的概率分布,掌握其变化规律,有利于进行客流预测、合理配置城市轨道交通网络运力计划。

4.1　断面客流量概率分布分析

城市轨道交通断面客流量虽是波动性较大的随机变量,但观察一段时间内的大量统计数据发现,断面会表现出规律性的变化,可以通过统计分析的方法揭示城市轨道交通断面客流概率分布特点。

4.1.1　断面客流量抽样与整理

抽样是抽取样本作为断面客流量总体的代表,对这些数据进行加工处理,使之系统化、条理化。根据抽样分布的原理,利用抽样资料对总体数量特征进行后续的估计和推断。

1)断面客流量抽样规则

根据城市轨道交通线路运营条件和乘客出行特征，不同线路在不同时段的断面客流特征有所不同，需抽取各条线路各运营阶段中最大小时断面客流量作为样本。通常选取大样本容量 N，即 $N \geqslant 30$，样本应满足以下条件：

(1)样本的抽取的时间范围，选择分析日前的 3 个月至 6 个月；

(2)样本的日期类型分为平日和双休日，一般平日选周一或周五、双休日选周六；

(3)运营阶段可分为早出车、早高峰、早平峰、午平峰、晚高峰、晚平峰、晚收车等阶段，如表 3-4-1 所示。

城市轨道交通全日运营阶段划分表 表 3-4-1

阶 段	平 日	双 休
早出车	首班车～7:00	首班车～9:00
早高峰	7:00～9:00	9:00～11:00
早平峰	9:00～12:00	—
午平峰	12:00～17:00	11:00～16:00
晚高峰	17:00～19:00	16:00～19:00
晚平峰	19:00～22:00	19:00～22:00
晚收车	22:00～末班车	22:00～末班车

2)断面客流量统计数据的排序与审核

断面客流统计数据升序或降序排序是便于通过浏览数据发现一些明显的特征趋势或解决问题的线索，并有助于审核数据，为归类分组提供依据。数据审核主要包括两个方面：

首先，检查客流统计数据是否反映了真实的客流情况，内容是否符合实际，平日客流数据需要剔除出现非平日的情况，如节日、遇有突发情况下的客流数据等。

其次，检查客流统计数据是否有明显的错误，是否含有明显(很大或很小)的数据。

3)断面客流量统计数据的分组与频数分布

根据研究需要，将断面客流量样本数据按照某种特征或标准进行分组，根据样本量 N、样本的最大值 X_{max}、最小值 X_{min} 计算组数 K 和组距 T，整理成频数分布表，为观察数据分布特征及规律奠定基础。组数及组距的计算公式如下：

$$K = 1 + \frac{\lg N}{\lg 2} \tag{3-4-1}$$

$$T = \frac{X_{max} - X_{min}}{K} \tag{3-4-2}$$

4)断面客流量统计数据的频数分布图示

研究采用直方图表示断面客流统计数据的频数分布。在平面直角坐标中，用横轴表示数据分组，纵轴表示频数与频率，初步判断断面客流的变化曲线是服从哪种概率分布，如均匀分布、正态分布等类型。

4.1.2 分析断面客流量数据分布特征

样本数据经过排序与分组整理后，可大致了解断面客流分布的类型和特点，但为了深入、准确探寻规律，需找出反映断面客流分布特征的代表值，从两个方面进行描述：

首先,数据分布的集中趋势,反映断面客流量统计数据向某一中心值靠拢的倾向,以寻找断面客流量的一般水平,一般用众数和均值来表示。

其次,数据分布的离散程度,反映各断面客流量变量值远离其中心值的程度,描述集中趋势对该组数据的代表性,一般用样本方差和标准差表示。

4.1.3 断面客流量概率分布分析

根据断面客流抽样数据整理以及分布特征的分析,可以估计和推测断面客流量服从哪类连续性分布函数类型。从断面客流统计分布特征来看,一段时间内的数据可能服从两种分布:

1)正态分布

正态分布是最重要、最常用的一种连续型随机变量分布,其分布函数为:

$$F(x) = P(X \leqslant x) = \frac{1}{\sqrt{2\pi}\sigma}\int_0^x e^{-\frac{(y-\mu)^2}{2\sigma^2}}\mathrm{d}y \quad (x > 0) \tag{3-4-3}$$

2)均匀分布

均匀分布意味着随机变量的可能取值充满一个区间$[a,b]$,其分布函数为:

$$F(x) = P(X \leqslant x) = \begin{cases} 0 & x < a \\ \dfrac{x-a}{x-b} & a \leqslant x < b \\ 1 & x \geqslant b \end{cases} \tag{3-4-4}$$

4.1.4 确定断面客流量概率分布函数

由于断面客流量的实时随机变化特性,不可能列举穷尽所有数据。可根据抽样分布原理,科学推断总体的分布函数,再利用样本信息检验总体参数或分布形式的假设是否合理。

根据样本数据的分布特征和拟合曲线,假设断面客流量总体服从概率密度函数为$f(x,\theta)$的分布,可以用已有的历史统计数据,并采用极大似然估计法对总体的均值、方差等未知参数特征进行估计。

由于对最大断面客流量的概率分布函数来自推断,存在不准确的可能性,为验证其分布真实性,可用新的断面客流数据检验原分布函数的参数是否合理。

4.2 算例

本节以北京城市轨道交通1号线双休日午平峰阶段的最大断面客流量数据为基础,依据本章4.1中介绍的统计方法,对该线双休日午平峰阶段的最大断面客流量变化规律进行分析。

4.2.1 断面客流量数据预处理

(1)抽取2011年1月至12月1号线双休日午平峰阶段的最大断面客流量,样本量$N=50$。

(2)整理样本数据,剔除8个不能如实反映双休日普遍客流规律的异常数据,有效样本量$N=42$。

(3)依据样本数据,分别由式(3-4-1)、式(3-4-2)计算得到组数$K=7$、组距$T=1\ 005$,形成频数分布表(表3-4-2)。

1 号线双休日午平峰最大断面客流量频数分布表 表 3-4-2

按断面客流量分组(人次/h)	频数(个)	频率(%)	按断面客流量分组(人次/h)	频数(个)	频率(%)
14 710 ~ 15 715	3	6	18 730 ~ 19 735	11	22
15 715 ~ 16 720	2	4	19 735 ~ 20 740	5	10
16 720 ~ 17 725	9	18	20 740 ~ 21 745	1	2
17 725 ~ 18 730	11	22			

(4)根据频数分布表,绘制 1 号线双休日午平峰最大断面客流量直方图并拟合频数分布曲线,如图 3-4-1 所示。

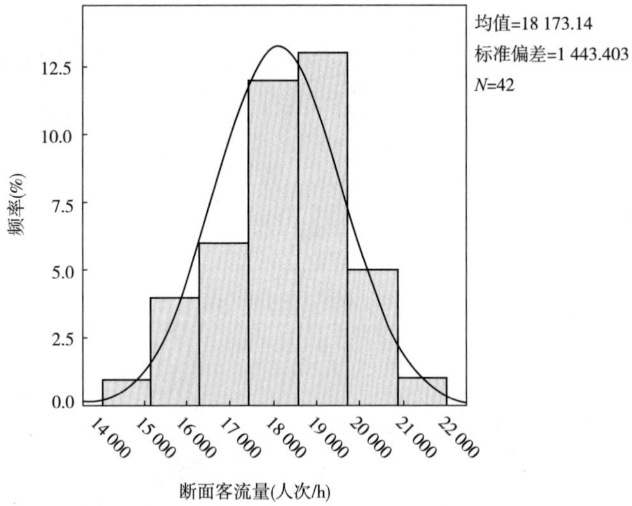

图 3-4-1 1 号线双休日午平峰最大断面客流量频数分布图

4.2.2 分析断面客流量数据分布特征

从图 3-4-1 中看出,本算例样本数据虽具有明显的集中趋势,但属于右偏分布;样本标准差 S≈1 443,表明各数据与均值相比,平均相差 1 443,样本分布特征值如表 3-4-3 所示。

1 号线双休日午平峰最大断面客流量数据分布特征描述 表 3-4-3

特征值	数值	特征值	数值
有效样本量	42	方差	2 083 411.150
均值	18 173.14	极小值	14 717
标准差	1 443.403	极大值	21 738

4.2.3 确定断面客流量概率分布函数

1)参数估计

由直方图、分布特征分析,1 号线双休日午平峰最大断面客流量变化可能服从正态分布。根据正态分布均值和方差的极大似然估计值,本例中最大断面客流的均值和方差估计值为:

$$\bar{\mu} = \bar{x} \approx 18\ 173$$

$$\bar{\sigma}^2 = \frac{1}{n}\sum_{i=1}^{n}(x_i - \bar{x})^2 \approx 1\ 443^2$$

提出假设:1 号线双休日午平峰最大断面客流量的变化在 0.95 的置信度下服从正态分布 $N(18\ 173, 1\ 443^2)$,其概率分布函数为

$$F(x) = P(X \leqslant x) = \frac{1}{3\ 617}\int_0^x e^{\frac{(y-18\ 173)^2}{1\ 443^2}} dy \quad (0 < x \leqslant +\infty)$$

2)假设检验

随机选取 2012 年 1 月至 2 月 1 号线双休日午平峰 6 个最大断面客流量数据,样本均值 $\bar{x}=17\ 915$,标准差 $S=608$,对均值和方差分别进行假设检验。

(1)提出假设:$H_0:\mu=18\ 173, H_1:\mu \neq 18\ 173$

检验统计量

$$t=\frac{\bar{x}-\mu}{S/\sqrt{n}}=\frac{17\ 915-18\ 173}{608/\sqrt{6}}=-1.04$$

设定置信水平

$$\alpha=0.05$$

查表得临界值

$$t_{\frac{\alpha}{2}}(n-1)=t_{0.025}(6-1)=2.57$$

由于$|t|<t_{\frac{\alpha}{2}}$,因此接受原假设 H_0。

(2)提出假设:$H_0:\sigma^2=1\ 443^2, H_1:\sigma^2 \neq 1\ 443^2$

检验统计量

$$\chi^2=\frac{(n-1)S^2}{\sigma^2}=\frac{(6-1)\times 608^2}{1\ 443^2}=0.89$$

设定置信水平

$$\alpha=0.05$$

查表得临界值

$$\chi^2_{\frac{\alpha}{2}}(n-1)=\chi^2_{0.025}(6-1)=12.83、\chi^2_{1-\frac{\alpha}{2}}(n-1)=\chi^2_{0.975}(6-1)=0.83$$

由于$\chi^2_{1-\frac{\alpha}{2}}(n-1)<\chi^2<\chi^2_{\frac{\alpha}{2}}(n-1)$,因此接受原假设 H_0。

经上述对总体均值和方差的检验,可以认为在 0.95 的置信度下,2012 年上半年 1 号线双休日午平峰断面客流量服从 $N(18\ 173, 1\ 443^2)$的概率分布。

5　本章小结

本章结合北京城市轨道交通网络化发展过程,从网络客运量、客流分布、客流分配、客流变化等方面分析了城市轨道交通网络客流的特点,阐述并比较了城市轨道交通不同的客流清分方法,给出了城市轨道交通网络客流的统计分析方法,对城市轨道交通断面客流特征进行了分析。

第4章　城市轨道交通网络客流预测

城市轨道交通客流预测是进行城市轨道交通合理网络规划、设计、建设和运营的重要依据,目的在于解决在一定的轨道交通供给水平下的轨道交通需求问题。在综合交通规划设计阶段,可用于指导城市轨道交通网络规划,确定车站规模、运营管理、车辆配置,以及为车站更新改造提供依据;在日常的运营阶段,可根据客流的变化规律,进行日常的客流组织及行车组织调整,如编制运转计划、组织加开列车等运营组织措施,提高网络的运营服务质量。

城市轨道交通客流预测手段的可靠性和预测结果的可信性,直接关系到城市轨道交通项目的建设投资、运营效率和经济效益。而城市轨道交通客流的影响因素繁多,如土地利用性质、人口规模、常规公交网络、网络结构稳定及票制票价等,因而进行未来的客流预测是一项复杂的系统工程。但在日常的运营阶段,尤其在网络客流的诸多影响因素保持稳定状态时,即未发生较大性质转变的前提下,轨道网络的客流变化仍具有较强的稳定性和规律性。

在日常运营中,城市轨道交通客流预测因其预测目的的差异性而产生多种类型的客流预测需求,如实时客流预测、短期客流预测、大型活动客流预测、网络结构发生改变条件下的客流预测以及突发事件下客流预测等类型。不同类型的客流预测需求,需采用不同的预测方法及流程。

图4-0-1描述了城市轨道交通客流预测类型及其适用条件:实时客流预测,主要预测未来15min到1h的客流变化情况,要求网络结构、票制票价等影响客流变化较大的因素保持稳定状态,历史同期和当日客流数据完整;短期客流预测,主要预测未来几天(日、周、月和特殊阶段)的客流变化情况,要求网络结构、票制票价等影响客流变化较大因素保持稳定状态,历史同期客流数据完整,预测期较短;大型活动客流预测,是在掌握了大型活动发生时间、地点、规模情况下,预测大型活动当天城市轨道交通客流变化情况;新线接入客流预测,则是针对有新线接入网络,对网络结构造成较大改变的情况下的客流预测,要求历史同期客流数据完整;突发事件客流预测,则是针对网络发生影响运营的突发事件条件下的客流预测。

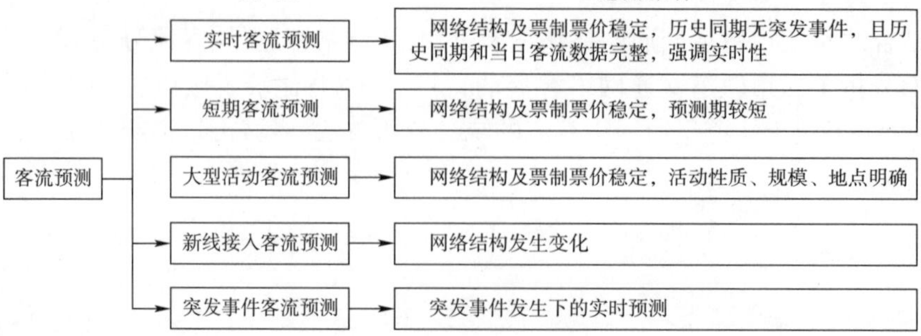

图4-0-1　客流预测类型及适用条件示意图

本章主要介绍短期客流预测、新线接入客流预测及突发事件客流预测三种类型。

1 短期客流预测

在城市轨道交通的日常运营管理中,短期客流预测是工作的重要组成部分。针对短期(日、周、月、特殊阶段)客流预测,是指在网络结构变化不大,有历史同期客流可参照且预测期较短的客流预测,方法有历史同比法和指数平滑法等。历史同比法简单,考虑了城市轨道交通网络结构的变化但是准确性相对较低;而指数平滑法稍微复杂,考虑了历史数据波动情况,能够应对历史客流中的突发性变化,预测期不长时准确性较高,但是不适合网络结构发生变化情况下的客流预测。

1.1 历史同比法

城市轨道交通网络的客流虽然不确定性影响因素众多,但在网络结构、票制票价等因素稳定的条件下,轨道网络的客流变化具有较强的规律性。可通过历史客流数据的统计分析,掌握网络客流变化规律,进行短期客流预测。这种方法的优点是预测原理简单,但依赖于发生时间较近的历史客流信息,对于较长时间后的客流预测以及网络结构较大变化后的客流预测,效果不理想。

网络结构变化、铁路运行图调整、公交集团冬运计划以及机动车保有量增长、政府相关交通管理措施、油价涨跌情况、道路整体路况、天气变化、传染病疫情等变化因素,均会对轨道交通网络客流产生直接的影响。

本节历史同比法主要考虑客流自然增长因素和网络结构变化因素对城市轨道交通网络客流带来的变化。

1)客流自然增长因素

城市轨道交通网络客流自然增长主要是指受到人口自然增长、交通条件改善等因素造成的轨道交通吸引范围扩大、人数增长。

客流自然增长的规律,来源于历史同期的同线路、同时段、同方向的客流统计分析。例如,要预测2013年5月份双休日北京城市轨道交通1号线上行方向的最大小时断面客流量,需要以近期1号线上行方向的最大小时断面客流量为其进行预测。由于数据有限,为减少由预测本身带来的偏差,宜采用一元线性回归方程进行分析。一元线性回归方程表示为:

$$y_t = b_0 + b_1 x_t \tag{4-1-1}$$

式(4-1-1)表示客流值 y_t 和时间 x_t 之间的函数关系,t 是时间参变量。b_0 称作常数项(截距项),b_1 称作回归系数。这两个量通常是未知的,需要估计。确定 b_0 和 b_1 的方法是最小二乘法。

$$b_1 = \frac{n\sum x_t y_t - \sum x_t \sum y_t}{n\sum x_t^2 - (\sum x_t)^2} \tag{4-1-2}$$

$$b_0 = \frac{\sum y_t}{n} - \frac{b_1 \sum x_t}{n} \tag{4-1-3}$$

2)网络结构变化因素

城市轨道交通网络结构变化后,尤其是新线路接入既有网络后,会给网络客流带来较大的变化。因此,当城市轨道交通网络结构发生变化时,需对历史客流数据进行修正,使参与历史同比法预测的历史客流值满足一元线性回归规律。在进行预测前,先将历史客流校准到网络结构未发生变化前的水平;在得到客流预测值后,仍需将所得结果校准到网络结构发生变化后的水平。

校准的方法是参考城市轨道交通网络结构发生变化前后短期内的客流变化值。先根据新线开通前一个月客流均值 $\bar{y}_{\text{新线开通前一个月}}$ 和新线开通后一个月客流均值 $\bar{y}_{\text{新线开通后一个月}}$ 计算客流校准系数 $\eta^{\text{校准}}$:

$$\eta^{\text{校准}}=\frac{\bar{y}_{\text{新线开通后一个月}}}{\bar{y}_{\text{新线开通前一个月}}} \tag{4-1-4}$$

如果网络结构发生变化时,需对新线开通后的历史客流数据 $y_t^{\text{新线开通后历史值}}$ 进行校准,得到校准后的客流值 $y_{\text{新线开通后}}^{\text{校准}}$:

$$y_{\text{新线开通后}}^{\text{校准}}=\frac{y_t^{\text{新线开通后历史值}}}{\eta^{\text{校准}}} \tag{4-1-5}$$

得到预测客流值 $y_t^{\text{预测值}}$ 后,需根据客流的增长规律再次校准回来,得到最终预测的客流值 $y_{\text{预测值}}^{\text{校准}}$:

$$y_{\text{预测值}}^{\text{校准}}=y_t^{\text{预测值}}\eta^{\text{校准}} \tag{4-1-6}$$

1.2 指数平滑法

当城市轨道交通网络稳定时,普遍采用指数平滑法预测客流。指数平滑法是时间序列法中的一种类型,时间序列法是着重研究事物随时间而变化的规律,而不穷究产生这种变化的原因是什么,通过分析时间序列之间的相关性、延续性以及独立性等特点,建立和形成适宜不同序列变化趋势的预测模型。特别是,当预测对象影响因素较多且关系复杂时,常常采用时间序列法进行预测,并可以取得较好的效果。

1.2.1 概述

指数平滑法是在全期平均法和移动平均法基础上发展起来的一种时间序列分析预测法。简单的全期平均法是对时间序列的过去数据全部加以同等利用;移动平均法则不考虑较远期的数据,并在加权移动平均法中给予近期资料更大的权重。而指数平滑法则兼容了全期平均和移动平均所长,不舍弃过去的数据,但是仅给予逐渐减弱的影响程度,即随着数据的远离,赋予逐渐收敛为零的权数,也就是说它是通过计算指数平滑值,配合一定的时间序列预测模型对现象的未来进行预测。其原理是任一期的指数平滑值都是本期实际观察值与前一期指数平滑值的加权平均。

1.2.2 模型的建立

1)移动平均法

移动平均法是按给定的时间序列逐点向后推移的、分段平均的预测方法。对于时间上有序的一组观测数据 $X_1,X_2,\cdots,X_t$,可以用连续 n 个时期的观测值计算出的平均数作为下一时期，即 $t+1$ 时期的预测值，用 M_{t+1} 表示，其计算方法如下：

$$M_{t+1}=\frac{1}{n}\sum_{i=t-n+1}^{t}X_i \tag{4-1-7}$$

式中：M_{t+1}——第 t 期的移动平均数；

n——移动跨距（取数据个数）；

t——数据时间期数。

使用式(4-1-7)时，随着数据周期数 t 的增加，整个序列将向前移动，结果式中增加了新数据，但又自动截去 n 个时间单位以前的数据，故称为移动平均法。或者说，移动平均法是具有移动性质的算术平均法，其中移动跨距 n 是由预测者选定的，在 10～100 之间不等。一般 n 选得较大，其灵敏度越低，会抑制发展趋势；而 n 选得较小，则又可能发生干扰，引起误差。因此，根据序列变化合理选择 n 值大小直接关系到预测精度。其中，当 $n=t$ 时，$M_{t+1}=\overline{X}$即算术平均值。

2）指数平滑法

指数平滑法，是通过对整个时间序列分别给予不同的权数，而进行加权平均的一种方法。模型建立的原则是：重视近期数据影响，但也不忽视远期数据作用，从而提高了预测精度。

二次指数平滑法的预测模型如下：

$$\hat{Y}_{t+T}=a_t+b_t\cdot T \tag{4-1-8}$$

其中，$\hat{Y}_{t+T}$为未来 $t+T$ 的预测值，a_t、b_t 为模型参数，T 为向未来预测的期数。

$$a_t=2S_t^1-S_t^2 \tag{4-1-9}$$

$$b_t=\frac{a}{1-a}(S_t^1-S_t^2) \tag{4-1-10}$$

其中，a 称为平滑系数，取值 $0<a<1$，S_t^1、S_t^2 为 t 期的一次指数平滑和二次指数平滑值，其计算递推公式是由移动平均法演变而来的，实际上，由式(4-1-7)递推关系可知：

$$M_t=\frac{1}{n}\sum_{i=t-n}^{t-1}X_i \tag{4-1-11}$$

即将式(4-1-7)序列向后移动一个的结果，而式(4-1-7)减式(4-1-11)得：

$$M_{t+1}-M_t=\frac{1}{n}X_t-\frac{1}{n}X_{t-n} \tag{4-1-12}$$

式(4-1-12)中 M_t 表示 t 期的预测值，实际上，它是代表 $X_{t-1},X_{t-2},\cdots,X_{t-n}$这个序列的平均值，就近似意义上讲，这个序列中的任何一个数都可以用平均值来表示。若用 M_t 代替式中 X_{t-n}，并令 $a=\frac{1}{n}$即可得到：

$$M_{t+1}=aX_t+(1-a)M_t \tag{4-1-13}$$

X_t 为 t 期实际值，M_{t+1}、M_t 分别为 $t+1$、t 期预测值。其表达式亦可写成如下形式：

$$M_{t+1}=M_t+a(X_t-M_t) \tag{4-1-14}$$

在指数平滑法中，$t+1$ 期预测值 M_{t+1} 为 t 期的一次指数平滑值，用 $S_t^{(1)}$ 表示。因此，式(4-1-13)、式(4-1-14)又可以改写为：

$$S_t^{(1)} = aX_t + (1-a)S_{t-1}^{(1)} \tag{4-1-15}$$

将 $t=1,2,\cdots,n$ 的所有一次指数平滑值 $S_t^{(1)}$ 作为新的时间序列，再次进行指数平滑，我们就得到原时间序列的二次指数平滑值，其表达式如下：

$$S_t^{(2)} = aS_t^{(1)} + (1-a)S_{t-1}^{(2)} \tag{4-1-16}$$

1.2.3　模型的预测流程

(1)a 值的确定。一般来说，a 值选择是否得当，直接影响到预测的结果和精度。由式 $M_{t+1} = aX_t + (1-a)M_t$ 定性分析：当 $a=1$ 时，则有 $M_{t+1} = X_t$，表示下一期的预测值等于本期的实际值；$a=0$ 时，则有 $M_{t+1} = M_t$，表示下一期的预测值等于本期的预测值。

由此可见，a 值越大，表示越重视近期数据的影响及作用。a 值原则上是依据序列的波动和趋势来选定的：如果序列变化平缓或不规则波动，a 值应选小些，以消除不规则变化影响；如果序列变化有明显的上升或下降趋势，a 值应选大些，以使近期数据具有较大权数反映到预测结果中去。

(2)初始平滑值 M_{t-n} 的确定。依据公式的递推性质，在回代过程中必然会遇到第一个预测值的确定问题，即展开项中的最后一项 M_{t-n}，又称为初始值。实际上，M_{t-n} 是整个时间序列 $i=t-n+1$ 以前所有历史数据的加权平均值，它也是由预测者事先确定的。

应当指出，指数平滑法的本质仍然是一种平均方法。会产生同期预测值落后于同期实际值现象，对起伏较大的序列，可以用二次多项式来拟合，但需要进行三次指数平滑。在城市轨道交通日常客流预测中，一般平滑次数不宜超过两次，否则，计算量大且无法体现真实客流变化特征。

1.2.4　算例分析

在日常运营阶段，无特殊节假日、大型活动等特别事件影响的前提下，城市轨道交通网络的客流变化具有较强的稳定性和规律性，选取某一阶段客流数据，应用本文所述二次指数平滑法，即可预测未来近期客流情况。

本节选取北京城市轨道交通 2012 年 11 月 16 日至 2013 年 1 月 11 日间连续九周周一网络客运量的数据(各期数据见表 4-1-1)，采用二次指数平滑方法，a 值分别取 0.7、0.6、0.5、0.4、0.3，预测了下一周期的网络客运量情况。计算步骤及结果如下：

北京轨道交通网络 2012 年 11 月至 2013 年 1 月网络客运量及预测值($a=0.7$)　　表 4-1-1

<table>
<tr><th rowspan="2">日　期</th><th rowspan="2">时间
t</th><th rowspan="2">网络客运量
(人次)</th><th colspan="2">$S_t^{(1)}$</th><th colspan="2">$S_t^{(2)}$</th><th rowspan="2">a_t</th><th rowspan="2">b_t</th><th rowspan="2">$\hat{Y}_{t+1} = a_t + b_t$</th></tr>
<tr><th>a</th><th>$S_0^{(1)}$</th><th>a</th><th>$S_0^{(2)}$</th></tr>
<tr><td>2012 年 11 月 16 日</td><td>1</td><td>7 900 138</td><td colspan="2">7 900 096.6</td><td colspan="2">7 900 067.62</td><td>7 900 125.58</td><td>43.47</td><td>—</td></tr>
<tr><td>2012 年 11 月 23 日</td><td>2</td><td>7 950 796</td><td colspan="2">7 935 586.18</td><td colspan="2">7 924 930.612</td><td>7 946 241.748</td><td>15 983.352</td><td>7 900 169.05</td></tr>
<tr><td>2012 年 11 月 30 日</td><td>3</td><td>7 915 775</td><td colspan="2">7 921 718.354</td><td colspan="2">7 922 682.031</td><td>7 920 754.677</td><td>-1 445.516</td><td>7 962 225.1</td></tr>
<tr><td>2012 年 12 月 7 日</td><td>4</td><td>7 849 447</td><td colspan="2">7 871 128.406</td><td colspan="2">7 886 594.494</td><td>7 855 662.319</td><td>-23 199.131</td><td>7 919 309.161</td></tr>
<tr><td>2012 年 12 月 14 日</td><td>5</td><td>8 338 890</td><td colspan="2">8 198 561.522</td><td colspan="2">8 104 971.413</td><td>8 292 151.63</td><td>140 385.163</td><td>7 832 463.187</td></tr>
</table>

续上表

日期	时间 t	网络客运量（人次）	$S_t^{(1)}$		$S_t^{(2)}$		a_t	b_t	$Y_{t+1}^{\wedge}=a_t+b_t$
			a	$S_0^{(1)}$	a	$S_0^{(2)}$			
2012年12月21日	6	7 972 554	8 040 356.257		8 059 740.804		8 020 971.709	-29 076.821	8 432 536.793
2012年12月28日	7	7 925 011	7 959 614.577		7 989 652.445		7 929 576.709	-45 056.802	7 991 894.889
2013年1月4日	8	8 092 715	8 052 784.873		8 033 845.145		8 071 724.602	28 409.593	7 884 519.907
2013年1月11日	9	8 691 022	8 499 550.862		8 359 839.147		8 639 262.577	209 567.573	8 100 134.194
2013年1月18日	10	8 851 912	—		—		—	—	8 848 830.15

当取 $a=0.7$，令 $S_0^{(1)}=7\ 900\ 000$，$S_0^{(2)}=7\ 900\ 000$ 时：

①根据前述公式 $S_t^{(1)}=aX_t+(1-a)S_{t-1}^{(1)}$，取 $a=0.7$，$S_0^{(1)}=7\ 900\ 000$，计算各期的一次指数平滑值如下：

第一期2012年11月16日：

$$S_1^{(1)}=0.7\cdot X_1+0.3\cdot S_0^{(1)}=0.7\times7\ 900\ 138+0.3\times7\ 900\ 000=7\ 900\ 096.6$$

第二期2012年11月23日：

$$S_2^{(1)}=7.6\cdot X_2+0.3\cdot S_1^{(1)}=0.7\times7\ 950\ 796+0.3\times7\ 900\ 096.6=7\ 935\ 586.18$$

同理，可得各期的一次指数平滑值，见表4-1-1中 $S_t^{(1)}$ 列计算值。

②根据前述公式 $S_t^{(2)}=aS_t^{(1)}+(1-a)S_{t-1}^{(2)}$，取 $a=0.7$，$S_0^{(2)}=7\ 900\ 000$，计算各期的二次指数平滑值如下：

第一期2012年11月16日：

$$S_1^{(2)}=0.7\cdot S_1^{(1)}+0.3\cdot S_0^{(2)}=0.7\times7\ 900\ 096.6+0.3\times7\ 900\ 000=7\ 900\ 067.62$$

第二期2012年11月23日：

$$S_2^{(2)}=0.7\cdot S_2^{(1)}+0.3\cdot S_1^{(2)}=0.7\times7\ 935\ 586.18+0.3\times7\ 900\ 067.62=7\ 924\ 930.612$$

同理，可得各期的一次指数平滑值，见表4-1-1中 $S_t^{(2)}$ 列计算值。

③根据 $a_t=2S_t^1-S_t^2$ 和 $b_t=\frac{a}{1-a}(S_t^1-S_t^2)$，计算各期参数 a_t、b_t：

第一期2012年11月16日：

$$a_1=7\ 900\ 125.58,b_1=43.47$$

第二期2012年11月23日：

$$a_2=7\ 946\ 241.748,b_2=15\ 983.352$$

同理，可得各期的一次指数平滑值，见表4-1-1中 a_t、b_t 列计算值。

④根据式(4-1-7)分别求各期的趋势预测值：

$$Y_2=a_1+b_1=7\ 900\ 169.05$$

$$Y_3=a_2+b_2=7\ 962\ 225.1$$

依此类推，即可获得各期的趋势预测值，a 取0.7时结果见表4-1-1。

2013年1月18日网络实际客运量为8 851千人次，对比分析当初值取值一致，仅改变 a 取值时，其预测的下一期即2013年1月18日网络客运量与真实值的比较，见图4-1-1。可见，当 a 取值较大时，近期客流值对预测结果影响较大。

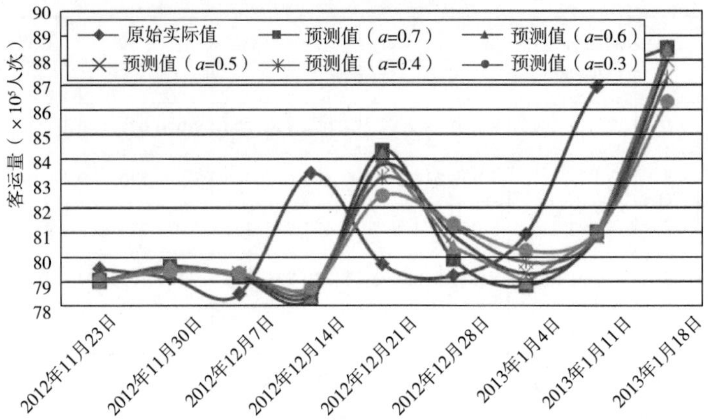

图 4-1-1　各期客流预测与实际客流值趋势对比图

把各期的预测值绘成曲线与原时间序列的散点图(图 4-1-1)比较,可以看出,二次指数平滑法由于考虑了时间序列在不同时期直线参数的变化,其预测值与原时间序列的客流趋势拟合程度较一致,更好地体现了原时间序列在不同时间段的变化趋势。

在 $S_t^{(1)}$、$S_t^{(2)}$ 值一致,a 取不同值下,各期客流预测数据与实际客流数据差值的绝对误差如表 4-1-2 所示。

网络客运量实际值与预测值误差分析表　　表 4-1-2

日　期	期数 t	误　差				
		$a=0.7$	$a=0.6$	$a=0.5$	$a=0.4$	$a=0.3$
2012 年 11 月 23 日	2	0.006 367 532	0.006 367 966	0.006 369 268	0.006 371 438	0.006 369 268
2012 年 11 月 30 日	3	0.005 868 042	0.005 709 708	0.005 230 694	0.004 430 48	0.005 230 694
2012 年 12 月 7 日	4	0.008 900 265	0.009 626 828	0.010 318 506	0.010 780 95	0.010 318 506
2012 年 12 月 14 日	5	0.060 730 722	0.060 265 847	0.059 170 787	0.057 575 127	0.059 170 787
2012 年 12 月 21 日	6	0.057 695 789	0.055 396 093	0.050 585 051	0.043 532 8	0.050 585 051
2012 年 12 月 28 日	7	0.008 439 596	0.014 502 657	0.020 449 4	0.024 891 003	0.020 449 4
2013 年 1 月 4 日	8	0.025 726 236	0.023 967 699	0.019 764 834	0.013 961 466	0.019 764 834
2013 年 1 月 11 日	9	0.067 988 299	0.069 515 807	0.070 199 638	0.069 457 853	0.070 199 638
2013 年 1 月 18 日	10	0.000 348 156	0.001 680 939	0.006 542 477	0.014 306 317	0.006 542 477
平均误差	—	0.026 896 071	0.027 448 171	0.0276 256 28	0.027 256 382	0.027 625 628

不同 a 取值条件下平均误差趋势分布情况,如图 4-1-2 所示。

通过对各期网络客运量预测值与实际值的对比误差分析,可归纳出如下指数平滑法客流预测规律:

(1)若 a 取值越大,则近期的客流数据在预测取值中所占的权重也就越大,其预测客流变化趋势亦会跟近期的客流数据趋势相关性较强;反之,a 取值越小,其远期的客流数据在预测取值中所占的权重也就越大，客流预测值即受远期客流变化影响则较大。在轨道交通客流预测时，建议 a 取值大一些，如 0.5、0.7。

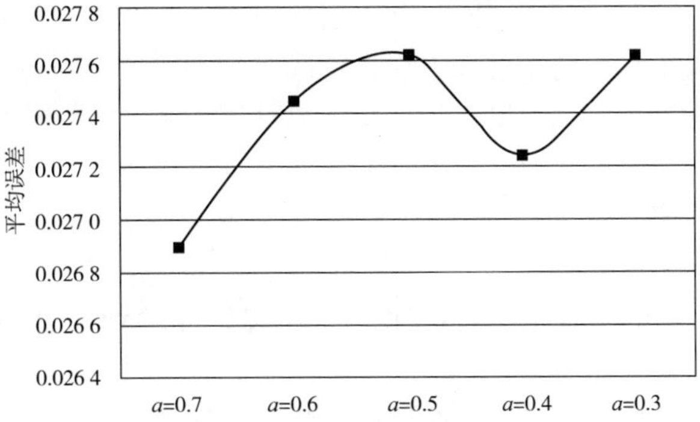

图 4-1-2　不同 a 值下客流预测值与实际值平均误差对比趋势图

(2) 当客流趋势较为稳定、变化幅度较小时，其预测值相对更加准确，误差量较小；而当客流突然出现较大幅度的变化时，应用此方法预测客流值误差较大，并且该种客流突然变化的趋势具有滞后影响性，将影响下一期的客流预测误差大小，应用指数平滑法预测城市轨道交通网络客流时，应剔除发生异常情况下的客流值。该方法也不适于票制票价、网络结构改变下的客流预测。

(3) 指数平滑法预测结果的准确性依赖于近期的客流值，与近期较远的预测期的客流预测值很难保证其准确性，建议应用指数平滑法进行客流预测的历史数据不超过 5 期。

2　新线接入客流预测

2.1　概述

随着城市轨道交通网络运营格局逐步形成，在新线开通前，对新线接入既有线后的客流状况进行准确的预测，从而为科学分析网络运力运量矛盾、客运组织服务瓶颈等问题奠定基础，将对保障新线的顺利开通、网络的高效运营有着积极的意义。

城市轨道交通新线的客流预测是一项复杂的系统性工作，受多种因素的共同影响，而面对如今网络化运营格局，更进一步增加了相应客流预测的难度，主要体现有以下几个方面。

(1) 网络的规模处于一个快速发展阶段，网络结构的不稳定性增加了网络客流变化的不确定性因素。

(2) 新线《工程可行性研究报告》(以下简称“工可研”) 作为新线客流预测的基础数据来源，由于部分线路工可研预测的开通里程、开通时间等条件与实际的新线开通情况具有较大出入，需对工可研的客流预测数据进行相应修正。

(3) 进行新线客流预测时，需要进行大量的客流分析工作，通过对大量车站及线路的既有客流数据的统计分析，归纳其客流规律，而目前缺少较好的辅助工具。

针对上述情况，本节分析了不同类型新线的预测流程，提出了基于历史客流规律统计分析的新线客流预测方法。

城市轨道交通客流的历史规律是通过对既有车站、线路的历史客流数据通过统计分析，寻找到稳定的具有明显特征的客流变化规律，从而为开通的新线及车站进行客流预测提供有效依据。在统计分析客流变化规律时，首先需要对车站及线路进行分类，不同的线路因其走向、位置、形状、与其他线路的衔接关系以及沿线车站的属性不同而表现出一定性质差异。

在同一类型的车站及线路中，其客流变化规律具有较明显的一致性。例如，通过对北京城市轨道交通的历史客流统计分析，可发现明显的客流变化特征：

(1)高峰小时进站量占全日进站量比例具有较强稳定性，市区线一般为10% ~15%，而郊区线为15% ~20%。

(2)高峰小时换乘量占全日换乘量比例亦具有较强的稳定性，市区线一般为9% ~14%，而郊区线一般为4% ~9%。

因此，可以通过对不同类型车站及线路的客流变化规律，将新线车站及线路聚类于同样属性的既有车站及线路类型，即通过掌握典型车站客流变化规律，推算新线接入后的城市轨道交通网络客流变化情况。

2.2 新线接入客流预测模型方法

2.2.1 客流预测方法

本节研究的城市轨道交通新线客流预测方法，首先要进行客流总量预测，再进行客流时空分布预测，总体方法如图4-2-1所示。

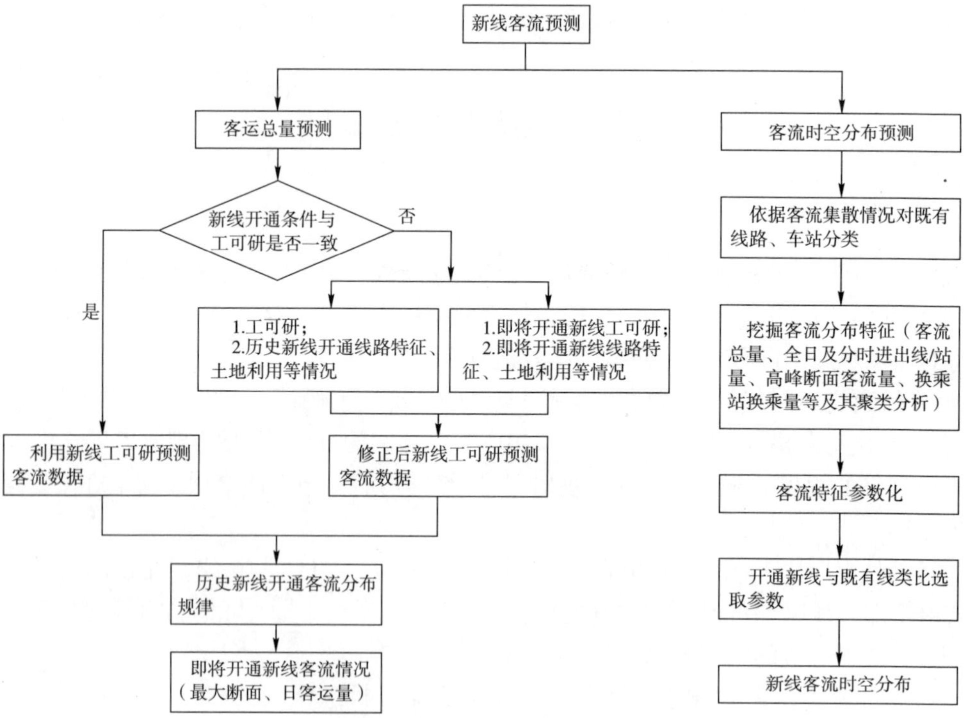

图4-2-1 客流预测总体技术路线图

1)客流总量预测

进行客流总量预测时，将首先参考工可研的客流预测数据。当新线开通条件与工可研一致时，直接采用工可研客流预测数据；而当新线开通条件如线路开通时间、线路开通里程等因素与工可研预测条件有所偏差时，则需对工可研预测客流进行修正。

（1）新线客流工可研修正。

①提取工可研情况。工可研中的预测客流是研究新线对既有网络运营影响的基础，但由于目前新线开通试运营实际条件与工可研预测时有所偏差，因此首先要对工可研预测客流进行修订，以保证预测值更贴近开通后实际客流量，使研究更具科学性。工可研提取研究所需的内容主要有：

a. 客流预测数据，包含年客运量、日均客运量（平日客运量和双休客运量）、全日及分时进出站量、全日及高峰小时换乘比例及换乘量、全日及高峰小时断面客流量。

b. 影响客流预测的相关因素，包含社会经济发展、沿线土地规划及利用性质、线路开通时间、线路开通里程、票制票价水平等，判断这些因素与新线实际开通年试运营条件是否一致，确定存在偏差的因素。

②对工可研预测客流修订。根据新线开通试运营时的实际条件，并对新线沿线进行现场踏勘和出行调查，在工可研预测客流的基础上，计算得到新线各区间断面客流量修正值和全日客运量修正值。

a. 确定新线实际开通条件，包括开通时间、开通里程、开通车站、票制票价政策等，为修订客运量奠定基础。

b. 对新线沿线土地利用、社会经济发展、出行特征进行现场调查，对轨道交通高峰断面客流量进行修订，具体步骤如下。

第一步：调查新线早高峰期间（7:00～9:00）高峰断面道路交通情况，包括小汽车流量及其平均载客人数，公交车数量、车型及其满载率，其他交通方式及其数量。

第二步：调查新线周边土地利用性质及情况，包括全线1km范围内的住宅区的数量、规模及入住情况，大型工厂、商业及娱乐场所的客流吸引情况，交通枢纽等情况。

第三步：估算断面交通流总量。依据上述调查统计结果可估算新线开通初期，沿线高峰期间最大断面交通流总量。

第四步：计算交通分担率。根据交通工具运输产品的效用值，计算不同交通方式的分担率，交通方式效用值计算公式如下：

$$X^{\theta}=\frac{\text{最低运价率}}{\text{运价率}^{\theta}}+\frac{v_{\text{旅}}^{\theta}}{v_{\text{旅}}^{\max}}+\text{舒适度}^{\theta} \tag{4-2-1}$$

式中：θ——交通方式；

X——效用值；

$v_{\text{旅}}$——旅行速度。

由此可以计算轨道交通通车后，不同交通方式的分担率和断面客流量，计算公式分别如下：

$$\rho^{\theta}=\frac{e^{X\theta}}{\sum e^{X\theta}} \tag{4-2-2}$$

$$u_{\text{高峰断面}}^{\theta}=\rho^{\theta}\cdot n_{\text{高峰断面}} \tag{4-2-3}$$

式中：ρ——分担率；

$u^{\theta}_{高峰断面}$——高峰断面客流量估计值。

c. 根据工可研全日客运量预测值、开通时间和开通里程等条件，结合沿线现场调查结果，对新线全日客流信息进行线性修订。

(2)基于历史客流规律的客流指标推算。

完成必要的客流修正之后，根据与新线线路走向、客流吸引范围相似的既有线的客流特征，得到新线衔接的换乘站高峰期间换乘量占高峰断面客流量的比例，计算新线换入既有网络的换乘量 $n^{新线}_{换乘量}$，计算公式如下：

$$n^{新线}_{换乘量} = \gamma \times \mu_{高峰断面} \tag{4-2-4}$$

式中：γ——类比车站高峰换入既有网络换乘量占高峰断面客流量的比例；

$\mu_{高峰断面}$——对工可研修正后的新线最大高峰断面客流量。

2)客流时空分布预测

为分析新线开通对既有网络运营的影响，需要对新线产生的客流在既有网络中的分布进行深入探究。结合既有网络进站客流时空分布情况，对新线换入既有网络的客流时空分布规律进行分析，将新线客流按此规律分配到网络各区间断面，以便对分析既有网络运力运量匹配情况。本节仅研究高峰期间新线客流对既有网络的影响，步骤如下。

第一步：确定新线客流在网络的分配比例。依据历史客流分布特征，确定高峰期间既有网络中，新线换乘站进站客流在网络各区间的分配情况，得到新线对既有网络影响的客流分配比例，计算公式如下：

$$\rho_{区间} = \frac{n^{统计}_{区间}}{n^{统计}_{汇入}} \tag{4-2-5}$$

式中：$\rho_{区间}$——高峰期间新线客流在既有网络各区间的客流分配比例；

$n^{统计}_{区间}$——高峰期间既有网络换乘车站进站量在各区间的分配量；

$n^{统计}_{汇入}$——高峰期间换乘车站进站量。

第二步：将新线客流与既有网络客流叠加，确定新线接入既有网络后各区间的断面客流量，计算公式如下：

$$u^{新线开通后}_{高峰断面} = u^{新线开通前}_{高峰断面} + n^{新线}_{换乘量} \cdot \rho_{区间} \tag{4-2-6}$$

式中：$u^{新线开通后}_{高峰断面}$——新线开通后既有网络区间高峰断面客流量；

$u^{新线开通前}_{高峰断面}$——新线开通前既有网络区间高峰断面客流量。

当新线换乘站是既有车站时，直接根据该站进站客流在网络的历史时空分布，推算新线通过该站换入网络客流的时空分布。而当新线换乘站是新增车站时，根据轨道交通网络中类似车站的历史客流时空分布推算，将新线预测客流分布叠加到既有网络的客流分布中，得到新网络形成后的客流整体分布状况。

上述预测方法针对不同线路类型有所差异，以下将针对不同类型新线接入既有网络情况进行详述。

2.2.2 不同线路类型客流预测分析

结合城市轨道交通新线与既有线的衔接关系、新线的实际开通条件以及既有车站及线路的客流特征分布等基础条件，可将新线分为以下四种类型。

（1）远郊区线单换乘站换入既有网络且开通里程与工可研一致（以下简称“线路类型Ⅰ”）。

（2）远郊区线单换乘站换入既有网络且开通里程与工可研不一致（以下简称“线路类型Ⅱ”）。

（3）市区线换入既有网络且开通里程与工可研不一致（以下简称“线路类型Ⅲ”）。

（4）市区线换入既有网络且开通里程与工可研一致（以下简称“线路类型Ⅳ”）。

不同的线路类型在不同的步骤中采取的方法有所差别，具体的步骤内容分析如下。

1）线路类型Ⅰ

（1）客流总量预测。

首先，该线路类型由于线路实际开通条件与工可研一致，因而不需要进行工可研客流修正。

其次，计算新线换入既有网络的换乘量，计算公式见式（4-2-4）。

（2）客流分布预测。

首先，确定新线接入既有线的换乘站进站客流在网络的分配比例，其计算公式见式（4-2-5）。

其次，计算新线接入既有线后网络各区间的断面客流量，其计算公式见式（4-2-6）。

技术路线图如图4-2-2所示。

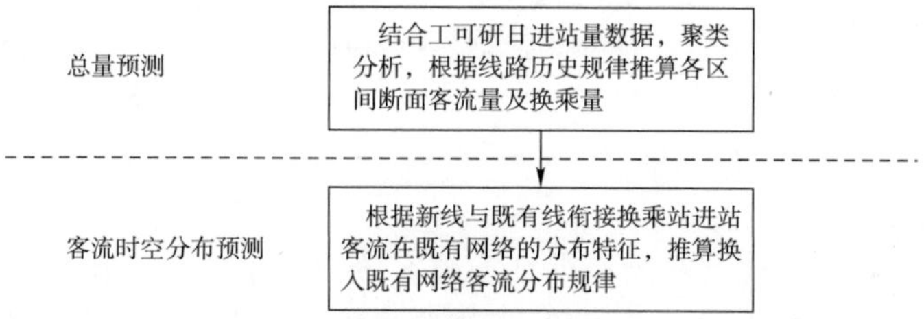

图4-2-2　线路类型Ⅰ客流预测技术路线图

2）线路类型Ⅱ

对于该类型新线，由于其线路实际开通条件与工可研不一致，首先，需要对工可研客流预测数据进行修正，修正方法见上述工可研数据修正2.2.1节所述。

其次，后续预测步骤及流程与线路类型Ⅰ一致，方法如图4-2-3所示。

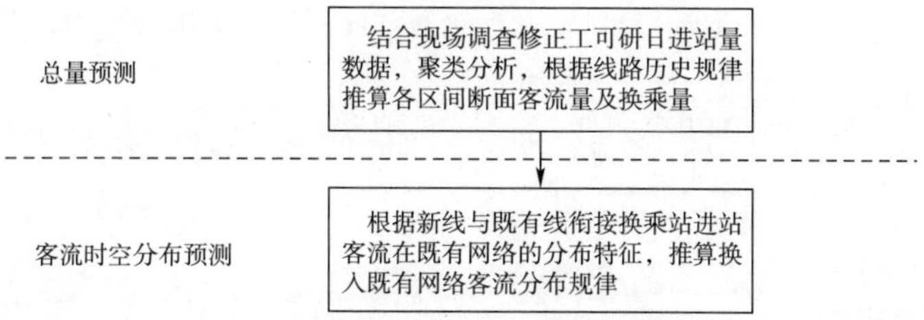

图4-2-3　线路类型Ⅱ客流预测技术路线图

3）线路类型Ⅲ

（1）客流总量预测。

针对该线路类型,首先,需对工可研预测客流数据进行修正,其修正方法亦如前所述。

其次,计算新线换入既有网络的换乘量。

第一步:计算不同换乘站换入相应方向区间的断面客流量,此时需参照高峰最大断面的修正比例,其计算公式如下:

$$\mu'^{\lambda}_{区间}=\mu^{\lambda}_{区间}\times\frac{\mu_{高峰断面}}{\mu_{新线可研高峰断面}} \tag{4-2-7}$$

其中,λ 为换乘车站;$\mu^{\lambda}_{区间}$为新线在换乘站 λ 相应换入方向区间的断面客流量工可研预测值;$\mu'^{\lambda}_{区间}$为新线在换乘站 λ 相应换入方向区间的断面客流量的修正值;$\mu_{新线可研高峰断面}$为新线工可研的最大高峰断面客流预测值。

第二步:推算新线该换乘站换入既有线的客流量,通过在既有网络中找到与换乘站 λ 具有相似线路间换乘功能的车站 ω,类比车站 ω 换入同一线路的换乘量占相应换入方向区间的断面客流量的比例,计算公式如下:

$$n^{\lambda}_{新线换乘量}=\gamma^{\omega}\times\mu'^{\lambda}_{区间} \tag{4-2-8}$$

其中,$n^{\lambda}_{新线换乘量}$为新线换乘站 λ 换入既有线的换乘量,其中当新线与既有线贯穿衔接时,此新线换入既有线的换乘量为双向换入客流之和;而若为端头式与既有线衔接时,仅为单向换入客流值。γ^{ω} 为类比车站 ω 换入同样线路换乘量占接入方向区间断面客流量的比例。

第三步:该新线换入既有网络的总换乘量即为各换乘站换入量之和,计算公式如下:

$$n_{新线换乘量}=\sum_{\lambda=1}^{k}n^{\lambda}_{新线换入既有线量} \tag{4-2-9}$$

其中,k 为该新线与既有网络衔接的换乘站数;$n_{新线换乘量}$为该新线换入既有网络的总客流量。

(2)客流分布预测。

第一步:确定新线接入既有线的换乘站换乘客流在网络的分配比例。当换乘车站是既有网络车站时,其方法如线路类型Ⅰ所述;而当此换乘车站非既有网络车站时,则首先在既有网络找到类似车站 ω,参照此车站的客流清分结果,确定其高峰期间客流在网络各区间分布比例,计算公式如下:

$$车站\ \lambda\rightarrow车站\ \omega$$

$$\rho^{\lambda}_{区间}=\frac{n^{\omega}_{统计区间}}{n^{\omega}_{统计汇入}} \tag{4-2-10}$$

其中,$\rho^{\lambda}_{区间}$为换乘站 λ 换入既有线客流在各区间的分布比例;$n^{\omega}_{统计区间}$为类似换乘车站 ω 进站量在各区间的分配客流量;$n^{\omega}_{统计汇入}$为类似换乘车站 ω 进站量。

第二步:计算新线换入既有线客流在网络各区间的分布,对于多换乘站接入既有网络的市区线,则需对多个换乘站的换乘客流进行综合分析叠加,计算公式如下:

$$\mu^{新线开通后}_{高峰断面}=\mu^{新线开通前}_{高峰断面}+\sum_{\lambda=1}^{k}n^{\lambda}_{新线换入既有线量}\times\rho^{\lambda}_{区间} \tag{4-2-11}$$

其中,各符号意义如前所述。

其预测方法如图 4-2-4 所示。

4)线路类型Ⅳ

该类型新线客流预测方法与上述线路类型Ⅲ基本一致,并且不需对工可研预测客流数据进行修正，方法如图 4-2-5 所示。

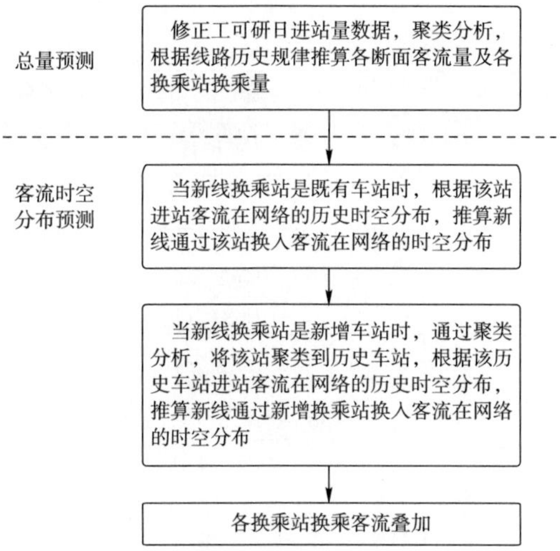

图 4-2-4　线路类型Ⅲ客流预测技术路线图

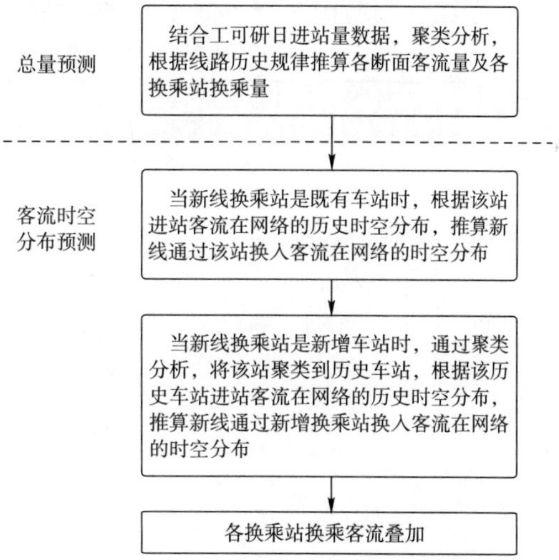

图 4-2-5　线路类型Ⅳ客流预测技术路线图

2.3　算例分析

本节根据北京城市轨道交通 8 号线的工可研预测客流状况、既有类似线路客流统计规律以及北土城站、鼓楼大街站早高峰进站客流在网络的分布，预测分析 8 号线二期南段（北土城—鼓楼大街段）（图 4-2-6）开通后网络的客流状况。

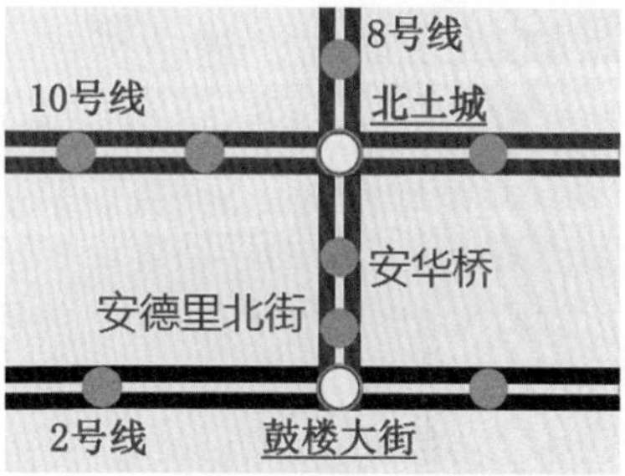

图　4-2-6

第一步：进行客流总量的预测。

首先，根据工可研预测数据，可得 8 号线（二期）南段初期（2015 年）各站及断面早高峰客流量如表 4-2-1 所示。

北京城市轨道交通 8 号线初期（2015 年）各站及断面早高峰客流量表（工可研） 表 4-2-1

由北向南（下行）（人次）			车　站　名	由南向北（上行）（人次）		
上车	下车	断面量		断面量	上车	下车
4 539	7 173		北土城站		4 323	4 653
		19 310		11 152		
1 254	5 605		安华桥站		3 093	1 273
		14 959		9 332		
891	2 389		安德里北街站		1 398	377
		13 461		8 311		
803	5 163		鼓楼大街站		3 345	1 454

其次，需对工可研预测客流数据进行修正，根据本文前述工可研客流预测数据修正方法，对上述预测断面客流量数据修正后结果如表4-2-2所示。

北京城市轨道交通8号线修正后断面早高峰客流量表 表4-2-2

由北向南（下行）（人次）	车 站 名	由南向北（上行）（人次）
断面量		断面量
	北土城站	
16 607		5 129
	安华桥站	
12 865		4 292
	安德里北街站	
11 576		3 823
	鼓楼大街站	

由于此段新线通过单换乘站终端式接入既有2号线，因而根据上述此类线路换乘客流占断面客流比例规律，得高峰小时此方向换乘客流量为10 302人次。而由下行方向换入既有10号线的客流量则需类比同类型车站惠新西街南口站同方向换乘客流规律，得高峰小时此方向换乘量为1 616人次。

第二步：进行客流时空分布的预测。

在上步得到换入既有线路客流量大小的基础上，首先，分析换入2号线客流分布规律，类比鼓楼大街站的进站客流在既有网络的分布比例，如图4-2-7所示，得其中前往上行方向比例约占55%，即5 666人，前往下行方向约占45%，即4 636人。

其次，分析通过上行换入既有10号线的客流量分布，此时类比北土城站进站客流在10号线分布比例状况，如图4-2-8所示，得换入10号线上行方向客流量为1 159人次，约占70%，前往10号线下行方向客流为457人次，约占30%。

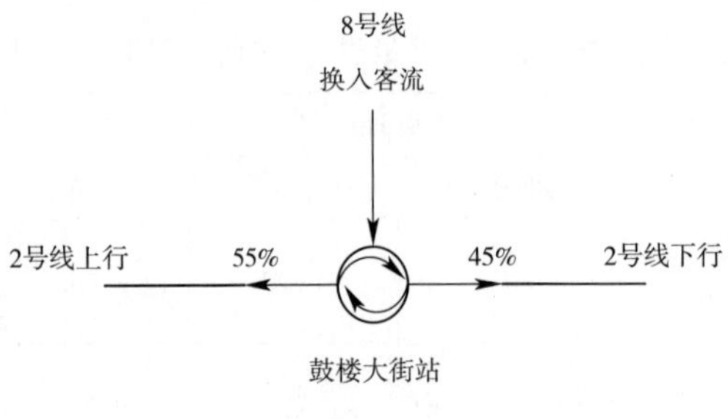

图4-2-7 北京城市轨道交通鼓楼大街站换乘客流分布示意图（8号线下行换乘2号线）

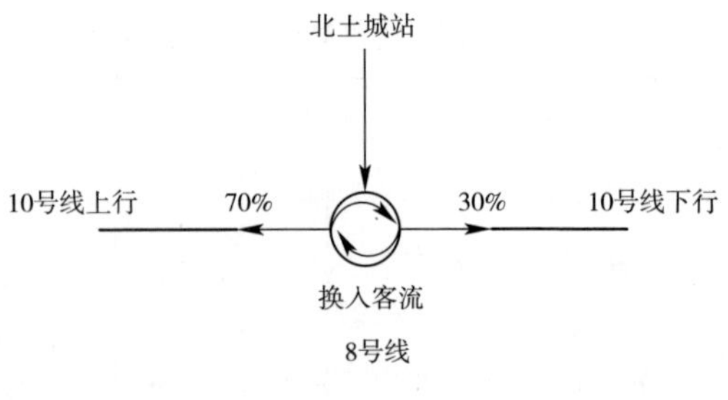

图4-2-8 北京城市轨道交通北土城站换乘客流分布示意图（8号线上行换乘10号线）

第三步：通过*OD*分析的修正，最后分析新线客流对既有网络影响。

8号线二期南段与既有网络衔接关系较为简单，换乘站数量较少，主要客流走向不涉及多路径分配问题，不需要借助*OD*分析对既得客流分布状况辅以修正。因而，将上述所求新线客流分布结果直接叠加既有网络客流状况，即可得最终新网络结构下的客流状况，在此不做逐一叠加计算。

3　突发事件客流预测

当出现突发事件影响网络列车的正常运行状态时，需要城市轨道交通运营管理部门有预见性地、快速地进行网络客流时空分布预测，分析轨道交通网络各站点和线路的客流受影响情况，便于采取合理的行车组织和客流疏散及引导措施，尽快恢复正常运营秩序，提高城市轨道交通的服务质量和服务水平。

城市轨道交通网络中的突发事件，由于事件发生的时间、事发区段线路设备设施配置、列车运行状况等众多因素是不确定的，网络线路间客流、车流设备设施相互关系异常复杂，很难做到进行精确的客流预测。此外，由于网络突发事件时效性要求，需要运营管理人员迅速地根据事件情况，分析预测出事件可能影响的范围及规模，及时地采取有效的客流诱导及运行调整措施。综合上述因素，进行突发事件的客流预测时，以定性为主，方法要快捷、准确、易操作，便于运营管理人员的快速、准确决策。

为对城市轨道交通网络的突发事件处置提供有力支持，需对网络运营出现影响行车的突发事件的影响范围、影响时间以及对受影响的客流数量进行及时的分析预测。从而，可据此判断受影响线路需采取的行车客运组织措施及需其他交通方式配合的方案，如相邻换乘站是否需要采取通过措施、事发线路是否需要采取公交等其他公共交通支援等。城市轨道交通网络突发事件处置流程图如图4-3-1所示。

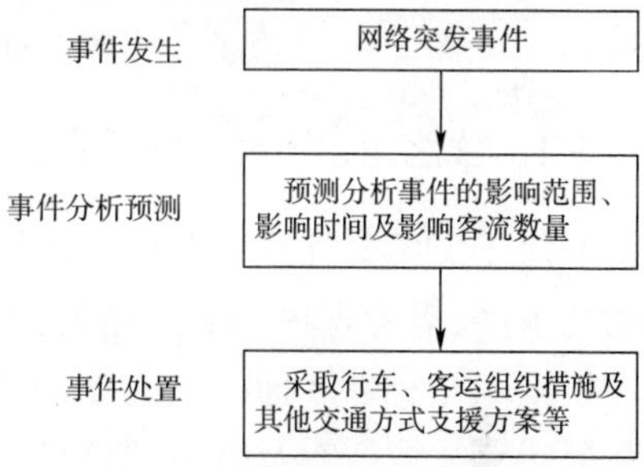

图4-3-1　城市轨道交通网络突发事件处置流程图

本节所述城市轨道交通突发事件客流预测，主要针对事发线路运力下降及事发线路中断行车两种情况下的客流预测。两种情况下的客流预测方法如图4-3-2所示。

此方法主要从线路运力下降和线路中断运营两种情况，分别对相应事件进行客流预测。

当仅出现线路运力下降时，预测分析事发线路运力能否满足本线及他线换入本线客流产生的运输压力，进而判断是否对换乘车站的客运组织措施及邻线的行车组织进行调整，如限流、封站、列车通过不停车等，判断本线是否需要其他交通方式的支援。

当出现线路中断运营条件时，需预测直接影响区段客流及间接影响区段客流。所谓直接影响区段客流，是预测事发线路中断区段断面客流、换乘车站换乘客流；间接影响区段客流，是预测事发线路仍维持运营区段断面客流、换乘车站换乘客流。根据客流预测，可判断本线是否需要其他交通方式的支援，判断是否对换乘车站的客运组织措施及邻线的行车组织进行调整，如限流、封站、列车通过不停车等。

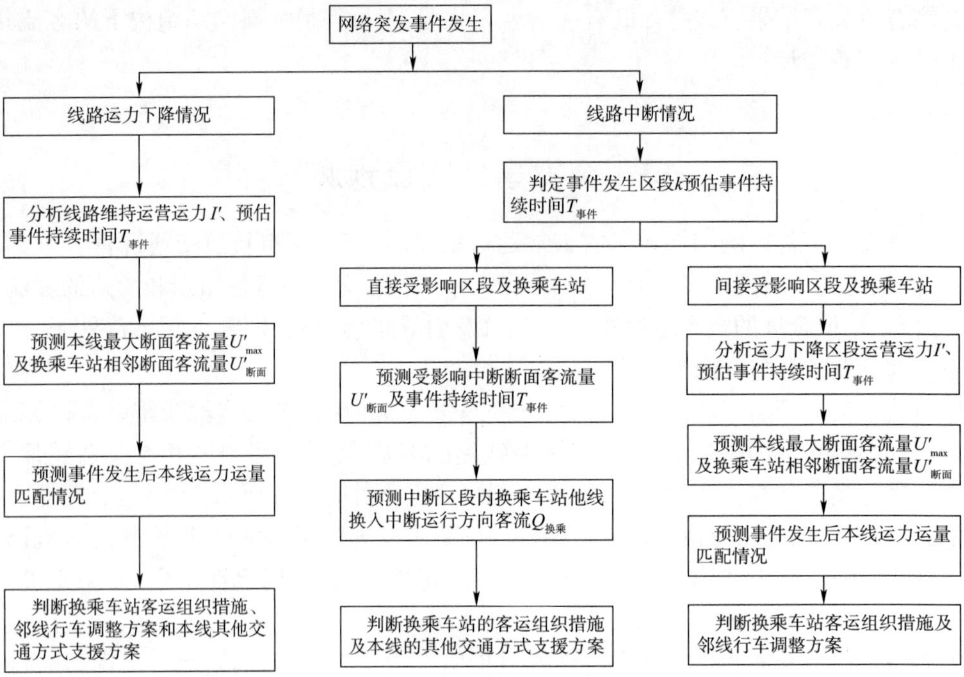

图 4-3-2　突发事件客流预测技术路线图

3.1　线路运力下降条件下客流预测

当由于突发事件影响造成线路运力下降时，虽然各方向可保持正常的运营，但由于线路运力的下降，需考虑故障期间相关换乘站换乘客流量对当前故障线路的运力产生的压力：当本线换乘车站相邻断面的预测断面客流量大小超过本线路运力时，则需对本线该换乘车站及相邻线路采取行车及客运调整措施；而当前的运力能满足断面客流时，则可继续维持该换乘车站及相邻线路的正常运营。对于事发线路其他断面来说，如果当前运力不能满足预测最大断面客流量的需求时，也可考虑其他交通方式的增援。

如图 4-3-3 所示，事故发生在车站 S_q 与车站 S_t 间的区间，未造成线路中断，但列车的开

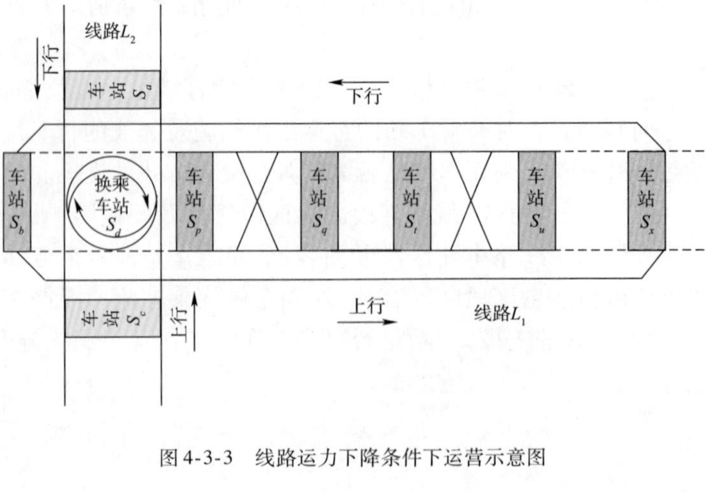

图 4-3-3　线路运力下降条件下运营示意图

行间隔从正常状态下的 Imin 变至 I'min，造成全线运力下降，换乘车站 S_d 即为受影响换乘车站。假设事故发生至恢复运营的时段长度为 $T_{事件}$，各断面历史断面客流量为 $U^t_{S_i \to S_j}$（S_i、$S_j \in L_1$，t 为单位统计时间粒度下的时段），事故发生后，各断面的预测断面客流量为 $U'_{S_i \to S_j}$（S_i、$S_j \in L_1$）。

（1）通过事发线路换乘站相邻区间断面的分析，判定该车站及邻线的运营调整措施。

在图4-3-3 中，L_2 线换入 L_1 线方向的客流可能会加重 L_1 线运输压力，区间 S_d 至 S_p 和 S_d 至 S_b 分别是受 L_2 线影响最大的上、下行区间。以区间 S_d 至 S_p 为例，需要预测该区间在突发事件持续时间 $T_{事件}$ 内的断面客流量 $U'_{S_d \to S_p}$。

$U'_{S_d \to S_p}$ 主要根据事件发生区段、事件发生日的日特征信息及事件发生的时段信息三个维度进行预测。即：依据事件发生的实际情况，判断该事件可能影响到单个区间、多个区间或全线等情况；事件发生日的日特征信息，判断事发当日的特征属性，如平日、双休日、节假日和大型比赛日等；依据事件的起始时间、预测的事件持续时间 $T_{事件}$ 以及历史断面的统计粒度进行突发事件发生时段的选取，如果突发事件发生时间为 13:23，$T_{事件}$ 为 50min，历史断面的统计粒度为 5min，统计时段记为 13:25 ~ 14:15。

受城市轨道交通突发事件影响断面分析类比维度选取示意图，如图 4-3-4 所示。

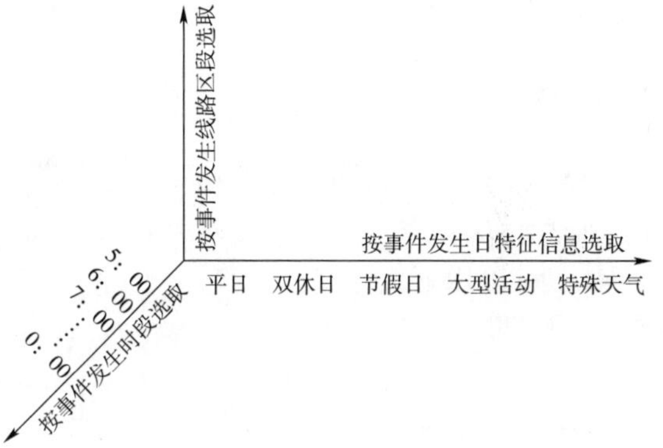

图 4-3-4 受城市轨道交通突发事件影响断面分析类比维度示意图

通过上述三个维度综合分析，选择事发区段历史同期客流统计值 $U^t_{S_i \to S_j}$，预测断面客流量 $U'_{S_d \to S_p}$ 可由特征日统计时段内的 $U^t_{S_d \to S_p}$ 叠加得到，即：

$$U'_{S_d \to S_p} = \sum_{t}^{T_{事件}} U^t_{S_i \to S_j} \tag{4-3-1}$$

有了预测断面客流，再根据线路实际开行间隔 I'、设定的安全断面满载率 β（一般可取 100%），可得到区间 S_d 至 S_p 在事发后 $T_{事件}$ 内的运力运量匹配情况，用 Δ 来表示预测运量与实际运力的差值：

$$\Delta = U'_{S_d \to S_p} - \frac{T_{事件}}{I'} \cdot \beta \cdot N_{定员} \tag{4-3-2}$$

其中，$N_{定员}$ 为该线路列车定员数。

当 $\Delta < 0$ 时，表示区间 S_d 至 S_p 在运力降低后，能承受邻线换乘客流对 L_1 线产生的影响，无需进行网络运营调整措施；而当 $\Delta \geqslant 0$ 时，则表示 L_2 线换入 L_1 线客流可能造成区间 S_d 至 S_p 客流较大，换乘站有乘客滞留现象，应该考虑在换乘站采取限流、L_2 线列车在车站 S_d 通过不停车等措施。

同理，可采取同样方法分析该换乘站衔接下行方向断面 S_d 至 S_b 运力与运量间的矛盾，考虑调整相应运营措施。

(2)线路列车运力下降后,判断本线是否需要其他交通方式增援。

线路列车运力下降后,如果无法满足某些断面客流的输送要求,很可能在某些车站造成较严重的旅客滞留现象。时间长后极易传播给网络其他线路,造成网络运营秩序的混乱,大大降低城市轨道交通运营的安全性和服务水平。

判断本线是否需要其他交通方式增援,首先对线路最大断面客流量 U'_{max} 进行预测,再以判断该线路在事件影响下的运力和运量的匹配情况。

预测 U'_{max} 的方法同换乘站相邻断面的断面客流量 $U'_{S_i \to S_j}$ 方法一致,预测方法为:

$$U'_{max} = \sum_{t}^{T_{事件}} U^{t}_{max} \tag{4-3-3}$$

其中,U^{t}_{max} 为历史最大断面客流量。

用 Λ 来表示预测最大断面客流量与实际运力的差值:

$$\Lambda = U'_{max} - \frac{T_{事件}}{I'} \cdot \beta \cdot N_{定员} \tag{4-3-4}$$

当 $\Lambda < 0$ 时,表示 L_1 线各区间在运力降低后,无需进行本线运营调整措施;而当 $\Lambda \geqslant 0$ 时,则表示 L_1 线某些车站会出现乘客滞留现象,应该考虑协调公交支援,公交具体的支援数量 $M_{支援}$ 可以用下式计算:

$$M_{支援} = \frac{\Lambda}{N_{bus}} \tag{4-3-5}$$

其中,N_{bus} 为公交车定员。

3.2 线路中断运营条件下客流预测

突发事件影响造成线路中断运营时,应分别从事件的直接影响客流范围及间接影响客流范围进行客流分析预测。直接影响的客流范围,包括直接中断的区段和中断区段内的换乘车站。对于中断的区段,需考虑中断区段的断面客流量大小,判断是否寻求其他交通方式的支援,并分析中断区段内的换乘站他线换入事发线路的换乘客流大小是否超过车站的疏散能力,当换乘客流大小超过车站疏散能力时,则需对该换乘车站及相邻线路采取行车及客运调整措施;当换乘客流大小在车站疏散能力范围内时,则仅需考虑该换乘车站的客运组织措施调整,维持相邻线路的正常运营。间接影响的客流范围为事发线路的其他维持小交路运营的非中断区段,线路运力下降后,需考虑故障期间相关换乘站换乘客流量对目前故障线路运力产生的压力以及其他断面的最大断面客运量是否超过当前运力,此部分同线路运力下降事件下的分析。

如图 4-3-5 所示,事故发生在车站 S_q 与车站 S_t 间的区段,车站 S_q 与车站 S_t 上行区段为中断区段,换乘车站 S_s 为中断区段内受影响换乘车站 S_b 与车站 S_q、车站 S_t 与车站 S_x 间的区段为维持小交路运营的间接影响区段,列车的开行间隔从正常状态下的 Imin 变至 I'min,记事故发生至恢复运营的时段长度为 $T_{事件}$,各断面历史断面客流量为 $U^{t}_{S_i \to S_j}$(S_i、$S_i \in L_1$,t 为单位统计时间粒度下的时段),事故发生后,各断面的预测断面客流量为 $U'_{S_i \to S_j}$(S_i、$S_i \in L_1$)。

(1)通过中断区段断面及换乘车站的分析,判定直接受影响区段的其他交通方式支援方案及换乘车站的客运组织方案。

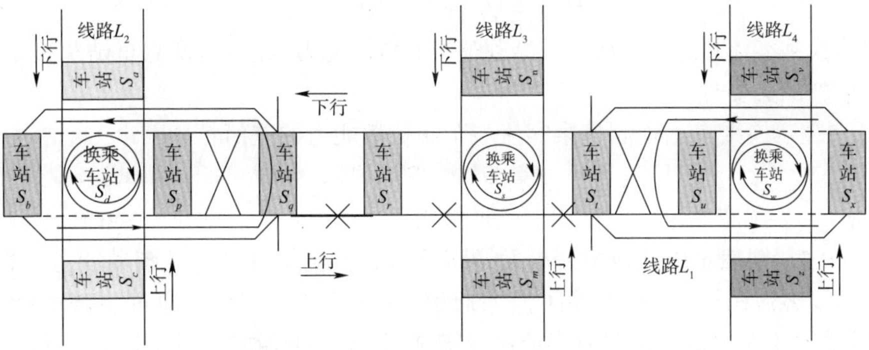

图 4-3-5　线路中断运营条件下运营示意图

在图 4-3-5 中,车站 S_q 与车站 S_t 间的区段发生中断,车站 S_q 与 S_r、车站 S_r 与 S_s 以及车站 S_s 与 S_t 间的三个区间断面客流均直接受到影响无法通过。预测中断区段内的三个区间在突发事件持续时间 $T_{事件}$ 内的断面客流量分别为 $U'_{S_q \to S_r}$、$U'_{S_r \to S_s}$ 和 $U'_{S_s \to S_t}$。$U'_{S_q \to S_r}$、$U'_{S_r \to S_s}$ 和 $U'_{S_s \to S_t}$ 的预测方法如上述线路运力下降事件下换乘站相邻断面的断面客流量 $U'_{S_i \to S_j}$ 方法一致,预测方法为:

$$U'_{S_q \to S_r} = \sum_{t}^{T_{事件}} U^t_{S_q \to S_r} \tag{4-3-6}$$

$$U'_{S_r \to S_s} = \sum_{t}^{T_{事件}} U^t_{S_r \to S_s} \tag{4-3-7}$$

$$U'_{S_s \to S_t} = \sum_{t}^{T_{事件}} U^t_{S_s \to S_t} \tag{4-3-8}$$

以中断区间断面客流量为进行其他交通方式支援的断面客流量依据,分析计算出该受影响断面需其他交通方式支援的运力需求,计算如下:

$$M_{S_i \to S_j} = \left\lceil \frac{U'_{S_i \to S_j}}{S} \right\rceil \tag{4-3-9}$$

其中,$M_{S_i \to S_j}$ 表示受影响中断区间车站 S_i 至 S_j 所需其他交通方式支援车辆数,取近似整数值;S 表示支援交通方式单位运输能力。

线路中断运行后,中断区段内的换乘站需考虑换乘车站由邻线换入事发线路的换乘客流量是否超过该换乘车站的最大乘客容纳能力。若换乘客流量超过换乘车站的最大旅客容纳能力,则需邻线采取相应的行车及客运调整措施,如关闭换乘通道、列车通过不停车等,以缓解换乘车站的客流压力,保障乘客安全。

在图 4-3-5 中,车站 S_s 为中断区段内的换乘车站,预测突发事件持续时间 $T_{事件}$ 内由 L_3 线换入 L_1 线的换乘客流量为 $Q'_{换乘}$,包括 L_3 线上行方向换入 L_1 线上行方向的换乘量 $Q'_{L_3上 \to L_1上}$ 和 L_3 线上行方向换入 L_1 线上行方向的换乘量 $Q'_{L_3下 \to L_1上}$,换乘站历史各方向换乘客流量为 $Q^t_{Li \to Lj}$(L_i、L_j 表示不同线路,t 为单位统计时间粒度下的时段)。$Q'_{换乘}$ 预测原理如同上述断面客流量的预测原理,参考历史同期的换乘客流量,预测方法如下:

$$Q'_{L_3上 \to L_1上} = \sum_{t=0}^{T_{事件}} Q^t_{L_3上 \to L_1上} \tag{4-3-10}$$

$$Q'_{L_3下 \to L_1上} = \sum_{t=0}^{T_{事件}} Q^t_{L_3下 \to L_1上} \tag{4-3-11}$$

$$Q'_{换乘} = Q'_{L_3上\to L_1上} + Q'_{L_3下\to L_1上} \tag{4-3-12}$$

以预测换乘客流量 $Q'_{换乘}$ 为依据，参考车站的疏散能力，分析该换乘车站及相邻线路采取运营调整措施的必要性。

用 Γ 来表示换乘车站预测换乘客流与车站疏散能力的差值：

$$\Gamma = Q'_{换乘} - T_{事件} C_{疏散} \tag{4-3-13}$$

其中，$C_{疏散}$ 表示车站单位时间内的疏散能力。

当 $\Gamma > 0$ 时，则表示由邻线换入事发线路方向的客流超过了车站疏散能力，需采取相应的行车调整及客流诱导措施，如关闭换乘通道、线路 L_3 在车站 S_s 通过不停车；而当 $\Gamma \leqslant 0$ 时，则无需采取相应的行车调整及客流诱导措施，只需对乘客加以引导和维持秩序。

(2)通过维持小交路运营非中断区段断面及换乘车站的分析，判定间接受影响区段的其他交通方式支援方案及换乘车站的客运组织方案。

对于维持小交路运营非中断区段，该区段线路的运力下降，此时的预测分析等同于上述线路运力下降事件下的预测分析。通过对换乘车站相邻断面及本线其他断面的预测分析，判断本线换乘车站及邻线的运营调整措施和本线的其他交通方式支援的必要性，预测分析方法在此不再赘述。

3.3 算例分析

3.3.1 事件概述

本节以发生在北京城市轨道交通4-大兴线新宫站至公益西桥站上行区间的事件为例，说明突发事件下城市轨道交通客流预测方法及应对措施。

某日，北京城市轨道交通4-大兴线新宫站至公益西桥站上行区间接触轨无电，在故障期间4-大兴线采取在天宫院站至高米店北站、公益西桥站至安河桥北站的短交路运行的方式，高米店北至公益西桥上下行双方向中断运营，如图4-3-6所示。

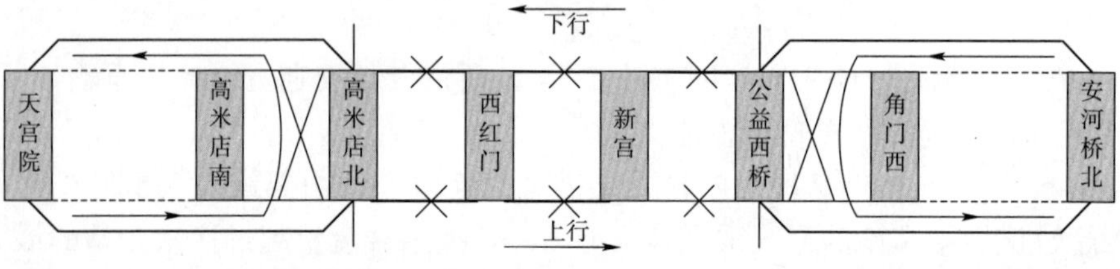

图4-3-6 事故运营方式示意图

3.3.2 事件受影响客流预测分析

在此事故期间，高米店北至公益西桥上下行区段处于中断状态，因而根据线路中断条件下客流预测方法，进行如下客流预测分析。

1)判定突发事件的发生区段及事件持续时间

首先，根据事件的处置进程，明确线路中断区段分别为：高米店北至西红门、西红门至新宫、新宫至公益西桥双向区间，本节仅以上行方向三个区间为示例，分别记为 K_1、K_2、K_3。

其次，预计事件的影响持续时间，在此假定当时预估的事件影响时间 $T_{事件}=1\text{h}$，统计时间范围为12:40～13:40。

2)直接影响客流预测分析

(1)分析该事件中断区段在预计影响时间内的断面客流量。

根据事发日期的日特征,选定相近日期的网络客流统计量为参考依据,如表4-3-1所示。

相近日期类比统计时段内断面客流量　　表4-3-1

序　号	区　间	统计时间	断面客流量(人次)
1	高米店→至西红门	12:40～13:40	2 695
2	西红门→新宫	12:40～13:40	3 134
3	新宫→公益西桥	12:40～13:40	3 723

通过表4-3-1历史断面统计客流量数据,可预测得出中断情况下三个区段受影响断面客流量大小,分别计算如下:

$$U'_{K_1}=2\ 659, U'_{K_2}=3\ 134, U'_{K3}=3\ 723$$

通过上述计算结果,假定选择的其他交通支援方式为公交车,单辆公交车的运输能力为100人,则中断运行区段所需增援开行公交数分别为:

$$M_{K_1}=\frac{2\ 659}{100}\approx27(\text{辆}), M_{K_2}=\frac{3\ 134}{100}\approx32(\text{辆}), M_{K_3}=\frac{3\ 723}{100}\approx38(\text{辆})$$

(2)分析该事件直接影响换乘站换乘客流状况。

由于本事件中断区段为高米店北至公益西桥双向区段,此区段换乘车站新宫站,新宫站与房山线间通过公交摆渡方式进行客流换乘,因而此部分换乘客流亦将受到影响。根据前述预测方法,选定相近日期换乘客流数据如表4-3-2所示。

相近日期新宫站事发时段换乘客流量统计　　表4-3-2

区　间	统计时间	换乘客流量(人次)
房山线上行→4-大兴线上行	12:40～13:40	83
房山线上行→4-大兴线下行	12:40～13:40	14

因而,可得该换乘站总计受影响换乘客流仅为97人,受到的影响很小。

3)间接影响客流预测分析

根据当时线路条件,首先分析该事发线路的间接受影响车站分别为:宣武门站、西单站、西直门站、海淀黄庄站。在此以宣武门站为示例,详细分析其受影响情况。

由上述推定可知:统计时间 $T_{事件}=1\text{h}$;待分析断面分别为宣武门至西单上行区间 $K_{宣武门\to西单}$、宣武门至菜市口下行区间 $K_{宣武门\to菜市口}$,根据相近日期日网络客流统计,上述断面客流量如表4-3-3所示。

相近日期待分析断面统计时段客流量　　表4-3-3

序　号	区　间	统计时间	断面客流量(人次)
1	宣武门→西单	12:40～13:40	7 954
2	宣武门→菜市口	12:40～13:40	8 539

预测相应区间断面的客流量:

$$U'_{K_{宣武门\to西单}}=7\ 954, U'_{K_{宣武门\to菜市口}}=8\ 539$$

假定安全断面满载率 $\beta=100\%$,车载定员 $G=1\ 408$ 人,维持运营的运力间隔为6min

时，此时按照上述公式计算断面的客运压力如下：

$$\Delta_{K_{宣武门\to西单}} = 7\ 954 - \frac{60}{6} \times 1\ 408 \times 100\% = -6\ 126 < 0$$

$$\Delta_{K_{宣武门\to菜市口}} = 8\ 539 - \frac{60}{6} \times 1\ 408 \times 100\% = -5\ 541 < 0$$

因而，可看出当线路维持在6min运行间隔时，上下行双方向运力充足，因而相邻线路2号线及该换乘站本身不需进行相应的运行和客运组织调整。

同样，可分析出当线路维持在7min、8min、9min、10min运行间隔时，宣武门站上下行双方向的客运压力，计算结果如表4-3-4所示。

宣武门站不同运行间隔条件下双向区间运行压力 表4-3-4

车　站	运行间隔(min)	区　间　K	客运压力Δ(人次)
宣武门	7	宣武门→西单	-4 115
		宣武门→菜市口	-3 530
	8	宣武门→西单	-2 606
		宣武门→菜市口	-2 021
	9	宣武门→西单	-1 433
		宣武门→菜市口	-848
	10	宣武门→西单	-494
		宣武门→菜市口	91

通过上述计算可看出，对于宣武门车站，当该相邻区段维持在6～10min的运行间隔运营时，该换乘车站相邻上下行断面运力均能满足客运需求，邻线可正常运营。

根据同样的事故推定条件，可依次分析出其他换乘车站西单、西直门、海淀黄庄站的情况，分析情况如表4-3-5所示。

各车站不同运行间隔条件下双向区间运行情况统计表 表4-3-5

车站	运行间隔(min)	区间K	断面客流量(人次)	客运压力Δ(人次)
西单	6	西单→灵境胡同	8 473	-5 607
		西单→宣武门	7 679	-6 401
	7	西单→灵境胡同	8 473	-3 596
		西单→宣武门	7 679	-4 390
	8	西单→灵境胡同	8 473	-2 087
		西单→宣武门	7 679	-2 881
	9	西单→灵境胡同	8 473	-914
		西单→宣武门	7 679	-1 707
	10	西单→灵境胡同	8 473	25
		西单→宣武门	7 679	-769

续上表

车站	运行间隔(min)	区间 K	断面客流量(人次)	客运压力 Δ(人次)
西直门	6	西直门→动物园	10 275	-3 805
		西直门→新街口	8 879	-5 201
	7	西直门→动物园	10 275	-1 794
		西直门→新街口	8 879	-3 790
	8	西直门→动物园	10 275	-285
		西直门→新街口	8 879	-1 681
	9	西直门→动物园	10 275	889
		西直门→新街口	8 879	-507
	10	西直门→动物园	10 275	1 827
		西直门→新街口	8 879	431
海淀黄庄	6	海淀黄庄→中关村	5 966	-8 114
		海淀黄庄→人民大学	7 812	-6 268
	7	海淀黄庄→中关村	5 966	-6 103
		海淀黄庄→人民大学	7 812	-4 257
	8	海淀黄庄→中关村	5 966	-4 594
		海淀黄庄→人民大学	7 812	-2 748
	9	海淀黄庄→中关村	5 966	-3 420
		海淀黄庄→人民大学	7 812	-1 574
	10	海淀黄庄→中关村	5 966	-2 482
		海淀黄庄→人民大学	7 812	-636

通过上述计算可看出,当区段维持在6~8min间隔运行时,各换乘站衔接本线相邻断面运力均能满足断面运量需求;而当间隔为9min时,西直门站则出现上行断面运力不能满足的情况,而当间隔达到10min时,则出现西单站上行区间及西直门站上下行双向区间均不能满足运量需求的情况。当运力运量间差距较小时,如表4-3-5中计算结果9人、431人等情况,通过车站的加强疏导即可;而当运力运量差距较大时,如计算结果889人、1 827人等情况,则需考虑采取关闭换乘通道及邻线在该换乘车站通过不停车等措施。

除了判断他线换入客流是否需要调整换乘站客运组织和行车组织,由于运力下降,还需判断本线维持运营区段是否需要其他交通方式增援。预测在 $T_{事件}$ 内线路最大断面客流量,根据6月12日历史同期网络客流统计断面客流量,天宫院站至高米店北站区段内的最大断面为高米店北至高米店南下行区间,$U'_{max}=2\ 483$ 人次;公益西桥站至安河桥北站的最大断面区间为动物园至西直门下行区间,$U'_{max}=10\ 798$ 人次,因而在不同运行间隔下4-大兴线维持运营区段的运力运量匹配关系如表4-3-6所示。

4-大兴线维持运营区段的运力运量匹配结果表　　表4-3-6

区　段	最大断面区间	断面客流量(人次)	运行间隔(min)	线路客运压力 Λ
天宫院至高米店北	高米店北→高米店南	2 483	6	-11 577
			7	-9 569
			8	-8 062
			9	-6 891
			10	-5 953
公益西桥至安河桥北	动物园→西直门	10 798	6	-3 262
			7	-1 254
			8	253
			9	1 425
			10	2 362

因此,天宫院站至高米店北站区段在运行间隔6~10min内,区段断面运力均能满足断面运量需求;公益西桥站至安河桥北站区段,在6~7min间隔内,区段断面运力能满足断面运量需求,而当间隔为8~10min时,区段断面运力能则不能满足断面运量需求,其中间隔为8min时运力运量差距较小,可不考虑本线的其他交通方式支援,而在间隔为9min及10min时,运力运量矛盾较突出,需考虑其他公共交通方式支援。

综上分析,在线路中断运营的条件下,维持小交路运转区段以及区段内受影响的换乘站所能承受的运行间隔各不相同。借助本节客流预测方法,可以协助网络调度指挥人员快速进行客流预测,并结合事发线路实际运营情况,迅速对相关换乘站的客运组织措施及相邻线路的行车组织进行动态调整,在保障运营安全的同时,尽可能不降低运营服务水平。

4　本章小结

本章结合城市轨道交通网络运营特点,阐述了城市轨道交通网络客流预测的目的和方法,重点分析了短期客流预测、新线接入网络后的客流预测以及突发事件下的客流预测的理论方法,以北京城市轨道交通网络为例,对上述预测方法进行了验证。

第 5 章 城市轨道交通能力分析与计算

对于城市轨道交通系统而言，广义的能力表示在一定的服务水平条件下，单位时间内城市轨道交通系统能够安全容纳、通行、输送、乘降的最大乘客数量。由于城市轨道交通网络是一个由车站、线路及其相关设备组成的复杂系统，城市轨道交通网络的能力并不是线路和车站能力的简单叠加，因此，单一的车站能力或线路能力不能代表城市轨道交通网络的整体能力。

城市轨道交通能力是衡量城市轨道交通系统综合水平的重要参数，科学有效地开展网络运营工作，就是要充分发挥城市轨道交通各系统能力，尽量满足乘客的出行需求。

本章将城市轨道交通系统网络能力分为三个层次：车站承载能力、线路运输能力和网络综合协调运输能力。

1 城市轨道交通能力概述

在城市轨道交通系统中，最小的构成单元是车站，多个车站组成线路，不同的线路通过换乘站衔接起来即形成了网络。根据城市轨道交通的组成结构，可将其能力分成三个层级进行评估，如图 5-1-1 所示。

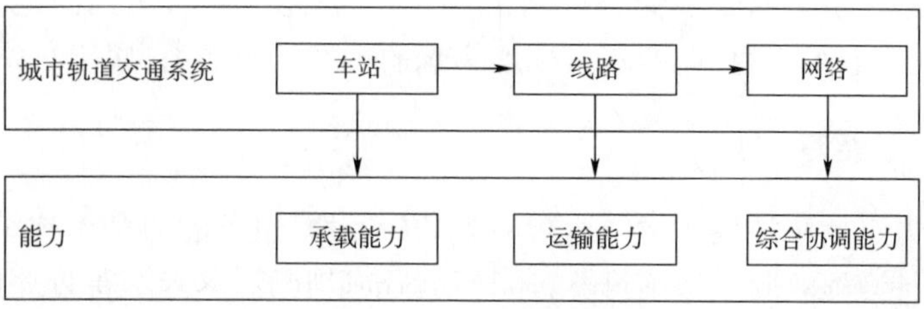

图 5-1-1 城市轨道交通能力层级

第一层级是车站的承载能力，这是城市轨道交通网络能力的基础。车站是实现乘客与列车衔接的集散场所，车站承载能力由两部分组成：站台、楼梯、电扶梯等设备设施通行人数代表的静态能力和各站列车实际可上车人数代表的动态能力，见表 5-1-1。

第二层级是线路运输能力，这是城市轨道交通网络能力的主要内容。线路运输能力主要指单位时间内列车输送乘客的数量，列车是完成城市轨道交通输送乘客任务的载体，因此线路通过能力在很大程度上决定了网络运输效率和服务水平，见表 5-1-1。

第三层级是城市轨道交通网络的综合协调运输能力，这是城市轨道交通网络能力的目标。在网络运营组织管理中，网络作为一个统一的整体发挥着单一车站、线路独立运营所不能达到的集约效应。由于网络是由车站、线路构成的网络，换乘站是实现网络结构和功能的重要衔接部位，因此需要评判城市轨道交通网络中换乘站的协调能力，见表 5-1-1。

城市轨道交通各层级能力组成　　表 5-1-1

能　力	静态能力	动态能力
车站承载能力	1. 设备设施通行能力(包括楼梯、电梯、扶梯、通道) 2. 服务设备服务能力(包括闸机、售票机、安检机) 3. 土建设施容纳能力(包括站台、站前广场)	列车在车站的上车能力和满足安全运营标准的车站承载能力
线路运输能力	列车单位时间输送的最大乘客数	—
网络综合协调运输能力	—	满足一定服务水平条件下的网络安全运输能力(换乘站协调能力)

2　城市轨道交通车站承载能力

2.1　车站静态能力与动态能力

车站是由一定规模的站厅、站台、出入口、楼梯、通道等土建设施和一定数量的电梯、扶梯、闸机、安检机、售票机等服务设备组成,共同协助乘客完成进站、购票、换乘、候车、乘降、出站等行为,这些设备设施的能力都是影响车站承载能力的重要因素。当这些设备设施建成后,其通行能力也随之确定。因此,车站静态能力包括:楼梯、电梯、扶梯、通道等设备设施的通行能力;闸机、售票机、安检机等服务设备的服务能力;站台、站前广场等土建设施的容纳能力。

另外,由于受到列车满载情况,站厅、通道、站台运营安全标准的限制,车站实际可容纳的乘客数量以及进站上车速度会受到影响,车站的承载能力无法达到固定设备设施设计的能力。因此,受列车上车能力、运营安全标准影响的车站承载能力,属于车站动态能力。

2.2　车站静态能力分析

车站静态能力包括车站设备设施通行能力、服务设备服务能力和土建结构容纳能力,这些能力不仅与设备设施的属性密不可分,还与服务水平有关。因此,首先介绍车站能力所涉及的各基本概念。

2.2.1　车站静态能力计算基本概念

根据不同的应用范围,可将车站设备设施能力分为:理论能力、实际能力、设计能力、参考能力,如图 5-2-1 所示。

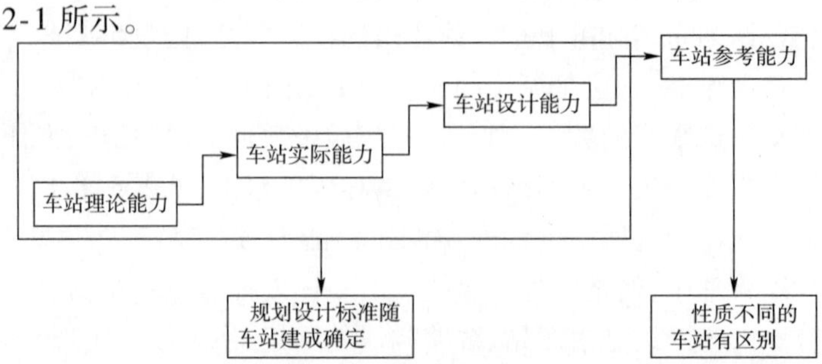

图 5-2-1　车站各种能力关系

1）理论能力

理论能力是指在理想条件和不考虑服务水平的条件下，车站设备设施在单位时间内可通过或服务的最大乘客数量，是设备设施的极限能力。一般情况下，理论能力 $C_{理论}$ 可通过如下公式计算：

$$C_{理论}=\frac{1}{T_i}=\frac{v_i}{s_i} \tag{5-2-1}$$

式中：T_i——行人通过设备设施的时间间隔；

v_i——行人平均步速，水平面上通常取1m/s；

s_i——行人纵向间距，与行人动态空间有关，水平面上通常取1m。

为方便计算，在通道、楼梯等设备设施上，通常用单位宽度的设备设施通行能力表示，式(5-2-1)可表示为：

$$C_{理论}=\frac{v_h}{s_h b_h} \tag{5-2-2}$$

式中：b_h——行人占用横向宽度，一般取0.75m。

扶梯的通行能力与扶梯的额定速度、平面踏板数量、踏板宽度和深度有关，式(5-2-1)可表示为：

$$C_{理论}=\frac{v_l}{0.4}\cdot 3\ 600\cdot k_l \tag{5-2-3}$$

式中：v_l——扶梯额定速度，通常取0.5m/s、0.65m/s等；

k_l——扶梯修正系数。

扶梯修正系数反映每一个踏板上同时可站立的人数，其取值与扶梯的宽度 z_l 有关，当 $z_l=0.6$m时，$k_l=1.0$；当 $z_l=0.8$m 时，$k_l=1.5$；当 $z_l=1.0$m 时，$k_l=2.0$。

2）实际能力

实际能力是指在符合实际的假设条件下，考虑期望的服务质量水平与系统可靠性，为保证持续的正常运营，车站设备设施单位时间内可通过或服务的最大乘客数量。它是更符合实际的能力，通常是理论能力的60%～75%。实际能力由于考虑了设备设施的服务水平，也就是与行人流的速度、流量、行人空间和负荷度有关，涉及特殊的设备设施组合、行人流组织及期望服务水平，因此实际能力更具有指导意义。

由于不同的服务水平对应不同的实际能力，因此实际能力与设备设施的服务水平直接相关，下面对服务水平进行介绍。

设备设施服务水平反映设备设施所能提供的综合水平，包括行人出行速度、拥挤度、便捷度、舒适度等方面。一般情况下，服务水平越高，对应的设备设施能力越小，在外界因素确定的条件下，服务水平决定了设备设施的实际能力。由于行人出行的不均衡性，不同环境、不同设备设施的服务水平分类方法和标准也有所不同，一般有如下几种划分方法。

（1）基于行人占用空间的服务水平划分方法。这是由美国、德国等专家共同提出的利用单个行人可使用的空间面积对不同行人疏散效率、步行舒适度进行分类，其服务水平分为A、B、C、D、E、F六个级别，随行人密度的增大，舒适度将下降。

（2）基于不同类型设备设施的服务水平划分方法。行人设备设施的分类，分为不受干扰行人流设施(如专用通道、排队等候区等)和受干扰行人流设施(如城市人行道等)。对不同的行人设施,其服务水平的评价指标也不同,分为A、B、C、D、E、F六个级别,每个级别对应不同的步行状态。

(3)基于定性因素分析的服务水平划分方法。定性分析方法使用六个定性指标,即:安全性、可靠性、舒适便捷性、设施连续性、系统一致性和环境吸引力,将服务能力分为A、B、C、D、E、F六个级别。

3)设计能力

设计能力是指车站的设备设施在设计、规划、建设时,在车站的性质、设备设施的地位、服务水平的要求等条件下,单位时间内可通过或服务的最大乘客数量。它是规定的设计标准,随设备设施的建成而确定。国外通常是选择实际能力中可以接受的服务水平(如D级)对应的通行能力,我国一般在理论能力的基础上考虑行人构成、所处环境等进行综合折减(折减系数取0.5~0.7),再考虑行人设施所处地位和对服务水平的要求进一步折减(折减系数取0.75~0.9)。

4)参考能力

车站设备设施在实际使用过程中,由于受到乘客构成、车站物理结构等因素的制约,其通行能力很难达到设计能力水平。参考能力是指根据实际运营条件,对车站设备设施设计能力进行折减,得到的单位时间内可通过或服务的最大乘客数量。

车站设备设施设计能力只与设备设施的类型及参数相关,因此其设计能力在车站建设完成后就已确定。但在实际运营过程中,设备设施的通行能力还与实际运营条件相关联。本书以车站设备设施参考能力作为评估车站能力的标准,更符合实际运营需求,反映实际运营情况。

2.2.2 设备设施通行能力

车站设备设施通行能力是指按规划设计放置的设备和建造的设施,在单位时间内可通行的最大乘客数量,分为设计通行能力和参考通行能力。一般情况下,与通行能力相关的车站设备设施包括楼梯、电梯、扶梯、通道等。

1)服务水平

由于不同设备设施的属性不同,服务水平的分类标准也有所区别。下面介绍几种常见的设备设施服务水平的分类标准,见表5-2-1、表5-2-2。

楼梯服务水平标准 表5-2-1

服务水平级别	乘客空间(m^2/人)	单位流率[人/(min·m)]	流速(m/s)	能力利用率
A	>1.9	≤16	>1.30	≤0.21
B	1.6~1.9	>16且≤23	>1.27且≤1.30	>0.21且≤0.31
C	1.1~1.6	>23且≤33	>1.22且≤1.27	>0.31且≤0.44
D	0.7~1.1	>33且≤49	>1.14且≤1.22	>0.44且≤0.65
E	0.5~0.7	>49且≤75	>0.75且≤1.14	>0.65且≤1.0
F	≤0.5	变量	≤0.75	变量

通道服务水平标准　　表 5-2-2

服务水平级别	乘客空间 (m^2/人)	单位流率 [人/(min·m)]	流速 (m/s)	能力利用率
A	>3.3	≤23	1.32	≤0.3
B	2.3~3.3	>23 且≤33	1.27	0.3~0.4
C	1.4~2.3	>33 且≤49	1.22	0.4~0.6
D	0.9~1.4	>49 且≤66	1.15	0.6~0.8
E	0.5~0.9	>66 且≤82	0.77	0.8~1.0
F	≤0.5	变量	0.77	变量

2)设计通行能力

设计通行能力是选取设备设施某一等级的服务水平,根据对应的参数进行折减,得到1m 宽设备设施在单位时间内可通行的最大乘客人数标准。根据结构和类型不同,设备设施在使用时具有不同的设计通行能力,表 5-2-3 列出了世界主要城市轨道交通车站设备设施的设计通行能力。

世界主要城市轨道交通车站设备设施设计通行能力　　表 5-2-3

项目		设计通过能力(人/h)					
		北京	上海	香港	布达佩斯	莫斯科	巴黎
1m 宽通道	单向通行	5 000	5 280	5 400	4 500	4 000	6 000
	双向混行	4 000	4 200	4 020	4 000	3 400	—
1m 宽楼梯	单向下行	4 200	4 200	4 200	4 000	3 500	4 500
	单向上行	3 800	3 800	3 720	3 500	3 000	3 600
	双向混行	3 200	3 180	4 000	3 000	3 200	—
1m 宽自动扶梯		8 100	8 100	9 000	8 000	8 500	7 200

3)参考通行能力

参考通行能力首先根据设备设施的设计通过能力及建设宽度确定,再根据设备设施有效宽度、乘客构成、舒适度要求等进行综合折减,得到参考通行能力,计算公式如下:

$$n_{参考}^{设备设施} = N_{设计}^{设备设施} \cdot w_i \cdot \beta_i \tag{5-2-4}$$

式中:$n_{参考}^{设备设施}$——设备设施参考通行能力;

$N_{设计}^{设备设施}$——设备设施设计通行能力;

w_i——设备设施宽度;

β_i——设备设施折减系数。

设备设施折减系数是对设备设施设计通行能力的调整,影响因素较多,很难通过公式定量计算,通常可采取现场调查、统计分析等手段确定。一般情况下,服务性质相同的车站可采取相同的设备设施折减系数,如进行换乘站、枢纽站、商业网点等类别划分。

2.2.3　服务设备服务能力

车站服务设备设计服务能力是指按规划设计放置的服务类设备,在单位时间内可通行的最大乘客数量,分为设计服务能力和参考服务能力。一般情况下,车站服务设备包括:闸机、安检机、售票机等,但由于安检机、售票机不是每个乘客必须通过的环节,因此很难用其能力衡量车站能力。

1)设计服务能力

闸机设计服务能力是一部闸机在单位时间内可服务的最大乘客人数,不同闸机类型在使用时具有不同的设计服务能力,见表5-2-4。

城市轨道交通车站闸机设计服务能力 表5-2-4

项　目	类　型		设计服务能力(人/h)
一部闸机	三杆门	磁卡	1 500
		非接触 IC 卡	1 800
	门扉式	磁卡	1 800
		非接触 IC 卡	2 100

2)参考服务能力

闸机参考服务能力首先根据闸机设计服务能力和安装数量确定,再根据乘客构成、乘客对设备熟悉程度、舒适度等进行综合折减,得到参考服务能力,计算公式如下:

$$n_{参考}^{闸机} = N_{设计}^{闸机} \cdot m_j \cdot \beta_j \tag{5-2-5}$$

式中:$n_{参考}^{闸机}$——闸机参考服务能力;

$N_{设计}^{闸机}$——闸机设计服务能力;

m_j——闸机数量;

β_j——闸机折减系数。

闸机折减系数同设备设施折减系数相同,需通过现场调查,对不同服务性质的车站选用不同的折减值。

2.2.4　土建结构容纳能力

车站土建结构容纳能力是指土建结构的实际有效面积内可容纳的最大乘客数量,也可分为设计容纳能力和参考容纳能力。一般情况下,计算车站土建结构容纳能力主要涉及站厅、站台、站前广场等,本书讨论的容纳能力主要是指站台的容纳能力。

1)服务水平

土建结构中的站台用于乘客候车时排队使用,容纳能力的服务水平分类标准如表5-2-5所示。

排队等待区域服务水平标准 表5-2-5

服务水平级别	乘客空间(m^2/人)	描　述
A	>1.2	在不干扰排队区其他乘客的情况下,乘客可自由停留或穿越排队区
B	0.9~1.2	为不干扰排队区其他乘客,乘客自由停留或穿越排队区在一定程度上受到限制
C	0.6~0.9	停留或穿越排队区受到限制,干扰排队区其他乘客,但行人密度处于舒适范围内
D	0.3~0.6	乘客之间彼此可不接触,穿越排队区受到严重限制,只能排队前进,长期处于该密度下令人感到不舒服

续上表

服务水平级别	乘客空间(m^2/人)	描　述
E	0.2 ~ 0.3	乘客在排队时不可避免的接触,不可穿越排队区,在没有严重不舒适的情况下短时间维持
F	≤0.2	乘客在排队时都有接触,不可穿越排队区,在此密度下令人极度不舒适,大规模人群中可能产生恐慌

2)设计容纳能力

站台设计容纳能力是在一定服务水平下,$1m^2$ 土建结构在单位时间内可容纳的最大乘客人数。本书站台的设计容纳能力以 D 级服务水平为标准,即 2 人/m^2。

3)参考容纳能力

土建结构参考容纳能力首先根据土建结构的有效面积确定,再根据乘客构成、舒适度等进行综合折减,站台参考容纳能力计算公式如下:

$$n_{参考}^{站台} = N_{设计}^{站台} \cdot s_k \cdot \beta_k \tag{5-2-6}$$

式中:$n_{参考}^{站台}$——站台参考容纳能力;

$N_{设计}^{站台}$——站台设计容纳能力;

s_k——站台实际可用面积;

β_k——站台折减系数。

站台折减系数同设备设施折减系数相同,需通过现场调查,对不同服务性质的车站选用不同的折减值。

根据《城市轨道交通工程设计规范》(DB 11/995—2013),对车站进行设计时,要考虑到突发事件情况下的紧急疏散,即在一定楼、扶梯通过能力条件下,站台候车乘客能在 4min 内全部撤离。因此,车站站台实际最大可容纳人数还必须符合突发事件条件下安全疏散的要求。

2.3　车站动态能力分析

2.3.1　站台上车能力

车站动态能力是指在一定站台拥挤程度、车厢满载程度、屏蔽门安装情况、站停时间、列车发车间隔等条件下,单位时间内,所有到达列车可上车的乘客数量。由于影响车站上车能力的因素较多,因此即使在同一个时间段内,不同列车能够上车的乘客数也可能会有较大差异。但是,在一段时间内,能够上车的乘客总数相对稳定。在实际运营中,要计算车站动态能力非常困难。为量化车站动态能力指标,本书考虑从车厢满载状态来分析,以北京轨道交通为例,满载率为 80% 和 100% 时的列车车厢情况分别如图 5-2-2 和图 5-2-3 所示。

从车厢满载状态来看,单位时间列车可上车的乘客数量 $n_{站台}^{上车}$ 可表示为:

$$n_{站台}^{上车} = (\eta_0 - \eta_x) \cdot C_{载客} \cdot \frac{3\ 600}{I} \tag{5-2-7}$$

式中:I——列车平均间隔,s;

η_0——列车最大满载率标准,换乘车站可取值 100% ~120%;其他车站可取值 80% ~100%;

η_x——列车上到站乘客下车后,上车乘客上车前的满载率;

$C_{载客}$——每列车定员。

图 5-2-2　满载率为 80% 时的列车车厢

图 5-2-3　满载率为 100% 时的列车车厢

2.3.2　安全运营标准

任何时候保证车站安全、保持一定的服务水平是车站运营的基本要求，一旦出现客流拥堵、局部客流密度过大等情况，就有可能引发安全事故，极大降低运营服务水平。因此，车站安全运营标准也是影响车站承载能力的一项重要指标。衡量车站运营是否安全的一项重要指标是车站空间的密度，因此，车站安全运营标准可以用车站空间密度作为制定依据。本书将土建结构容纳能力的 E 级服务水平作为车站安全标准，即车站任何区域人员密度达到或者超过 5 人/m^2 时（排队等待区域服务水平标准 E 级），需采取适当的客运组织措施。

车站的静态能力是在乘客均匀分布、有序进出站的理想条件下计算的，但在实际运营中，因受到天气、携带行李、设备设施空间特点等各种复杂条件的影响，乘客在车站各空间的分布是不均匀的，走行速度有快有慢。因此，在计算车站的承载能力时，还必须考虑到客流的不均衡性，对各站实际承载能力进行相应调整。

2.4　城市轨道交通车站承载能力计算

车站的承载能力是在一定服务水平下的车站动态能力和静态能力共同决定的，动态能力和静态能力都可以作为评估车站能力的一个方面，本节讨论车站承载能力的计算方法。

根据木桶理论，在影响车站承载能力的各项因素中，最小的那个能力便可以作为车站的承载能力。但是,在前面提及的各项能力中,存在着不同能力指标量纲也不同的情况,尤其是车站安全运营标准中的瞬时站台乘客密度。因此,需分析单位时间内不同能力指标间相互影响的关系。

单位时间进站到达站台的人数由设备设施通行能力 $n_{参考}^{设备设施}$ 和服务设备服务能力 $n_{参考}^{闸机}$ 决定,进站乘客、换乘乘客 $n^{换乘}$ 到达站台后如果不能顺利上车,将会有乘客滞留站台,滞留乘客数量将受到站台容纳能力约束,因此一定服务水平下,车站承载能力 $N_{车站}^{承载}$ 可以按以下方法计算:

令单位时间站台滞留人数为 $\lambda_{滞留}^{站台}=\min(n_{参考}^{设备设施},n_{参考}^{闸机})+n^{换乘}-n_{站台}^{上车}$。

(1)当 $\lambda_{滞留}^{站台}>n_{参考}^{站台}$ 时,此时站台不但有滞留现象,而且单位时间内滞留乘客数已经大于站台可容纳乘客能力,达到车站承载能力极限。此时,车站承载能力由下式计算:

$$N_{车站}^{承载}=n_{参考}^{站台}+n_{站台}^{上车} \tag{5-2-8}$$

在此情况下,由于设备设施通行能力 $n_{参考}^{设备设施}$ 和服务设备服务能力 $n_{参考}^{闸机}$ 有可能得不到充分利用,为保障安全,设备设施通行能力必须控制在 $n_{参考}^{站台}+n_{站台}^{上车}$ 以下。

(2)当 $\lambda_{站台}^{滞留}\leqslant n_{参考}^{站台}$ 时,此时站台能够满足乘客滞留带来的运营压力,车站承载能力由下式计算:

$$N_{车站}^{承载}=\min(n_{参考}^{设备设施},n_{参考}^{闸机}) \tag{5-2-9}$$

在此情况下,设备设施通行能力 $n_{参考}^{设备设施}$ 和服务设备服务能力 $n_{参考}^{闸机}$ 得到充分利用。特别地,当 $\lambda_{站台}^{滞留}=n_{参考}^{站台}$、$\min(n_{参考}^{设备设施},n_{参考}^{闸机})+n^{换乘}=n_{参考}^{站台}+n_{站台}^{上车}$ 时,车站各项设备设施的能力得到最大程度的利用。

(3)以上两种情况没有考虑下车乘客在站台滞留以及安全运营标准,因此,为了更加客观地对车站承载能力进行评估计算,需考虑下车乘客对上车乘客的干扰和合理的安全运营要求(乘客密度)。由于很难对这两方面的制约条件进行量化计算,可以采用仿真的手段对车站承载能力进行修正。当出现车站站台局部区域乘客密度达到警戒水平时(如5 人/m^2),此时已经是车站承载能力的极限,当前站台容纳乘客数或者设备设施通行能力、服务设备服务能力就可以视为车站承载能力。

3　城市轨道交通线路运输能力

城市轨道交通线路运输能力是城市轨道交通系统的基础数据和重要参数,涉及系统设计、改建、运力设置及系统在不同时期内发展的其他需要。城市轨道交通系统的运输能力一般可定义为:线路某一方向单位时间 T(通常为 1h)内所能输送的最大乘客数量。影响线路运输能力 $N_{运输}$ 的关键要素主要有两个:线路通过能力 $N_{线路通过}$ 和列车载客能力 $N_{载客}$,因此线路运输能力可用以下公式表示:

$$N_{运输}=N_{线路通过}\cdot N_{载客} \tag{5-3-1}$$

线路通过能力 $N_{线路通过}$ 是指轨道交通线路某一方向单位时间 T 内可通过的最大列车数,计算公式为:

$$N_{线路通过}=\frac{T}{I_{追踪}} \tag{5-3-2}$$

式中:$I_{追踪}$——列车最小追踪间隔时间,s。

列车载客能力 $N_{载客}$ 是指列车核定容纳的最大乘客数量,实际运营中也可以根据情况,在一定服务水平下允许列车超员,对列车载客能力做出相应调整。

3.1 城市轨道交通线路运输能力影响因素分析及计算方法

轨道交通系统是个复杂的大系统,线路实际的运输能力由于受到复杂的运营条件和不确定的客流条件制约,具体能力较难计算。因此,首先对影响轨道交通线路运输能力的各项因素进行分析。

根据线路运输能力的计算方法,城市轨道交通线路运输能力的制约因素分成两类:线路通过能力因素和列车载客能力因素,如图 5-3-1 所示。

列车载客能力,主要与列车的车辆数和定员有关;线路通过能力,所含影响因素较多,主要包括运用车组数量、折返能力、供电能力和信号能力等。

3.1.1 列车载客能力因素

列车载客能力 $N_{载客}$,通常以扣除车辆座位面积、设备面积后可以容纳的乘客数量为标准,北美地区的最大密度在 5 人/m^2 左右,而北京轨道交通是以 6 人/m^2 为标准设定定员 D。实际上,评价列车载客能力唯一真实的办法是考察乘客不能再上车而等待下一列车时的车辆载荷,即出现留乘时的情况。避免留乘是所有公交系统设计的目标,此指标可以得到评价系统的可用能力。目前,北京轨道交通允许超过列车定员比例的上限是 20% ~30% 。因此,在一定运营服务标准下,列车载客能力可采取以下公式:

$$N_{载客} = M \cdot D \cdot (100\% + \beta) \tag{5-3-3}$$

式中:M——每列车的车辆数;

D——每辆车的定员,人/车;

β——一定运营服务标准下的列车容许超定员比例。

3.1.2 列车技术作业时间和可用列车数量

列车技术作业时间包括:停站时间、区间运行时间、列车折返作业时间、列车启停附加时间等。列车由起点站出发,停靠沿线各站,完成一次往返运营服务,回到起点站再次开出时所需的时间为列车全周转时间 $T_{全}$(图 5-3-2),计算公式如下:

$$T_{全} = \sum t_{技术作业} \tag{5-3-4}$$

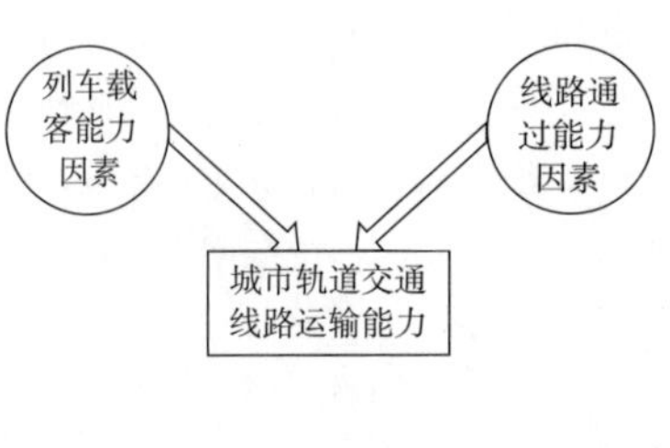

图 5-3-1 线路运输能力的制约因素

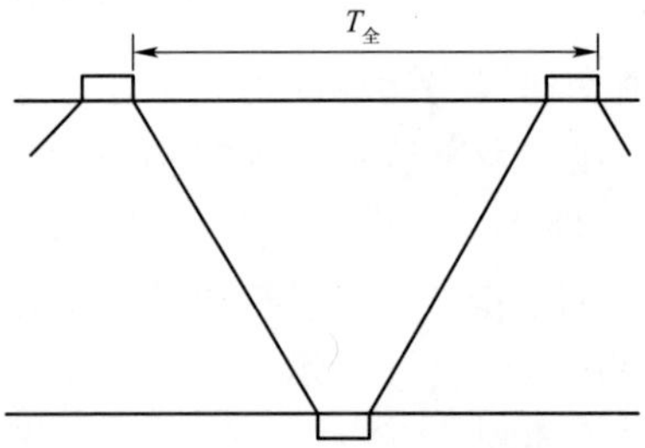

图 5-3-2 列车全周转时间示意图

因此,列车理论追踪间隔时间 $I^{理论}_{追踪}$ 由列车全周转时间 $T_{全}$ 和可运用车组数 $n_{运用车}$ 决定,可通过下式计算:

$$I^{理论}_{追踪} = \frac{T_{全}}{n_{运用车}} \tag{5-3-5}$$

3.1.3 线路折返因素

折返线的列车折返能力是制约整个线路(环形线路除外)运输能力的关键。在轨道交通系统设计时,折返线线路的设置、道分位置及型号的选择、车辆性能等直接关系折返能力的大小。

依据线路折返方式的不同,可以将折返能力分为单线站前折返、双线站前折返以及站后折返3种情况,如图5-3-3所示。

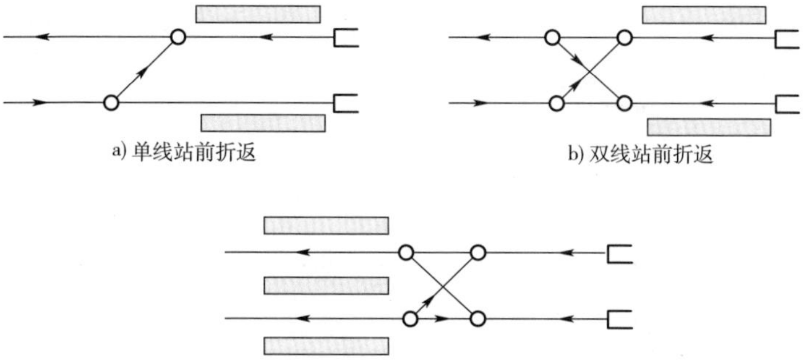

a)单线站前折返 b)双线站前折返

c)站后折返

图5-3-3 列车折返模式

以ATP(列车自动防护系统)运行模式为例,列车的折返作业时间 $t_{折返}$ 均由列车通过进站信号机,至列车由本站折返发出的一系列可平行进行的作业组成,其中包含:列车进站时间 $t_{进站}$、旅客乘降时间 $t_{乘降}$、列车进出入库(站)线(调头)时间 $t_{掉头}$、驾驶员确认信号时间 $t_{确认信号}$、出站进路解锁时间 $t_{解锁}$ 等作业时间,站前折返作业时间构成,如图5-3-4所示。

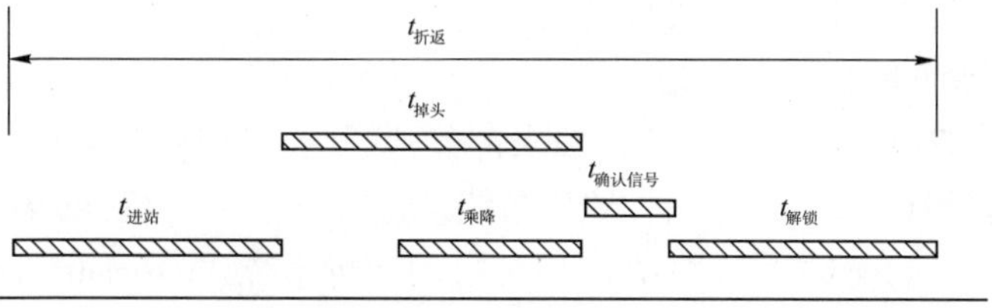

图5-3-4 站前折返列车折返作业时间分解图

因此,$t_{折返}$ 由上述各项时间的并集形成:

$$t_{折返}=t_{乘降}\cup t_{进出线}\cup t_{确认信号}\cup t_{其他} \tag{5-3-6}$$

列车的折返作业时间的长短会对列车的折返追踪间隔时间 $I_{追踪}^{折返}$ 产生影响,但是由于列车在折返作业时间内,有可能进行列车的其他技术作业,因此 $t_{折返}$ 并不等同于 $I_{追踪}^{折返}$。

站前折返情况下的折返追踪间隔时间 $I_{追踪}^{折返}$,为列车占据接发车进路的时间间隔:

$$I_{追踪}^{折返}=占用进站进路时间+占用出发进路时间 \tag{5-3-7}$$

站后折返较为复杂,前行列车与续行列车折返追踪间隔时间需要完整模拟其运行追踪全过程来具体计算。分析计算可以选取的关键间隔参考点有:

(1)前行列车与续行列车进入到达站台停稳的间隔时间;

(2)前行列车与续行列车从到达站台至牵出线发车时的间隔时间;

(3)前行列车与续行列车由牵出线出发时的间隔时间;

(4)前行列车与续行列车进入出发站台停稳的间隔时间。

列车折返间隔时间由以上间隔时间比较的最大值决定，$I_{追踪}^{折返}$也就是两列车可能的最小运行间隔时间。

站前折返由于存在进路的交叉和干扰情况，站后折返的 $I_{追踪}^{折返}$ 一般要小于站前折返的 $I_{追踪}^{折返}$。

3.1.4 供电系统因素

城市轨道交通供电系统同一个供电区段内的牵引供电系统双机组双边供电能够驱动的电车组是有限的，因此，牵引供电功率 $P^{牵引}$、列车最大瞬时功率 $p_{列车}$ 和供电区段 $l_{供电}$ 的长短，将制约列车追踪运行产生的间隔 $l_{追踪}$，如图 5-3-5 所示。

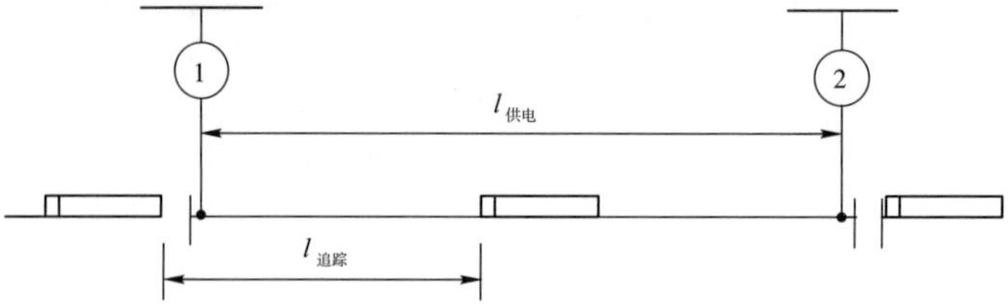

图 5-3-5 供电区段内列车追踪距离示意图

由图 5-3-5 可得供电追踪间隔时间 $I_{追踪}^{供电}$，可按照以下公式计算：

$$I_{追踪}^{供电} = \min\left\{\left(l_{供电} \Big/ \left\lfloor \frac{P_1^{牵引} + P_2^{牵引}}{p_{列车}} \right\rfloor\right) \Big/ \bar{v}\right\} \tag{5-3-8}$$

式中：$l_{供电}$——供电区段长度，m；

$P_1^{牵引}$、$P_2^{牵引}$——同一供电区段的两个牵引供电站供电功率，kW；

$\bar{v}$——供电区段列车平均运行速度，m/s。

3.1.5 信号系统因素

城市轨道交通的信号系统通常包括两大部分：联锁装置和列车运行控制系统（Automatic Train Control，简称 ATC 系统）。其中，ATC 系统又包括三个子系统：列车自动防护系统（Automatic Train Protection，简称 ATP 系统）、列车自动运行系统（Automatic Train Operation，简称 ATO 系统）、列车自动监控系统（Automatic Train Supervision，简称 ATS 系统）。ATP 系统的主要功能是通过车载 ATP 系统和地面设备间的信息传输，来实现列车的安全间隔控制、超速防护控制及车门控制，保证行车安全；显然，ATP 子系统是安全系统，其系统设计必须符合“故障—安全”原则。ATO 子系统主要完成站间自动控制、列车速度调节和进站定点停车，并能接受控制中心的运行调度命令，实现列车的运行自动调整。ATS 子系统的主要功能是监控列车运行状态，采用软件方法实现联网、通信及列车运行管理自动化。

ATP、ATO、ATS 三个子系统与地面相应配套系统结合，构成列车上的 ATC 闭环控制系统。信号系统控制如图 5-3-6 所示。

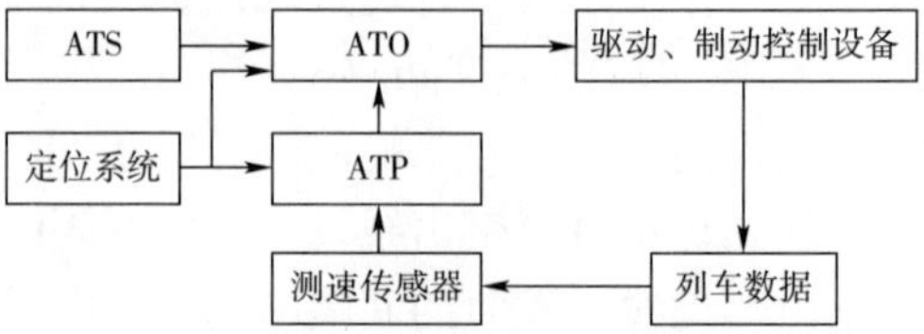

图 5-3-6 信号系统控制图

城市轨道交通信号系统是保障运输安全与提高运营效率的重要设备，按照有无固定划分的闭塞分区，城市轨道交通的信号系统可以分为固定闭塞信号系统、准移动闭塞信号系统和移动闭塞信号系统。

固定闭塞系统中闭塞分区的速度等级和数量由设计行车间隔、线路数据、车辆性能和信号设备的性能等因素确定，其中闭塞分区的长度由列车制动距离和信号反应时间等因素确定；在准移动闭塞系统中，列车速度控制方式采用一次模式速度控制曲线，追踪列车间隔由后续列车的常用制动距离内包含的轨道电路单元数决定；依赖传统的通过信号机实现闭塞的方式已不能适应当前城市轨道交通系统的需要，需对传统的信号系统进行改进，使用列车自动运行控制系统。

基于无线通信的列车自动控制系统（Communication Based Train Control System，简称CBTC 系统）是一个具有连续性的列车自动运行控制系统，该系统使用独立于轨道电路的具有高分辨率的列车定位系统，连续高可靠性的列车—轨旁双向数据通信，车载和轨旁处理器实现列车自动防护（ATP）、列车自动运行（ATO）及列车自动监控（ATS）功能。

通常情况下，列车的设计和运行追踪间隔时间由得到授权的部门进行设计和确定，一般分为不受干扰和受干扰两种情况，但都必须考虑列车的安全运行间隔需求和安全制动需求。CBTC 对列车追踪间隔的影响主要包括：位置、速度、通信延迟、CBTC 设备反应时间、CBTC 速度自动调整运算法则。

无论何种信号制式，信号追踪间隔时间 $I_{追踪}^{信号}$ 由所采用信号制式下的各分区 i 的追踪间隔 $l_{追踪}^{信号}$ 和该分区列车容许运行速度 $\bar{v}_i$ 共同决定。

$$I_{追踪}^{信号} = \sum_i \frac{l_{追踪}^{信号}}{\bar{v}_i} \tag{5-3-9}$$

式中：$l_{追踪}^{信号}$——信号分区 i 的追踪间隔，m；

$\bar{v}_i$——信号分区 i 内的列车容许运行速度，m/s。

3.2　城市轨道交通线路运输能力的计算

综合城市轨道交通线路运输能力影响因素的分析，能力计算通过以下步骤进行：

第一步，确定列车运营服务标准和列车载客 $N_{载客}$。

第二步，确定列车理论上的最小追踪间隔时间、折返最小追踪间隔时间、供电最小追踪间隔时间、信号最小追踪间隔时间。

第三步，确定列车最小追踪间隔时间：

$$I_{追踪} = \max\{I_{追踪}^{理论}, I_{追踪}^{折返}, I_{追踪}^{供电}, I_{追踪}^{信号}\} \tag{5-3-10}$$

第四步，计算一定列车运营服务标准下的运输能力：

$$N_{运输能力} = N_{载客} \cdot \frac{T}{I_{追踪}}（人） \tag{5-3-11}$$

4　城市轨道交通网络综合协调运输能力

城市轨道交通网络是由车站和线路共同组成的一个复杂系统，其综合协调能力不仅与线路运输能力有关,也和各个换乘站的换乘协调能力有关。换乘站是多条线路的衔接点,是实现乘客在多条线路之间换入、换出的平台,其安全换乘能力需要同时考虑车站静态能力、车站动态能力、线路运输能力等,直接影响衔接线路运输能力的利用,进而波及网络的整体运营。因此,换乘站的换乘能力是网络综合协调能力的集中体现和评估依据,如图 5-4-1 所示。

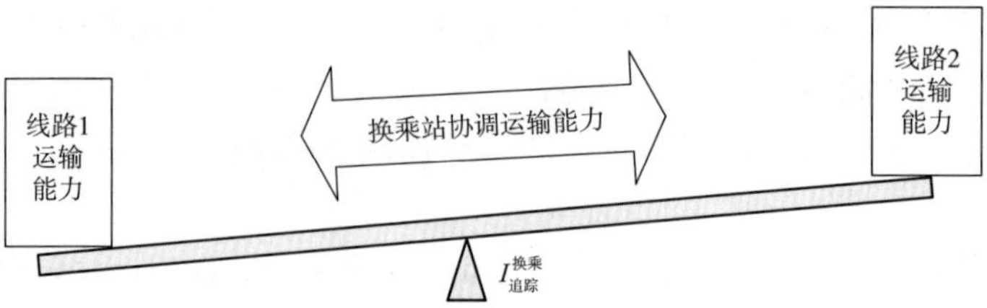

图 5-4-1 衔接线路间的协调运输能力

本节讨论的城市轨道交通网络综合协调运输能力,是在一定的基础设施和运营服务水平条件下,在受到换乘过程和相邻线路运输能力的影响后,与各换乘站直接相连的线路,在运营时实际允许达到的最大线路运输能力。

乘客在换乘站的整个换乘过程是:首先,乘客到达换乘站后,由换出线路下车,经站台、站厅、换乘通道等设备设施到达换入线路;其次,在换入车站的站台排队等候列车到达;最后,在换入线路列车进站后上车离开。

在这一系列过程中,一方面,乘客依次通过换乘站的各种设备设施,如换出线路站台、楼梯、扶梯、换乘通道、换入线路站台等,这些车站设备设施的静态能力都是制约乘客顺利换乘的瓶颈;另一方面,乘客到达换入线路准备上车时,换入列车的乘降能力也可能影响乘客上车。

换乘站的换乘能力影响因素主要包括:换出/换入线路的线路运输能力、换出/换入站台容纳能力、换乘通道通行能力、换入线路车站上车能力,下面将针对每个影响因素在换乘站产生的不同作用和效果对网络综合协调运输能力进行评估。

4.1 网络协调运输能力影响因素

4.1.1 换乘站直接相连线路的线路运输能力

此部分内容已经在本章第 3 节介绍。

4.1.2 换乘站站台容纳能力

1)换出站台容纳能力

乘客在换乘站换乘其他线路列车时,首先是从换出线路下车到达换出站台。若换出站台的容纳能力充足,则乘客可以以较快的速度下车并从站台疏散至其他换乘设备设施;若换出站台的容纳能力有限,站台可供乘客使用的面积较小,容纳乘客数量也随之减少,站台可能出现部分乘客积压的现象,降低乘客下车时的速度和在站台的走行速度。

2)换入站台容纳能力

当乘客经各种换乘设备设施到达准备换入的线路站台时,一般情况下会在站台排队等待列车到达。若换入站台的容纳能力充足,不仅可容纳乘客的数量较多,而且乘客在站台的走行也比较顺畅;若换入站台的容纳能力有限,可供乘客使用的面积较小,造成部分乘客无法进入站台或在站台拥挤或走行速度慢,都会影响乘客能否安全、顺利换入其他线路列车。

4.1.3　换乘通道通行能力

换乘通道是换乘站的重要组成部分。通常情况下,换乘通道中会设置楼梯、扶梯、通道等供乘客走行的设备设施。这些设备设施的能力都会左右乘客的换乘走行速度和走行时间,影响乘客在两条线路实现顺畅换乘,进而对换入、换出线路列车形成间接的干扰。下面就换乘通道中设备设施对乘客换乘的影响。

1)楼梯、扶梯

楼梯和扶梯是乘客实现垂直高度上位移的衔接结构。由于乘客上行、下行时走行速度可能慢于平面行走,因此,若楼梯、扶梯的能力充足,则可通行的乘客数量较多,走行速度也较快;若楼梯、扶梯的能力有限,则可能出现乘客缓慢行走甚至出现停滞的现象,从而使乘客聚集在楼梯、扶梯之外,出现乘客积压在其他土建结构,如站台、站厅、通道等情况,造成安全隐患。

2)换乘连接通道

在通道通行能力充足的情况下,乘客走行速度较快;若通行能力不足,也会出现乘客走行速度缓慢,甚至阻塞在通道中的现象。

由于换乘通道中包含楼梯、扶梯、通道等多个设备设施,其通行能力也是由这些设备设施共同决定的。根据本章第2节的分析,其通过能力最小的设备设施是改换乘站的瓶颈,也成为制约换乘站能力和网络综合协调能力的一个重要制约因素。

4.1.4　换入线路车站上车能力

当乘客到达换入线路站台,列车进站后乘客能否顺利上车,会受到列车的拥挤程度、停站时间等因素的影响,即受到车站乘降条件的制约。若车站乘降能力充足,可上车的乘客数量较多,不仅能够提高乘客的出行效率,而且会减少滞留站台的可能;若车站乘降能力有限,可上车的乘客数量较少,那么不仅乘客需等候多次列车,增加出行时间,而且站台滞留乘客将不断增加,给站台的安全候车造成威胁。

4.1.5　网络安全运营标准

由于客流类型和数量众多,设备实施复杂,城市轨道交通换乘站是最容易产生客流拥堵的地方,尤其在某些换乘客流量大的换乘站早高峰。为保证乘客的安全,应该保证换乘站任何区域的客流密度在一定标准之上。本文采取排队服务水平标准中的E级,即换乘站任何区域客流密度小于5人/m^2。

4.2　网络协调运输能力计算

计算城市轨道交通网络协调能力首先要分析线路l的线路运输能力:

第一步,确定线路l的列车运营服务标准和列车载客能力$C^l_{载客}$。

第二步,确定线路l的列车理论上的最小追踪间隔时间$I^{理论}_{追踪,l}$、折返最小追踪间隔时间$I^{折返}_{追踪,l}$、供电最小追踪间隔时间$I^{供电}_{追踪,l}$、信号最小追踪间隔时间$I^{信号}_{追踪,l}$。

第三步,确定线路l的列车最小追踪间隔时间:

$$I_{追踪,l} = \max\{I^{理论}_{追踪,l}, I^{折返}_{追踪,l}, I^{供电}_{追踪,l}, I^{信号}_{追踪,l}\}$$

各线路运输能力是在不考虑相邻线路间影响的基础上得到的,为了得到各线间相互制约形成的协调能力，需判断换乘站的换乘协调运输能力：

第四步，计算换乘站相关线路的站台容纳能力 $n_{参考}^{站台}$。

第五步，计算换乘站换乘设备设施通行能力 $n_{参考}^{设备设施}$。

第六步，结合现场调查，确认不同时段，换入线路车站的上车能力 $n_{站台}^{上车}$。

第七步，得到换乘站某个换乘方向的换乘能力 $N_{车站}^{换乘}$。

第八步，单位时间到达换入站台的换乘人数由换乘设备设施通行能力 $n_{参考}^{设备设施}$ 决定，换乘乘客到达换入站台后如果不能顺利上车，将会在站台滞留，滞留乘客数量将受到站台容纳能力约束。因此一定服务水平下，车站换乘能力 $N_{车站}^{换乘}$ 可以按以下方法计算：

令单位时间站台滞留人数为 $\lambda_{滞留}^{站台} = n_{参考}^{设备设施} + n_i^{进站} - n_{站台}^{上车}$，其中 $n_i^{进站}$ 为换入线路 i 的进站客流量。

（1）当 $\lambda_{滞留}^{站台} > n_{参考}^{站台}$ 时，此时站台不但有滞留现象，而且单位时间内滞留乘客数已经大于站台可容纳乘客能力，达到车站承载能力极限。此时，车站换乘能力由下式计算：

$$N_{车站}^{换乘} = n_{参考}^{站台} + n_{站台}^{上车} - n_i^{进站} \tag{5-4-1}$$

（2）当 $\lambda_{站台}^{滞留} \leqslant n_{参考}^{站台}$ 时，此时站台能够满足乘客滞留带来的运营压力，车站换乘能力由下式计算：

$$N_{车站}^{换乘} = n_{参考}^{设备设施} \tag{5-4-2}$$

第九步，根据换乘站 i 各换乘方向换乘能力 $N_{车站}^{换乘}$、换乘客流量以及换乘客流占该方向列车断面客流量的比例，推算换出线路 l 受换乘站 i 影响的、实际允许达到的协调追踪间隔 $I_{追踪,l}^{协调,i}$。

第十步，确定线路 l 受所有换乘站影响的各线最小运行间隔：

$$I_{追踪,l}^{协调} = \max\{I_{追踪,l}, I_{追踪,l}^{协调,i}\} \tag{5-4-3}$$

第十一步，计算线路 l 的协调运输能力：

$$N_{运输能力,l}^{协调} = N_{载客}^{l} \cdot \frac{T}{I_{追踪,l}^{协调}}（人） \tag{5-4-4}$$

在实际运营中，还应该考虑进出站客流、换乘客流、站台乘降客流的相互交织对运营安全的影响。因此，可通过车站客流仿真得到两线路间合理的换乘量，进而推算各线路的合理运输能力 $N_{运输能力,l}^{协调}$，对上述步骤的运算结果进行修正。

5　城市轨道交通能力计算算例

本节将以北京城市轨道交通昌平线（以下简称昌平线）实际运营条件为基础，结合能力计算方法及西二旗车站客流仿真结果，研究并计算西二旗车站承载能力、昌平线线路运输能力和网络综合协调运输能力，找到制约昌平线运输能力提升的关键因素，并提出针对性的改进建议。

5.1　西二旗车站早高峰时段车站承载能力计算

西二旗地铁站是 13 号线与昌平线的换乘车站，早高峰期间客流较大，主要表现为换乘客流和出站客流比较大。对早高峰时段西二旗站承载能力计算应该分为三部分进行分析，即昌平线西二旗车站早高峰承载能力和 13 号线上、下行西二旗车站早高峰承载能力。

5.1.1　昌平线西二旗车站早高峰承载能力计算

1)车站静态能力计算

昌平线西二旗车站结构如图 5-5-1 所示,其进站流向用箭头表示,静态能力包括 2 个双向混行楼梯、2 个自动扶梯(图 5-5-1 中 B)、2 组闸机(图 5-5-1 中 A)的通过能力和站台(图 5-5-1 中 C)容纳能力。设备设施及其他运营条件信息如表 5-5-1 所示。

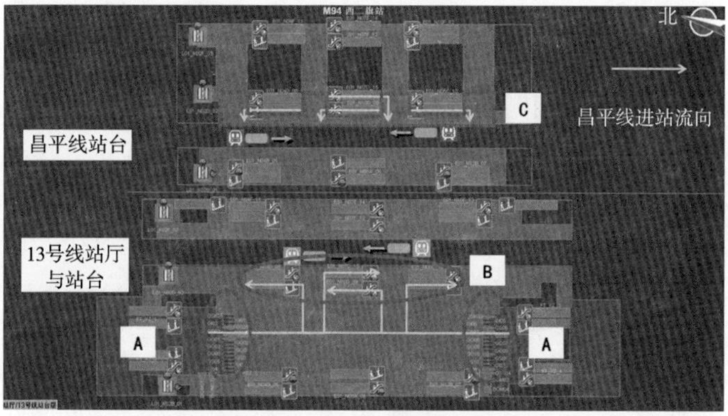

图 5-5-1　昌平线车站结构图

设备设施及其他运营条件信息　　　表 5-5-1

运营条件	数　值
双向混行楼梯宽度 $w_{楼梯}$(m)	2.05
自动扶梯宽度 $w_{自动扶梯}$(m)	1.1
双向混行楼梯个数(个)	2
自动扶梯个数(个)	2
门扉式闸机个数 h(个)	6
站台实际可用面积 s(m^2)	430
最大满载率标准 η_0(%)	100
车停站乘客下车后,上车乘客上车前的满载率 η_x(%)	0

双向混行楼梯通行能力为(β 为折减系数,取 0.8):

$$n_{参考}^{楼梯} = N_{设计}^{楼梯} \cdot w_{楼梯} \cdot \beta \cdot h = 3\ 200 \times 20.5 \times 0.8 \times 2 = 10\ 496(人/h)$$

自动扶梯通行能力为(β 为折减系数,取 0.8):

$$n_{参考}^{自动扶梯} = N_{设计}^{自动扶梯} \cdot w_{自动扶梯} \cdot \beta \cdot h = 8\ 100 \times 1.1 \times 0.8 \times 2 = 14\ 256(人/h)$$

因此,设备设施通行能力为:

$$n_{参考}^{设备设施} = n_{参考}^{楼梯} + n_{参考}^{自动扶梯} = 10\ 496 + 14\ 256 = 24\ 752(人/h)$$

昌平线、13 号线上行方向及下行方向闸机共用,高峰时段共有 6 个进站闸机,各线进站比例大致为 13 号线上行 65%,13 号线下行 30%,昌平线 5%。

昌平线进站闸机通行能力为(β 为折减系数,取 0.9):

$$n_{参考}^{闸机} = N_{设计}^{闸机} \cdot m \cdot \beta \cdot 5\% = 2\ 100 \times 6 \times 0.9 \times 5\% = 567(人/h)$$

站台容纳能力为(β 为折减系数,取 0.8):

$$n_{参考}^{站台} = N_{设计}^{站台} \cdot s \cdot \beta = 4 \times 430 \times 0.8 = 1\ 376(人/h)$$

2)车站动态能力计算

昌平线西二旗站是始发终到站，列车最大满载率标准 η_0 取 100%，列车停站乘客下车后，上车乘客上车前的满载率 η_x 为 0，列车开行间隔 I 为 390s，单位时间列车可上车的乘客数量为：

$$n_{站台}^{上车} = \frac{(\eta_0 - \eta_x) C^{载客} \cdot 3\ 600}{I} = (100\% - 0) \times 1\ 460 \times 3\ 600 \div 390 = 13\ 476(人/h)$$

昌平线列车在西二旗站开门时间比较长，昌平线西二旗车站站台上车能力为 13 476 人。

3)车站承载能力计算

早高峰时段，13 号线换昌平线的客流平均值约为 2 500 人次，此时段站台滞留人数为：

$$\lambda_{滞留}^{站台} = \min\{n_{参考}^{设备设施}, n_{参考}^{闸机}\} + n^{换乘} - n_{站台}^{上车} = \min(24\ 752\ 567) + 2\ 500 - 13\ 476 < 0 < n_{参考}^{站台}$$

因此，昌平线西二旗站台早高峰期间无站台滞留现象。

综合以上分析，早高峰时段昌平线西二旗站车站承载能力主要受进站闸机限制，其承载能力为：

$$N_{车站}^{承载} = n_{参考}^{闸机} = 567(人/h)$$

5.1.2 13 号线西二旗车站早高峰车站承载能力计算

13 号线西二旗车站是侧式站台，分别计算上、下行方向车站承载能力。

1)上行方向站台

(1)车站静态能力计算。

13 号线上行西二旗车站结构如图 5-5-2 所示，上行方向进站客流流向用箭头表示，静态能力包括 2 组闸机(图 5-5-2 中 A)通行能力和站台(如图 5-5-2 中 B)容纳能力。设备设施及其他运营条件信息如表 5-5-2 所示。

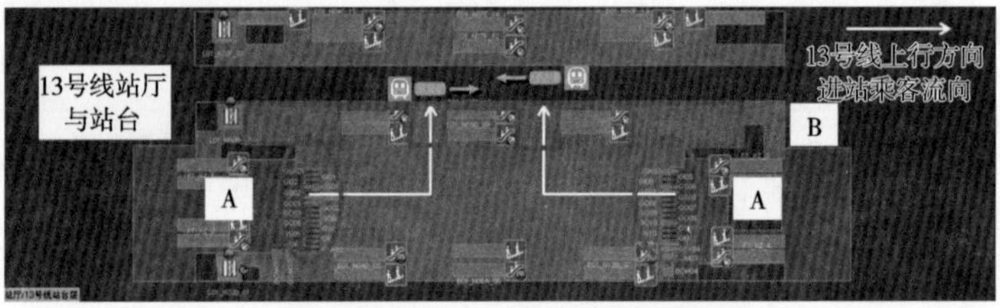

图 5-5-2 13 号线西二旗车站结构图

设备设施及其他运营条件信息 表 5-5-2

运营条件	数　值
门扉式闸机个数 m(个)	6
13 号线上行站台实际可用面积 s(m^2)	690
最大满载率标准 η_0(%)	120
车停站乘客下车后，上车乘客上车前的满载率 η_x(%)	100

13 号线上行方向西二旗站闸机进站能力为(β 为折减系数，取 0.9)：

$$n_{参考}^{闸机} = N_{设计}^{闸机} \cdot m \cdot \beta \cdot 65\% = 2\ 100 \times 6 \times 0.9 \times 65\% = 7\ 371(人/h)$$

站台容纳能力为(β 为折减系数，取 0.8)：

$$n_{参考}^{站台}=N_{设计}^{站台}\cdot s\cdot\beta=4\times690\times0.8=2\ 208(人/h)$$

(2)车站动态能力计算。

13 号线西二旗车站上行方向列车最大满载率标准 η_0 取 130%，列车停站乘客下车后，上车乘客上车前的满载率 η_x 为 90%，列车开行间隔为 160s，单位时间列车可上车的乘客数量为：

$$n_{站台}^{上车}=\frac{(\eta_0-\eta_x)\cdot C^{载客}\cdot 3\ 600}{I}=(130\%-90\%)\times1\ 428\times3\ 600\div160=12\ 852(人/h)$$

(3)车站承载能力计算。

早高峰时段，昌平线换 13 号线上行的客流平均值为 11 200 人次，早高峰时段站台滞留人数为：

$$n_{滞留}^{站台}=n_{参考}^{闸机}+n^{换乘}-n_{站台}^{上车}=7\ 371\times11\ 200-12\ 852=5\ 719>2\ 208(人/h)$$

因此，13 号线上行西二旗车站站台有滞留现象，并且高峰时段内滞留乘客已经大于站台可容纳乘客能力，需考虑站台可用面积内容纳乘客数约束。

综合以上分析，早高峰时段 13 号线上行西二旗车站瓶颈在站台，其承载能力为：

$$N_{车站}^{承载}=n_{参考}^{站台}+n_{站台}^{上车}=2\ 208+12\ 852=15\ 060(人/h)$$

2)下行方向站台

(1)车站静态能力计算。

13 号线西二旗车站结构如图 5-5-3 所示，下行方向进站客流流向用箭头表示，静态能力包括 2 个向上双向混行楼梯、2 个向上自动扶梯、4 个通道、2 个向下双向混行楼梯、2 个向下自动扶梯(图 5-5-3 中 B)、2 组闸机(图 5-5-3 中 A)通过能力和站台(图 5-5-3 中 C)容纳能力。设备设施及其他运营条件信息如表 5-5-3 所示。

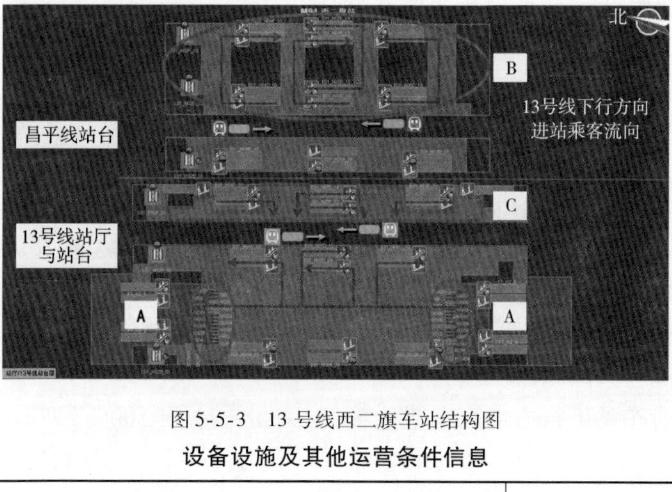

图 5-5-3　13 号线西二旗车站结构图

设备设施及其他运营条件信息　　表 5-5-3

运营条件	数　值
(双向混行)通道宽度 $w_{通道}$(m)	4 个通道宽度分别为：9.3、8.28、8.6、9.3
(双向混行)向上楼梯宽度 $w_{向上楼梯}$(m)	2.05
向上自动扶梯宽度 $w_{向上自动扶梯}$(m)	1.1

续上表

运营条件	数值
(双向混行)向下楼梯宽度 $w_{向下楼梯}$(m)	2.14
向下自动扶梯宽度 $w_{向下自动扶梯}$(m)	1.1
(双向混行)向上楼梯个数 $h_{上}$(个)	2
向上自动扶梯个数(个)	2
(双向混行)向下楼梯个数 $h_{下}$(个)	2
向下自动扶梯个数(个)	2
门扉式闸机个数 m(个)	6
13 号线下行站台实际可用面积 s(m^2)	751
最大满载率标准 η_0(%)	100
车停站乘客下车后,上车乘客上车前的满载率 η_x(%)	10

向上双向混行楼梯通行能力为(β 为折减系数,取 0.8):

$$n_{参考}^{向上楼梯} = N_{设计}^{向上楼梯} \cdot w_{向上楼梯} \cdot \beta \cdot h_{上} = 3\,200 \times 2.05 \times 0.8 \times 2 = 10\,496(人/h)$$

向上自动扶梯通行能力为(β 为折减系数,取 0.8):

$$n_{参考}^{向上自动扶梯} = N_{设计}^{向上自动扶梯} \cdot w_{向上自动扶梯} \cdot \beta \cdot w = 8\,100 \times 1.1 \times 0.8 \times 2 = 14\,256(人/h)$$

通道通行能力为(β 为折减系数,取 0.8):

$$n_{参考}^{通道} = N_{设计}^{通道} \cdot w_{通道} \cdot \beta = 4\,000 \times (9.3 + 8.28 + 8.6 + 9.3) \times 0.8 = 113\,536(人/h)$$

向下双向混行楼梯通行能力为(β 为折减系数,取 0.8):

$$n_{参考}^{向下楼梯} = N_{设计}^{向下楼梯} \cdot w_{向下楼梯} \cdot \beta \cdot h_{下} = 3\,200 \times 2.14 \times 0.8 \times 2 = 10\,957(人/h)$$

向下自动扶梯通行能力为(β 为折减系数,取 0.8):

$$n_{参考}^{向下自动扶梯} = N_{设计}^{向下自动扶梯} \cdot w_{向下自动扶梯} \cdot \beta \cdot w = 8\,100 \times 1.1 \times 0.8 \times 2 = 14\,256(人/h)$$

设备设施通行能力为:

$$\begin{aligned} n_{参考}^{设备设施} &= \min(n_{参考}^{向上楼梯} + n_{参考}^{向上自动扶梯}, n_{参考}^{通道}, n_{参考}^{向下楼梯} + n_{参考}^{向下自动扶梯}) \\ &= \min(10\,496 + 14\,256, 113\,536, 10\,957 + 14\,256) = 24\,752(人/h) \end{aligned}$$

13 号线下行方向闸机进站能力为(β 为折减系数,取 0.9):

$$n_{参考}^{闸机} = N_{设计}^{闸机} \cdot m \cdot \beta \cdot 30\% = 2\,100 \times 6 \times 0.9 \times 30\% = 3\,402(人/h)$$

站台容纳能力为(β 为折减系数,取 0.8):

$$n_{参考}^{站台} = N_{设计}^{站台} \cdot s \cdot \beta = 4 \times 751 \times 0.8 = 2\,403(人/h)$$

(2)车站动态能力计算。

13 号线西二旗车站下行方向列车最大满载率标准 η_0 取 100%,列车停站乘客下车后,上车乘客上车前的满载率 η_x 为 10%,列车开行间隔为 160s,单位时间列车可上车的乘客数量为:

$$n_{站台}^{上车} = \frac{(\eta_0 - \eta_x) \cdot C_{载客} \cdot 3\,600}{I} = (100\% - 10\%) \times 1\,428 \times 3\,600 \div 160 = 28\,917(人/h)$$

(3)车站承载能力计算。

早高峰时段,昌平线换 13 号线下行的客流平均值为 3 600 人次,早高峰时段站台滞留人数为:

$$\lambda_{滞留}^{站台} = \min\{n_{参考}^{设备设施}, n_{参考}^{闸机}\} + n^{换乘} - n_{站台}^{上车} = \min(24\ 752, 3\ 402) + 3\ 600 - 28\ 917 < 0$$

因此,13 号线下行西二旗站台早高峰期间无站台滞留现象。

综合以上分析,早高峰时段13 号线下行西二旗车站承载能力主要受进站闸机限制,其承载能力为:

$$N_{车站}^{承载} = n_{参考}^{闸机} = 3\ 402(人/h)$$

5.2　昌平线线路运输能力计算

昌平线是一条连接中心城区与昌平新城的南北向的轨道交通快速客运线路,线路北起十三陵景区,南至西二旗站,对于促进昌平新城及沿线社会、经济的发展具有重要作用。2010 年底,昌平线一期(南邵站至西二旗站)开通试运行,如图 5-5-4 所示。

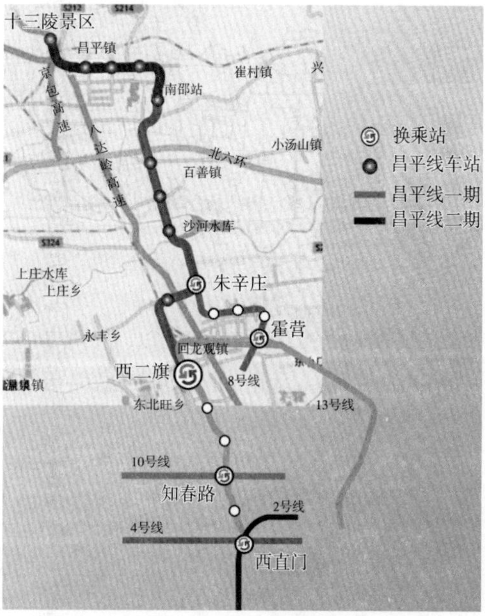

图 5-5-4　昌平线一期与二期规划图

本节将分析受换乘站西二旗站影响的昌平线协调运输能力。

5.2.1　列车载客能力

昌平线列车近远期设计均为 6 辆编组,列车定员 1 460 人/列。如果按照高峰期间允许超员 20% 的比例计算,昌平线列车载客能力为 1 752 人/列。

5.2.2　列车全周转时间和车组保有量

昌平线一期为单一列车交路,如图 5-5-5 所示。一期计划购车 15 组,考虑到列车的日常调试与检修,实际上线最大可运用车组数为 14 组。

昌平线采用点式 ATP 进路闭塞模式下牵引计算见表 5-5-4。

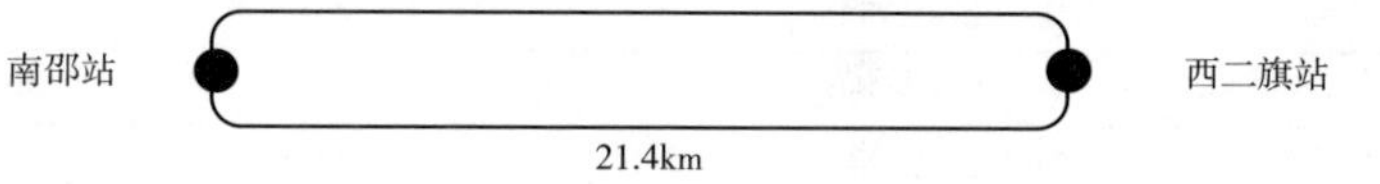

图 5-5-5　昌平线列车交路图

昌平线点式 ATP 牵引计算　　表 5-5-4

上行运行时间(s)	下行运行时间(s)	折返时间(s)	全周转时间(s)
1 262	1 295	180	2 737

昌平线基于列车保有量的最小追踪间隔 $I_{追踪,昌平线}^{理论} = 195s$。

5.2.3　列车折返能力

昌平线一期列车在南邵站和西二旗站,均采用点式 ATP 制式下的单线站前折返模式。下面以西二旗站为例,分析计算其折返能力。西二旗站折返示意图与折返追踪时间的计算如图 5-5-6、图 5-5-7 所示。

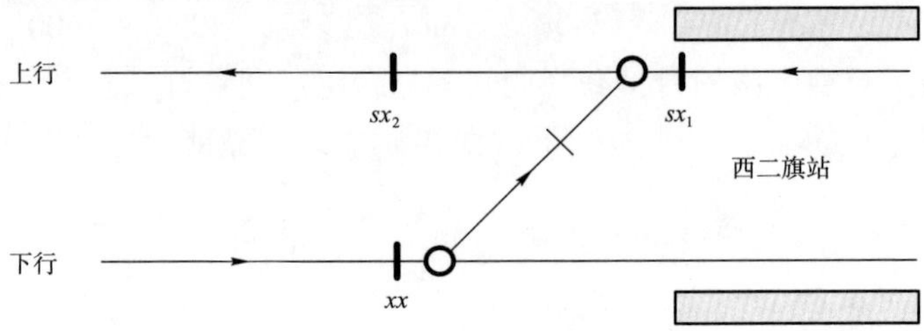

图 5-5-6　西二旗站前单线折返示意图

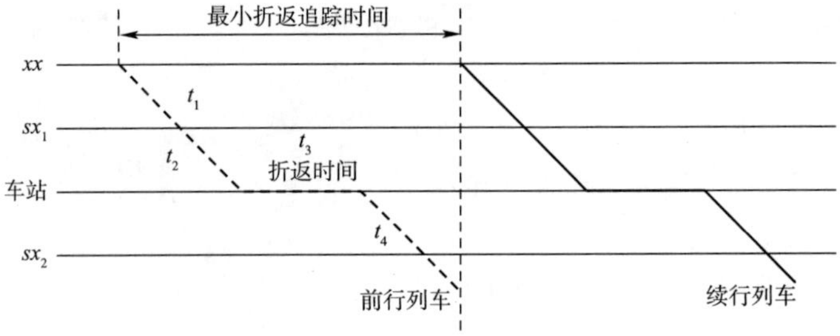

图 5-5-7　西二旗站前折返追踪时间

图 5-5-7 中，t_1 为列车出清 xx 信号区段至进入 sx_1 信号区段时间，t_2 为列车出清 sx_1 信号区段时刻至列车停稳时间，t_3 为列车停站时间，t_4 为列车出清 sx_2 信号区段至西二旗发车进路解锁时间。因此，西二旗站站前折返追踪时间 $I_{追踪}^{折返} = t_1 + t_2 + t_3 + t_4$，通过牵引计算查定，可得 $I_{追踪}^{折返} = 197\text{s}$。同样可以算出南部站站前折返追踪时间为 $I_{追踪,昌平线}^{折返} = 206\text{s}$。

因此，昌平线最终折返追踪间隔 $I_{追踪,昌平线}^{折返} = 197\text{s}$。

5.2.4　供电系统能力

昌平线 5 座外电源设 14 个变电所(10kV)，1 个跟随所，采用 DC 750V 接触轨供电、走行轨回流，各牵引变电所牵引变压器容量、配电容量以及总装机容量见表 5-5-5。

昌平线一期 15 个变电所名称及其容量　　表 5-5-5

站　名	牵引变压器容量(kV·A)	配电变压器容量(kV·A)	总装机容量(kV·A)
西二旗	2×2 000	2×500	5 000
生西区间一	2×2 000	2×100	4 200
生西区间二	2×2 000	2×100	4 200
生命科学园	2×2 000	2×315	4 630
朱生区间	2×2 000	2×100	4 200
朱辛庄	2×2 000	2×500	5 000
维修基地跟随所	—	2×1 250	2 500
定泗路停车场	2×2 000	2×1 000	6 000
巩朱区间	2×2 000	2×100	4 200
巩华城	2×2 000	2×500	5 000
沙河	2×2 000	2×500	5 000
沙河高教园	2×2 000	2×500	5 000
南沙区间一	2×2 000	2×250	4 500
南沙区间二	2×2 000	2×500	5 000
南邵	2×2 000	2×1 250	6 500

昌平线列车为四动两拖，共有16个电动机，列车运行消耗功率较大的区间发生在“巩华城—朱辛庄”、“沙河—巩华城”和“生命科学院区间——朱辛庄”，消耗功率分别为2 648kW、2 610kW和2 622kW，最长供电区段“沙河—巩华城”区间，长度为2 025m，列车平均运行速度按60km/h计算，列车长度为114m，根据公式(5-3-8)的验算，供电能力限制区间为“沙河—巩华城”：

$$I^{供电}_{追踪,昌平线}=3\ 600\times\left\{\left[2\ 025/\left\lfloor\frac{2\ 000\times2}{2\ 610}\right\rfloor+114\right]/60\ 000\right\}=128(\mathrm{s})$$

因此，供电能力决定的追踪间隔时间 $I^{供电}_{追踪,昌平线}$ 为128s。

5.2.5　信号系统能力

依据昌平线信号设计，远期近期，昌平线采用点式ATP闭塞制式。此制式下，正线最小设计正线追踪间隔小于或等于180s，也就是说信号追踪间隔时间 $I^{信号}_{追踪,昌平线}\leqslant180$s。

5.2.6　线路运输能力计算

$$I_{追踪,昌平线}=\max\{I^{理论}_{追踪,昌平线},I^{折返}_{追踪,昌平线},I^{供电}_{追踪,昌平线},I^{信号}_{追踪,昌平线}\}=\max\{195,197,128,180\}=197(\mathrm{s})$$

$$N_{运输能力}=N_{载客}\cdot\frac{T}{I_{追踪}}=1460\times3\ 600/197=26\ 680(人/\mathrm{h})$$

5.3　昌平线网络综合协调运输能力计算

昌平线网络综合协调运输能力主要分析西二旗换乘站的协调运输能力，即昌平线与网络相邻线路13号线之间运营影响分析。本小节利用基于srail平台的二次开发系统进行仿真和计算。

5.3.1　仿真基础数据

昌平线与13号线西二旗车站均为侧式站台，采取站台站厅换乘，两站结构与客流流向如图5-5-8所示。

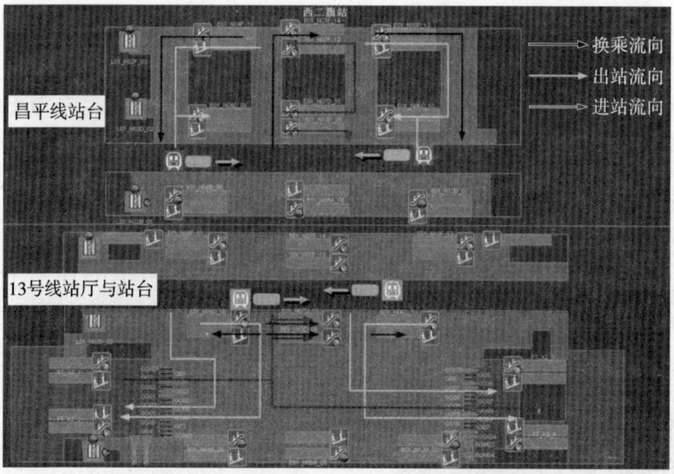

图5-5-8　西二旗站结构与客流流向示意图

表5-5-6为西二旗车站早高峰客流量，可以看出早高峰期间，西二旗站承担高峰小时客流为进出站客流，主要的换乘方向为昌平线换乘13号线上行方向。

西二旗车站早高峰客流量(单位:人/h) 表 5-5-6

进站量	出站量	换乘量			
		13 号线下行→昌平线上行	13 号线上行→昌平线上行	昌平线下行→13 号线上行	昌平线下行→13 号线下行
5 154	16 739	699	257	4 572	1 456

注:表中数据来源于 2012 年客流数据,后同。

换乘站的安全换乘能力需要同时考虑列车服务标准、衔接线路列车运营状态。因此,在进行计算分析时,我们必须考虑 13 号线列车的列车满载率情况。通过客流统计与现场调查,早高峰期间平均一趟列车可上车人数为 740 人。

5.3.2 昌平线网络综合协调运输能力计算

1)网络综合协调运输能力分析

昌平线运输能力主要受 13 号线上行线路的制约,乘客由昌平线换入 13 号线上行在西二旗站的换乘过程是:首先,乘客到达西二旗站后,经昌平线西二旗车站的站台、换乘通道(2 个自动扶梯/2 个楼梯)等设备设施到达 13 号线上行西二旗站台;接着,在 13 号线上行西二旗车站的站台排队等候列车到达;最后,在 13 号线上行列车进站后上车离开。

在这一系列动作过程中,一方面,乘客依次通过昌平线西二旗车站的站台、换乘通道(2 个自动扶梯/2 个楼梯)、13 号线上行西二旗车站的站台,这些车站设备设施的静态能力都是制约乘客顺利换乘的瓶颈;另一方面,乘客到达 13 号线上行准备上车时,13 号线上行西二旗站上车能力也可能影响乘客上车。

因此,西二旗换乘站的换乘协调能力影响因素主要包括:昌平线的线路运输能力、13 号线上行站台容纳能力、换乘通道通行能力、13 号线上行西二旗站车站上车能力。下面将针对每个影响因素在换乘站产生的不同作用和效果对网络综合协调能力进行评估。

西二旗站早高峰时段进站客流量约为 5 900 人,13 号线上行方向占全部进站比例大致为 65%,13 号线上行进站量 $n_{13上}^{进站}$约为 3 835 人/时;由本章 5.2.3 节可知,昌平线线路运输能力为 197s;由本章 5.1.2 节可知,13 号线上行站台容纳能力为 2 208 人/时;换乘通道(设备设施)通行能力为 24 752 人/小时;13 号线上行西二旗站车站上车能力为 12 852 人/小时;早高峰时段 13 号线上行站台滞留人数为 5 719 人,滞留乘客已经大于站台可容纳乘客能力。

图 5-5-9 早高峰时段昌平线换乘 13 号线上行客流

综合以上分析,早高峰时段昌平线换乘 13 号线上行西二旗车站的瓶颈在站台,其换乘能力为:

$$\begin{aligned} N_{车站}^{换乘} &= n_{参考}^{站台} + n_{站台}^{上车} - n_{13上}^{进站} \\ &= 2\ 208 + 12\ 852 - 3\ 835 \\ &= 11\ 225(人/h) \end{aligned}$$

此能力与查定的 2012 年该方向的早高峰时段平均换乘量(11 200 人/h)很接近,已经达到饱和状态,如图 5-5-9 所示。

2)网络综合协调运输能力计算

据现场调查,早高峰时段内昌平线换乘13号线上行的换乘客流占生命科学园至西二旗断面客流量的比例∂为60%,昌平线西二旗站的列车最大容许超定员比例β为20%,因此,早高峰一小时内最大可开行列车数为:

$$n_{列车}=\lceil\frac{N_{车站}^{换乘}}{\partial\cdot C_{载客}\cdot(100\%+\beta)}\rceil=\lceil\frac{11\ 062}{60\%\times1\ 460\times(1+20\%)}\rceil=10(列)$$

因此,昌平线受13号线上行影响的实际允许达到的协调追踪间隔$I_{追踪,l}^{协调,i}$为:

$$I_{追踪,l}^{协调,i}=\frac{T}{n_{列车}}=\frac{3\ 600}{10}=360(\mathrm{s})$$

综合上述分析,昌平线受13号线上行影响的最小运行间隔为:

$$I_{追踪,l}^{协调}=\max\{I_{追踪,l},I_{追踪,l}^{协调,i}\}=\max\{197,360\}=360(\mathrm{s})$$

昌平线网络综合协调运输能力为:

$$N_{运输能力,l}^{协调}=C_{载客}^{l}\cdot\frac{T}{I_{追踪,l}^{协调}}\cdot(100\%+\beta)=1\ 460\times\frac{3\ 600}{360}\times(100\%+20\%)=17\ 520(人/\mathrm{h})$$

5.3.3 昌平线网络综合协调运输能力仿真分析

由上节分析,目前西二旗站承担高峰小时客流为进出站与昌平线换乘13号线上行方向的客流,因此本次仿真主要评估高峰小时进出站客流、换乘客流与站内设备设施安全换乘能力。

13号线开行间隔为160s,设置列车停站时间为50s,昌平线开行间隔为360s,列车停站时间为60s;客流比例按照早高峰进站进行叠加,站台与通道客流安全密度阈值设定为5人/m^2;昌平线换乘至13号线的换乘通道主要由自动扶梯加楼梯构成。

仿真结果如下:

(1)全站早高峰小时时间是7:30~8:30,站内聚集人数随着列车到发产生波动变化。极端高峰为7:20~7:40分,站内最高聚集人数接近3 000人,特别是在局部区域客流密度很高,如图5-5-10所示。

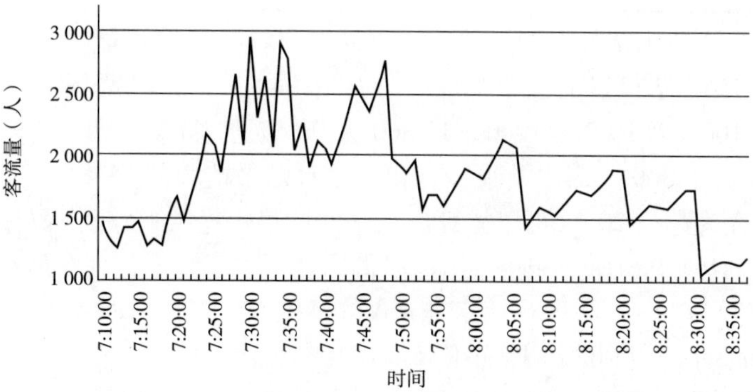

图5-5-10 站内乘客数量

(2)选取西二旗站进站闸机区域、昌平线上行站台、昌平线出站、13号线下行方向客流出站通道入口和13号线上行站台为统计区域,仿真效果如图5-5-11所示。

通过仿真发现,随着客流的增长,13号线下行方向客流出站通道入口最先达到客流密度阈值。这是由于13号线下行方向客流出站通道入口占用一部分站台面积,而且楼梯是双向梯,乘客更加愿意使用电扶梯,乘客容易在此堆积;另外,由于楼梯底部正好是13号线上行站台,拥挤的人群势必又影响了楼梯下行速度。两入口的客流入口峰值分别为39人、42人,统计区域密度经过修正为4.8人/m^2和5.1人/m^2,使这两个入口成为站内客流安全换乘的瓶颈。此时,各项客流数据见表5-5-7。

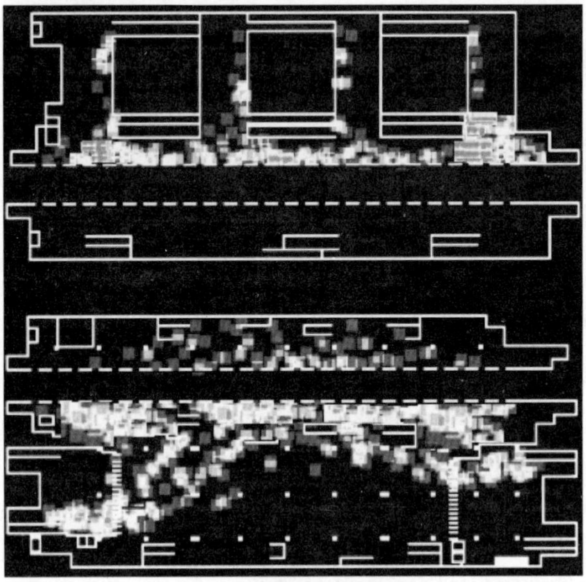

图5-5-11　昌平线客流仿真结果

西二旗车站早高峰客流仿真结果(单位:人/h)　　表5-5-7

进站量	出站量	换乘量				昌平线断面
		13号线下行→昌平线上行	13号线上行→昌平线上行	昌平线下行→13号线上行	昌平线下行→13号线下行	
10 000	21 700	1 300	500	8 600	2 700	15 600

根据本章5.3.2节车站静态能力的计算,1m宽自动扶梯输送能力为8 100人/h,1m宽楼梯单向下楼为4 200人/h,因此,昌平线西二旗站站台下行至13号线上行站台的楼梯疏散能力为:$1\times2\times8\ 100+2.4\times2\times4\ 200=36\ 360$人/h,但通过仿真测算,该通道实际利用能力仅为8 900人/h(其中300人为出站乘客),仅为设计疏散能力的25%。

假设昌平线允许超员20%,可以推算出昌平线的最小换乘追踪间隔$I_{追踪}^{协调}$为400s。

综合各项影响运输能力的关键因素,可以得出昌平线系统容许列车最小追踪间隔时间:

$I_{追踪}=\max\{I_{追踪}^{理论},I_{追踪}^{折返},I_{追踪}^{供电},I_{追踪}^{信号},I_{追踪}^{协调}\}=\max\{195s,197s,128s,180s,400s\}=400s$。

因此,通过仿真手段得到的昌平线网络综合协调运输能力为15 600人/h,略低于根据本章5.3.2节公式计算得到的协调能力,此值可作为昌平线接入后最终网络综合协调运输能力。

5.4　加强昌平线运输能力方法分析

加强运输能力的措施多种多样,通常提高运能可以通过增加列车编组、缩短行车间隔、提高运送速度或减少作业时间等方式来完成。针对昌平线及北京轨道交通网络运营现状,加强昌平线运输能力,可以采取以下几种方法。

1)增加列车定员

优化车辆内部布置,增加列车定员,在不优化运输组织的条件下,直接增加列车输送能力。

2)增加上线运用列车数

增加上线运用列车数量,可以在不改变列车技术作业时间的前提下,缩短发车间隔,满足客流需求,在增加上线运用列车数时要考虑同时增加车辆段(停车场)的存车、检修能力。

3)提高列车运行性能、优化列车车站作业时间

通过提高列车性能,优化列车启停附加时分、停站、折返时间,可以缩短列车全周转时间,提高列车利用率,达到提高运输能力的目的。

4)设备设施改造

设备设施改造是指需要通过大量投资来加强技术设备的措施,以先进的技术设备来装备城市轨道交通系统,加强城市轨道交通运输的硬件基础,提高运输能力。如加强供电系统和通信信号能力,改进列车运行控制系统,在西二旗站和南邵站采取站后折返方式,提高运输效率。

5)优化客运组织

为充分发挥轨道交通设备设施能力,应尽量使各项因素对运输能力的影响相近。由本章第3节的计算与分析,影响昌平线运输能力的各项关键因素及其大小相差较大,如图5-5-12所示。其中,制约昌平线运输能力的关键因素是西二旗站的安全换乘能力。

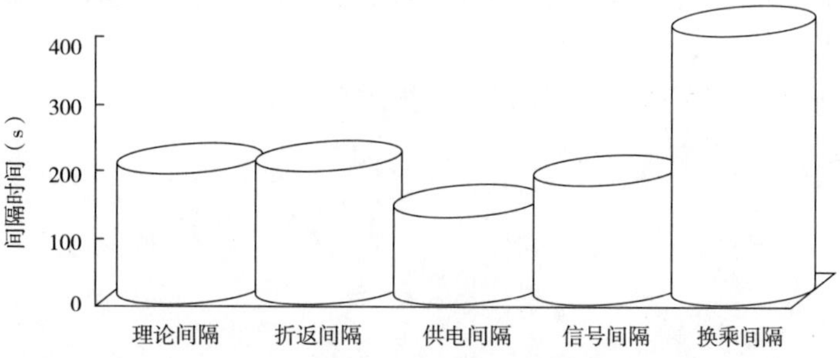

图5-5-12　影响昌平线运输能力的各项关键因素

优化西二旗站客运组织的途径有两条:一是,采取乘客在13号线站厅迂回上车的方式,疏解13号线上行站台的拥挤程度(图5-5-13),提高下行楼梯能力;二是,争取启用昌平线西二旗站下行站台,将乘客分散到目前未使用的西侧通道。

根据以上分析,压缩列车运行间隔,提高昌平线运输运力,可采取相应措施,见表5-5-8。

提高昌平线运输能力可采用措施　　表5-5-8

列车运行间隔(s)	可采取措施
240	优化客运组织
180	优化客运组织、增购车辆、提高列车性能、优化列车车站作业时间、提高信号系统能力、西二旗站和南邵站采取站前折返方式
120	优化客运组织、增购车辆、提高列车性能、优化列车车站作业时间、提高信号系统能力、西二旗站和南邵站采取站后折返方式、提高供电系统能力

图 5-5-13　西二旗 13 号线站台客流交叉

6　本章小结

本章将城市轨道交通网络能力分为车站承载能力、线路运输能力、网络综合协调运输能力三个层次，并分别对其定义与计算的原理、方法进行了定性和定量的分析，为评估城市轨道交通网络能力提供了系统、体系的方法。

本章以北京城市轨道交通为例，计算和分析了车站承载能力、线路运输能力和网络综合协调运输能力。

第6章　城市轨道交通运输计划编制

城市轨道交通系统是一个复杂的、技术密集型的公共交通系统，各部门、各工种、各项作业之间相互协调配合，才能保证列车运行安全，提高运输效率。运输计划规定了列车运行的具体方式和内容，在保证城市轨道交通运营各部门相互配合和协调上发挥着重要的作用。

本章介绍了城市轨道交通运输计划内容，包含首末班车时间计划、列车运行模式、全日运力配置计划和列车运行图等内容。

1　城市轨道交通运输计划内容

城市轨道交通运输计划，是在分析城市轨道交通客流统计规律的基础上，对未来运输计划执行周期内的客流进行预测，并结合城市轨道交通列车、车站、线路设备设施技术条件和客运组织条件，制定线路列车的开行方案、编制列车运行图，如图6-1-1所示。

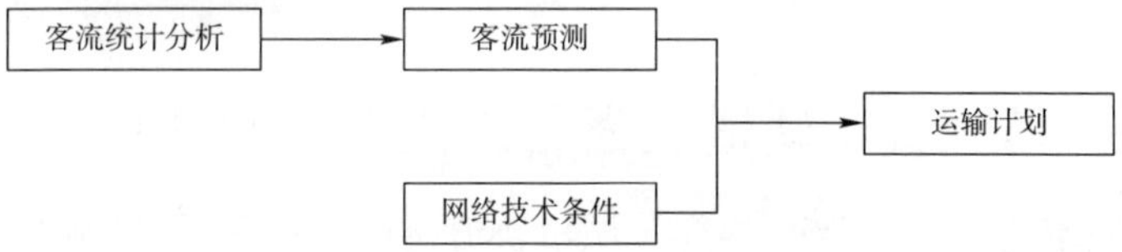

图6-1-1　城市轨道交通运输计划编制

城市轨道交通运输计划包括列车开行方案和列车运行图两部分内容。其中，列车开行方案包括：首末班车时间计划、列车运行模式、运力配置计划；列车运行图包括时刻表、乘务用表号图。如图6-1-2所示。

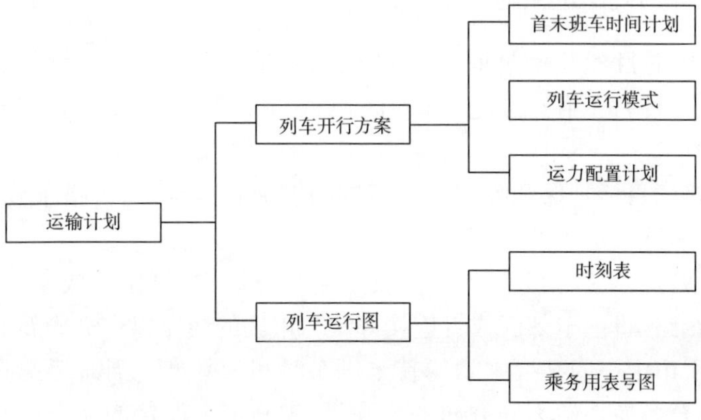

图6-1-2　城市轨道交通运输计划

开行方案制定过程中，各线路根据各自客流的特点以及与其他线路的衔接关系，制定合理的首末班车时间计划[图6-1-3a)]。列车运行模式[图6-1-3b)]是指列车占用线路区间和车站的范围、顺序的规律。由于列车运行模式的不同,考虑的运输服务对象和目标也不同,以此制定相应的运配置计划[图6-1-3c)]。根据开行方案,铺画列车运行图[图6-1-3d)],制定时刻表[图6-1-3e)]、绘制表号图[图6-1-3f)](乘务用)。如图6-1-3所示。

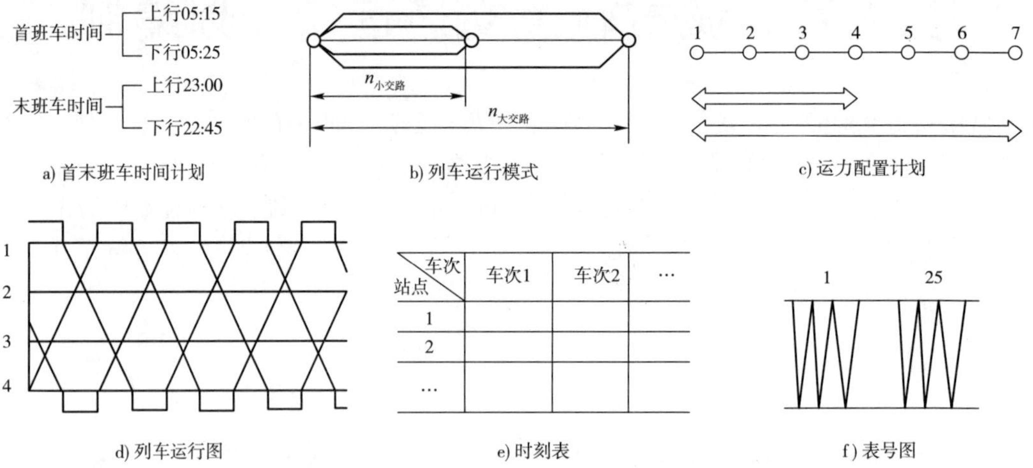

图6-1-3　城市轨道交通运输计划各部分内容示意图

2　城市轨道交通首末班车时间计划

世界上个别城市(如美国纽约)的部分城市轨道交通线路列车是24h运营的。但一般来说,考虑到城市居民出行的特性及列车日常检修、线路检查等工作需要,大部分城市的轨道交通不是全天运营,各线路应当根据各自客流的特点以及与其他线路的衔接关系,制定合理的首末班车时间开行计划。

2.1　首末班车时间确定原则

首班列车衔接的目标是使早间市郊区域的客流经换乘后,能够尽快乘坐所需列车进入市区范围从事日常工作,因此,市郊区域的首班车开行时间应相对早于网络中心线路。

末班列车衔接的目标是保证晚间市区范围的客流经换乘后,可搭乘到市郊线路的列车返程,即要求郊区线路末班车的终止时间晚于市区内的列车。

可根据服务乘客的类别划分城市轨道交通各线路属性,将位于或穿越城市中心区域的线路定义为城区线路,将位于郊区或者连接郊区与市区的线路以定义为新城线路。

城区线以位于市中心的某换乘站的首末班车时间为基准。当需考虑多个换乘站、多个换乘方向时,应结合各换乘站不同方向的换乘量,先确定需衔接的换乘站和换乘方向,再确定线路的首末班车时间。必要时,应该制定多种方案进行综合比选。

新城线尽量保证各线与市区线首班车合理衔接,当推算的首末班车开行时间与运营企业的全天合理运营时间或运营条件有冲突时,可以根据运营企业实际情况,适当调整首末班车的开行时间。

2.2　首末班车时间确定方法

推算轨道交通首末班车时间需要知道各线路列车进出车辆段的方式以及列车运行时间因素,如列车区间运行时分、平均换乘走行时间、列车停站时分等。由于每个换乘站的换乘方向众多,不可能在各换乘方向都实现有效的衔接,应该根据实际情况(换乘量、与其他公共交通衔接情况),对衔接方案进行比对,确定合理的衔接方向后进行首末班车时间的推定。具体计算方法见第7章。

另外,由于乘客的出行特点不同,各线路首末班车时间的确定方法也会有所不同。具体方法如图6-2-1所示。

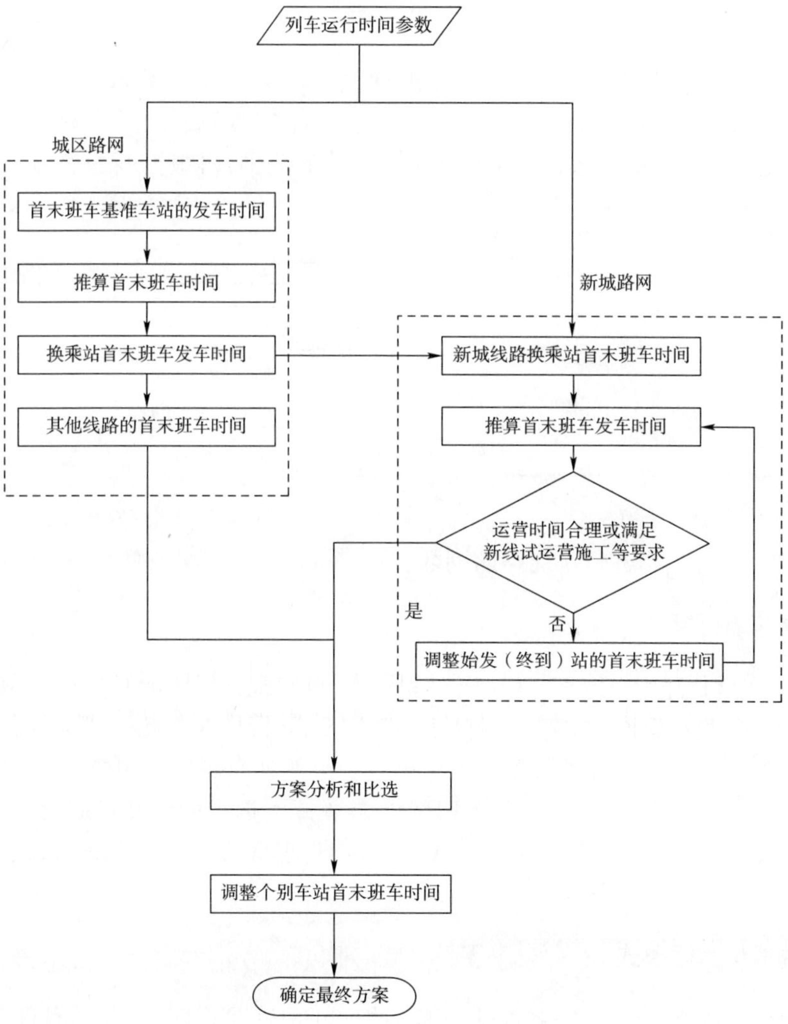

图6-2-1　推算首末班车时间流程图

3 城市轨道交通列车运行模式

列车运行模式是指列车占用线路区间和车站的范围、顺序的规律，列车由于运行模式的不同，考虑的运输服务对象和目标也不同，因此运力优化配置的方法也将有所变化。轨道交通的运行模式主要有等间隔运行、大小交路套跑、列车越行、周期化运行等模式。

3.1 等间隔运行模式

列车在某时段内以相同间隔开行，此模式行车组织简单，乘客无需知晓时刻表，运力配置主要考虑各线路各时段的断面客流量。在我国城市轨道交通系统以及国外（如伦敦）城市轨道交通均采用了此运行模式（图6-3-1）。

3.2 大小交路套跑模式

为使行车组织适应客流的断面不均衡性，在客运量较大的区段开行小交路列车（图6-3-2），既可满足该区段的客运需求，又不造成小客运量区段能力的浪费。此模式下的运力配置首先需要根据客流特点确定列车开行交路的范围，再根据断面客流量确定不同交路的运力配置。

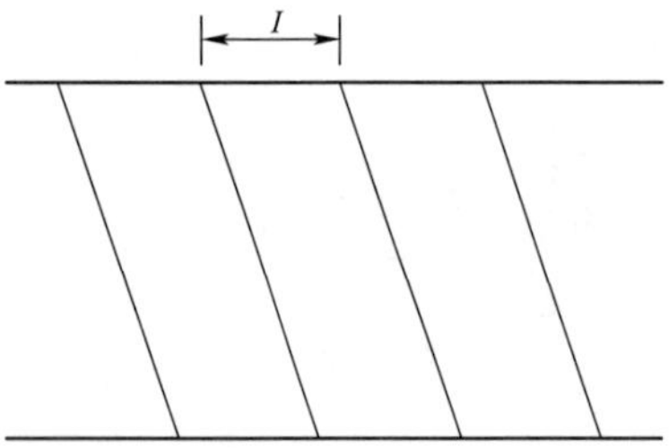

图6-3-1 等间隔运行模式

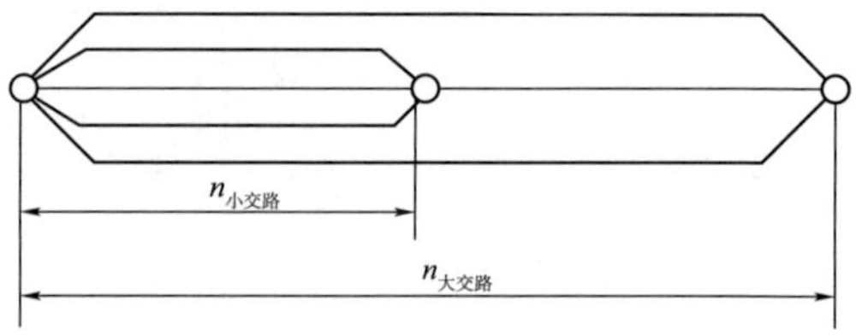

图6-3-2 大小交路套跑模式

图6-3-2中，$n_{小交路}$指开行小交路的列数，$n_{大交路}$指开行大交路的列数。

3.3 列车越行模式

从提高列车旅行速度、压缩乘客出行时间出发，可以根据线路的长短途客流特点和通过能力利用状况，采用列车非站站停车，相互间可越行的运行模式。此模式下的行车组织比较复杂，运力配置方案要对各种越行模式进行比较。虽然列车越行有可能降低线路的能力利用率，但是由于灵活度高，提高了列车旅行速度，此模式下运力优化配置的效果很好，适合客流分段集中、线路较长且具有越行设备的线路。目前，东京城市轨道交通副都心线就采用了这种列车运行模式。

3.4 周期化运行模式

列车周期化运行是指列车在各时段以基本相同的列车到发时刻、越行秩序等规律运行。此列车运行模式，一方面，极大利用了站线能力、乘客乘坐列车非常方便；另一方面，由于列车运行的规律性，缩小了各项运力配置约束范围，很大程度地简化了运力优化配置的难度，可以通过建立模型对大规模网络的运力配置进行快速、精确地求解。

目前，世界轨道交通比较发达的城市几乎无一例外地采用了列车周期运行的模式，表6-3-1和表6-3-2分别为东京城市轨道交通丸之内线东京站双休日周期时刻表和柏林城铁早高峰周期时刻表。

东京站丸之内线往池袋方向发车时刻(分钟数)　　表6-3-1

分钟														
3	7	11	16	20	24	27	32	36	39	43	47	51	55	59

柏林城铁早高峰周期时刻表　　表6-3-2

车次	S75	S5	S7	S5	S75	S5	S7	S5
起点	BWAB	BMDF	BAHR	BHPN	BWAB	BMDF	BAHR	BSTN
出发	07:00	07:03	07:05	07:08	07:10	07:13	07:15	07:18
Nöldnerplatz dep	07:02	07:05	07:07	07:10	07:12	07:15	07:17	07:20
到达	07:04	07:06	07:09	07:11	07:14	07:16	07:19	07:21
终点	BWRS	BWRS	BWS	BWKR	BSPD	BWRS	BWS	BWKR

关于列车周期化运行模式，以及该模式下运输计划的编制方法，将在第8章和第10章详细介绍。

4　城市轨道交通全日运力配置计划

全日运力配置计划决定轨道交通系统的输送能力和设备(列车)使用计划，也是列车运行图(时刻表)计划编制的依据。

全日运力配置计划是根据线路各断面单位时段(通常为一小时)最大断面客流情况，安排该时段列车开行对数，全日运力配置计划是决定线路运力的基础。表面上看，全日运力配置计划运行的编制过程非常简单，根据公式(6-4-1)计算单位时段的列车开行数量：

$$\text{单位时间列车开行数量} = \left\lceil \frac{\text{单位时间最大断面客流量}}{\text{列车定员}} \right\rceil \tag{6-4-1}$$

断面客流量会在一天当中各个时段波动，也会在一周当中的各天变化。因此，需要针对不同时段、不同日期的客流情况，编制相应运力配置计划。

图6-4-1描述了2011年北京城市轨道交通1号线所有车站平均每小时的进出总站人数，分别按周一到周五的平均值、周六和周日三类进行统计。从图6-4-1中可以看出各天高峰小时以及其他时段的交通量明显不同，周六的午间非高峰时段的交通量爬升缓慢，在11:00至15:00(晚高峰开始)的时段，超过该时段在工作日的均值；周日的交通量是周六的缩影，其值相对周六的交通量始终保持在一个较低水平。

我国城市轨道交通系统运营时间一般为19h(5:00～24:00)，根据不同日期不同时段的客流特点，可以制定不同性质的全日运力配置计划。根据不同日期，可将运力配置计划分为如下几类(表6-4-1)。

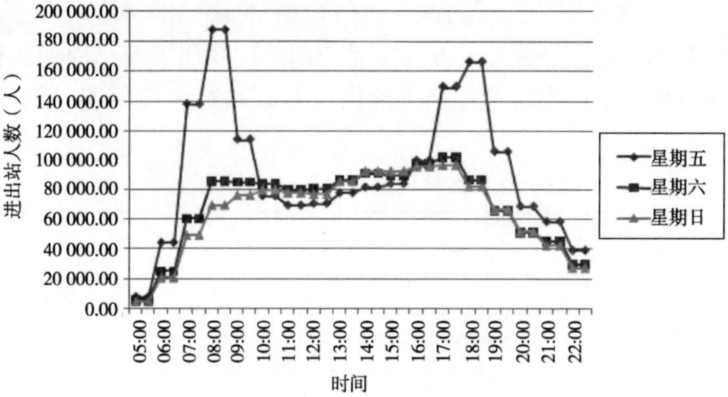

图 6-4-1 北京城市轨道交通 1 号线一周进出站人数变化情况

运力配置计划按日期分类 表 6-4-1

名 称	发 生 时 间
平日、工作日	周一至周五
双休日	周六、周日
节日	元旦、春节、清明、端午、五一、十一
节前	劳动节前一天(4 月 30 日)、国庆节前一天(9 月 30 日)、圣诞节前一天(12 月 24 日)
特殊	除夕、大型活动、运营调试等

不同日期的每日运力配置计划可分为如下几个阶段(表 6-4-2)。

每日运力配置计划分阶段 表 6-4-2

名 称	时间划分			
	工作日	节 前	双休日、节日	除 夕
早出车(平峰)	05:00 ~ 07:00	05:00 ~ 07:00	05:00 ~ 09:00	05:00 ~ 07:00
早高峰	07:00 ~ 09:00	07:00 ~ 09:00	09:00 ~ 11:00	07:00 ~ 20:00
午平峰	09:00 ~ 16:00	09:00 ~ 16:00	11:00 ~ 16:00	
晚高峰	16:00 ~ 19:00	16:00 ~ 21:00	16:00 ~ 20:00	
晚收车(平峰)	19:00 ~ 24:00	21:00 ~ 24:00	20:00 ~ 24:00	20:00 ~ 24:00

不同城市可以根据交通出行规律做出相应调整,采用更细致的划分方法。以北京为例,北京市居民工作日出行早高峰在 7:00 ~ 9:00,晚高峰则在 17:00 ~ 19:00。表 6-4-3 为北京城市轨道交通 4 号线工作日分时开行对数,由于上下行客流的不均衡性,上下行的列车运力也可分别设置。

北京轨道交通 4 号线工作日分时运力设置(2010 年) 表 6-4-3

时 段	平均断面客流量(人次)		运力配置(小时开行对数)	
	上行	下行	上行	下行
05:00 ~ 06:00	902	572	7	3
06:00 ~ 07:00	11 016	3 711	18	14
07:00 ~ 08:00	43 827	14 679	27	20
08:00 ~ 09:00	35 409	16 353	26	20

续上表

时 段	平均断面客流量(人次)		运力配置(小时开行对数)	
	上行	下行	上行	下行
09:00~10:00	17 424	8 697	20	15
10:00~11:00	11 752	8 280	15	15
11:00~12:00	9 608	8 067	15	15
12:00~13:00	8 938	8 234	15	15
13:00~14:00	10 041	9 573	15	15
14:00~15:00	9 544	10 179	15	15
15:00~16:00	8 745	11 273	15	15
16:00~17:00	8 784	14 933	15	20
17:00~18:00	13 040	25 546	20	20
18:00~19:00	14 217	30 451	19	24
19:00~20:00	7 239	15 867	16	18
20:00~21:00	5 045	10 540	12	16
21:00~22:00	4 423	8 025	11	12
22:00~23:00	2 285	4 614	9	10
23:00~00:00	373	334	5	5

对高峰期来说,列车服务应该尽可能地满足客流需求,降低车厢满载率,提高服务水平。在平峰情况下,列车开行数量的选择除需要考虑与客流需求合理匹配外,还要考虑到列车在几个小时内运行的连续性,以及与衔接线路运输能力相协调。

实际编制运力配置计划时,由于客流的波动性、线路列车运用车数等条件制约,编制过程往往会变得比较复杂,本书将在第 10 章详细介绍。

5 城市轨道交通列车运行图

列车运行图又称时距图(Distance-Time Diagram),是城市轨道交通系统的综合计划,也是城市轨道交通系统各部门协同工作,维持全线列车与旅客组织的秩序,保证系统运行安全和旅客服务质量的前提和基础。

本节主要介绍城市轨道交通系统列车运行图的编制步骤、关键技术及主要指标。

5.1 运行图的格式及分类

列车运行是一个很复杂的过程,它要求各个部门、各工种、各项作业之间相互协调配合,才能保证列车安全和提高运输效率。列车运行图是组织列车运行的基础,它规定了各次列车占用区间的顺序、列车在一个车站到达和出发(或通过)的时刻、列车在区间的运行时分、列车在车站的停站时分、折返站列车折返作业时间及电动列车出入场时刻。列车运行图在保证城市轨道交通运营各部门的相互配合和协调动作上起到了重要的组织作用。

城市轨道交通系统是面向城市地区居民的交通系统。由于客流特点的差异,一般说来,城市轨道交通系统需要采用较城市间铁路更灵活的运行图。例如,它需要编制工作日运行图、双休日运行图和节日运行图。每经过一定时期,有必要根据客流增减情况重新审视全日运力配置计划和运行图。

列车运行图(图 6-5-1),实际上是为运营调度部门提供一种组织列车在各站和区间运行的表征时间与空间关系的图解形式。列车运行图上的列车运行线与车站中心线的交点,即为列车到发或通过车站的时刻。根据列车运行图的格式不同的表示方法,这些表示时刻的数字或符号,一般填写在列车运行线与横线相交的钝角处。

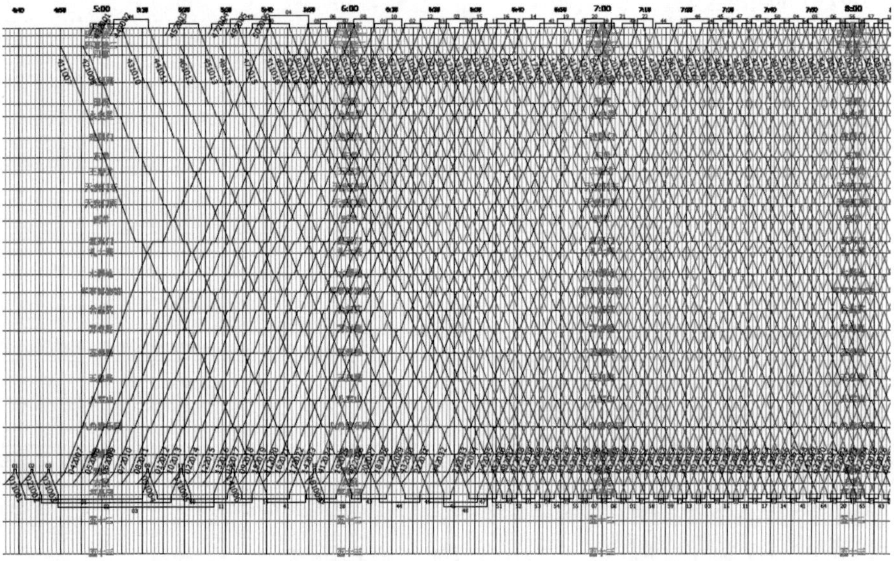

图 6-5-1　北京轨道交通 1 号线工作日运行图(2010 年局部)

图 6-5-1 中,各部分的含义说明如下。

(1)横坐标:表示时间变量,按要求用一定的比例进行时间划分,一般城市轨道交通列车运行图采用 1 分格,即每一等分表示 1min 时间。

(2)纵坐标:表示距离分割,根据区间实际里程,采用规定的比例,以车站中心线所在位置进行距离定点。

(3)垂直线:是一族平行的等分线,表示时间等分段。

(4)水平线:是一族平行的不等分线,表示各个车站中心线所在的位置。

(5)斜线:列车运行轨迹线,代表列车运行线。一般上斜线表示上行列车,下斜线表示下行列车。

(6)运行图上列车运行线与车站的交点即表示该列车到达、出发或通过车站的时刻。由于城市轨道交通列车停站时间较短,一般不标明到、发不同时间。

(7)列车运行图上每个列车均有不同的车次。北京城市轨道交通运营公司的列车按发车顺序编列车车次,上行采用双数,下行采用单数;对不同的列车性质,如专运列车、客运列车、施工列车等,也要在车次中体现出来。上海城市轨道交通目前使用的车次号由 5 位数组成,前 3 位为列车识别符,后 2 位为目的地符,目的地代表列车的运行终点站。如 11 296 次表示 1 号线开往莘庄站的 112 次列车。

列车运行图是一种二维图,其横轴是时间,一般可根据其刻度仔细程度分为一分格运行图和十分格运行图,特殊情况下可以采用小时格运行图;运行图的纵轴是距离标志,其标志点按车站来定义,因此它不是等间隔的。

运行图的种类包括:

(1)一分格运行图:横轴以1min为单位,以细竖线加以划分,十分格和小时格用较粗的竖线表示,一分格图主要在编制新运行图和调度指挥时使用。

(2)十分格运行图:它的横轴以10min为单位用细竖线加以划分,半小时格用虚线表示,小时格用较粗的竖线表示。这种十分格运行图主要供调度在日常指挥中绘制实绩运行图使用。

(3)小时格运行图:它的横轴以h为单位用竖线加以划分。这种小时格运行图主要在编制旅客列车方案图和机车周转图时使用。

从运行图的种类来看,可以按线路方向分为单线运行图和双线运行图,也可以根据列车运行速度有无差异氛围非平行运行图和平行运行图。此外,运行图还可以按铺画方法来分类。

在列车运行图上,以横线表示车站中心线的位置,一般以细线表示中间站,以较粗的线表示换乘站或有折返作业的车站。车站中心线有下列两种确定方法:

(1)按区间实际里程比率确定:即按整个区段内各车站间实际里程的比例来画横线。采用这种方法时,列车运行图上的站间距完全反映实际情况;能明显地表示出站间距离的大小。由于各区间的线路和纵断面不一样,列车运行速度有所不同,列车在整个区段的运行线往往是一条斜折线,不易发现列车在区间运行时分上的差错。目前,北京城市轨道交通列车运行图多采用此方式铺画。

(2)按区间运行时分比率确定:即按整个区段内各车站间列车运行时分的比例来画横线。采用这种方法时,可以使列车在整个区段的运行线基本上是一条斜直线,既整齐又美观,也容易发现列车在区间运行时分上的差错。

5.2 运行图的编制方法

在新线投入运营,既有线技术设备、客运量或行车组织方法发生较大变化时,均需要进行列车运行图的重新编制。

5.2.1 列车资料准备

运行图是城市轨道交通企业提供商业运输服务、满足运输需求的直接表示。城市轨道交通系统列车运行计划的编制必须充分考虑所有的方面,在编制该计划前,城市轨道交通系统运行图的编制需要一些技术资料准备,这些数据或资料包括以下方面:

(1)首末班车时间计划;

(2)列车全日行车计划;

(3)列车最小运行间隔;

(4)列车在各区间运行时分标准;

(5)列车在各站的站停时间标准;

(6)列车在折返站/折返线上的折返及停留时间;

(7)列车出入车辆段的时间标准;

(8)可用列车或车组数量;

(9)换乘站能力及其使用计划;

(10)系统开始营业时间和营业结束时间;

(11)列车交路计划,包含存在长短交路的设置与配合情况;

(12)供电系统作业标准及计划;

(13)乘务组工作制度、乘务组数量及工作时间标准;

(14)沿线设备运用及进路冲突数据。

由于城市地区客流的差异,在掌握以上资料后,还要确定拟编制的运行图的种类。例如工作日、双休日、节假日、运动会比赛期间的客流都各不相同,需要考虑编制适合不同客流条件的分号运行图。

5.2.2 运行图编制的原则与步骤

在城市轨道交通系统中,由于均为旅客列车,列车速度差异很小,故常见的基本上都是平行运行图;从线路条件来看,单线很少见,这使运行图铺画的复杂性相对低。在大多数线路上,车站没有设置专门的站线,即利用正线停车的情况很普遍,列车间的越行、会让较少见。在城市轨道交通系统连接成网后,换乘站的列车协调组织是比较复杂的,本书将会第10章中详细分析编制方法。

1)列车运行图编制的原则

(1)确保行车安全。列车运行图应符合《行车组织规则》等行车规章的有关规定,严格遵守行车作业程序和各项时间标准。

(2)在保证安全可靠的条件下,提高列车的运行速度,缩小列车的运行时分。列车运行速度高是城市轨道交通系统的主要优势,在安全得到保证的前提下,通过提高列车运行速度,压缩折返时间,减少出入库作业时间等方式,提高系统的运行效率和服务水平。

(3)尽量方便乘客。城市轨道交通系统是城市公共交通的重要组成部分,编制运行图时应该考虑在满足运行技术作业标准前提下,合理选择列车发车间隔,从而降低列车满载率水平,减少乘客的候车时间。在客流平峰时,列车最大的运行间隔不宜过大,应该考虑邻线间开行间隔的匹配。

(4)合理运用设备,充分利用线路的能力和车辆的能力。通常情况下,折返站的折返能力是限制全线能力的关键,因此必须对折返线的折返作业时间进行精确的计算,尽可能安排平行作业。当车辆周转达不到运营要求时,要合理安排车辆解决高峰客流组织。

(5)在保证运量需求的条件下,优化运用车组数量。在保证运量需求的条件下,综合考虑高峰时段列车运行速度、折返时间、列车开行方式等要素,使运用列车数量达到最少,从而降低系统的车辆保有量与运营成本。

2)列车运行图编制的步骤

列车运行图的编制由运营管理部门负责组织,大体经历研究讨论、编制方案、铺画详图和计算指标四个阶段。其编制步骤如下:

(1)按要求和编制目标确定编图的注意事项;

(2)收集编图资料,对有关问题组织调查研究和试验;

(3)对于修改运行图应总结分析现行列车运行图完成情况和存在问题,提出改进意见;

(4)编制列车行车方案(包括确定全日行车计划、计算所需运用列车数量等);

(5)征求调度部门、行车和客运部门、车辆部门的意见,对行车运行方案进行调整;

(6)根据列车运行方案铺画详细的列车运行图、列车运行时刻表和编制说明;

(7)对列车运行图的编制质量进行全面的检查,并计算列车运行图的指标;

(8)将编制完毕的列车运行图、时刻表和编制说明报有关部门审核批准执行。

3)列车运行图铺画

铺画列车运行详图目的,是详细确定每一列车在各个车站上的到达、出发或通过时刻。

铺画运行图时要注意下列事项:

(1)列车间的追踪间隔时间必须符合规定的时间标准;

(2)必须严格遵守列车在所有车站的停留时间标准;

(3)必须严格遵守列车在所有区间的运行时间标准;

(4)要严格遵守列车在折返线、出入库时的时间标准;

(5)要检查各时间段内的列车开行交路与数量是否符合列车开行方案;

(6)条件允许,应考虑相邻线路间换乘站的列车到发时刻匹配。

4)铺画完成后进一步检查

铺画出初步列车运行图方案后,一般要在以下几方面进行进一步的检查,以确定其可用性;

(1)运行图实施所需的车组数量;

(2)乘务工作方案是否超过规定标准;

(3)换乘车站要检查车站列车到达的均衡性,避免各线间列车集中到达造成拥挤;

(4)需要铺设调试列车时,一般应安排在客流平峰时开行。

对于检查中发现的某些问题,需要返回到初始运行图对某些运行线重新修正,直到得到满意的运行图。

运行图铺画好后,经批准执行时,可以对旅客发布时刻表,图6-5-2给出了城市轨道交通系统时刻表的一般形式。

5.2.3　运行图上线前的准备

一份完整的列车运行图(时刻表)编制完成后,在正式使用前,还需要开展以下工作。

(1)在条件具备的情况下,运行图实施之前,需对运行图进行模拟测试,模拟测试主要测试列车折返、列车运行延误等信息。

(2)将运行图转换为自动列车监控系统(简称ATS)可以识别的文档。

①在利用ATS供货商提供的时刻表编辑器编辑时刻表(运行图)的情况下,时刻表编辑器可以自动生成ATS可以识别的文档,时刻表编制人员只要将相关文档上传到ATS服务器中即可。

②利用第三方软件编制运行图时,运行图无法直接被ATS所识别,因此需要做二次转换,二次转换工具一般由ATS供货商开发,利用第三方编图软件生成的时间点等信息转换成为ATS可以识别的文档。文档生成后,编图人员可以将相关文档上传到ATS服务器中。

(3)时刻表在运营开始之前,需要由控制中心的行车调度员按照运营计划激活相关的时刻表,这样列车才能够根据时刻表的相关信息自动运行。

表号	M30	L46	N21	M33	L01	M35	N25	M38	N28	M40	L03	M41	N32	M44	L06	M05	N36
车次	1Q073	1S074	1Q077	1S079	1Q081	1S082	1Q085	1S086	1Q088	1S090	1Q092	1S093	1Q096	1S097	1Q100	1S101	1Q104
车辆基地 DEPOT (YARD)		▼ 7:16:40															
龙背村停车场 YARD-PS12		7:26:40 7:26:40															
安河桥北 AHQ-PS10	7:22:33 7:22:48		7:26:33 7:26:48	7:30:33 7:30:48	7:34:33 7:34:48	7:37:33 7:37:48	7:40:33 7:40:48	7:43:33 7:43:48	7:46:33 7:46:48	7:49:33 7:49:48	7:52:33 7:52:48	7:55:33 7:55:48	7:58:33 7:58:48	8:01:33 8:01:48	8:04:33 8:04:48	8:07:33 8:07:48	8:10:33 8:10:48
安河桥北 AHQ3		7:27:20 7:28:00															
安河桥北 AHQ1	7:23:30 7:25:00		7:27:30 7:31:00	7:31:30 7:34:00	7:35:30 7:37:00	7:38:30 7:40:00	7:41:30 7:43:00	7:44:30 7:46:00	7:47:30 7:49:00	7:50:30 7:52:00	7:53:30 7:55:00	7:56:30 7:58:00	7:59:30 8:01:00	8:02:30 8:04:00	8:05:30 8:07:00	8:08:30 8:10:00	8:11:30 8:13:00
北宫门 BGM1	7:26:49 7:27:24	7:29:49 7:30:24	7:32:49 7:33:24	7:35:49 7:36:24	7:38:49 7:39:24	7:41:49 7:42:24	7:44:49 7:45:24	7:47:49 7:48:24	7:50:49 7:51:24	7:53:49 7:54:24	7:56:49 7:57:24	7:59:49 8:00:24	8:02:49 8:03:24	8:05:49 8:06:24	8:08:49 8:09:24	8:11:49 8:12:24	8:14:49 8:15:24
西苑 XIY1	7:28:57 7:29:32	7:31:57 7:32:32	7:34:57 7:35:32	7:37:57 7:38:32	7:40:57 7:41:32	7:43:57 7:44:32	7:46:57 7:47:32	7:49:57 7:50:32	7:52:57 7:53:32	7:55:57 7:56:32	7:58:57 7:59:32	8:01:57 8:02:32	8:04:57 8:05:32	8:07:57 8:08:32	8:10:57 8:11:32	8:13:57 8:14:32	8:16:57 8:17:32
圆明园 YMY1	7:31:45 7:32:20	7:34:45 7:35:20	7:37:45 7:38:20	7:40:45 7:41:20	7:43:45 7:44:20	7:46:45 7:47:20	7:49:45 7:50:20	7:52:45 7:53:20	7:55:45 7:56:20	7:58:45 7:59:20	8:01:45 8:02:20	8:04:45 8:05:20	8:07:45 8:08:20	8:10:45 8:11:20	8:13:45 8:14:20	8:16:45 8:17:20	8:19:45 8:20:20
北京大学东门 BJU1	7:34:07 7:34:42	7:37:07 7:37:42	7:40:07 7:40:42	7:43:07 7:43:42	7:46:07 7:46:42	7:49:07 7:49:42	7:52:07 7:52:42	7:55:07 7:55:42	7:58:07 7:58:42	8:01:07 8:01:42	8:04:07 8:04:42	8:07:07 8:07:42	8:10:07 8:10:42	8:13:07 8:13:42	8:16:07 8:16:42	8:19:07 8:19:42	8:22:07 8:22:42
中关村 ZGC1	7:36:21 7:37:01	7:39:21 7:40:01	7:42:21 7:43:01	7:45:21 7:46:01	7:48:21 7:49:01	7:51:21 7:52:01	7:54:21 7:55:01	7:57:21 7:58:01	8:00:21 8:01:01	8:03:21 8:04:01	8:06:21 8:07:01	8:09:21 8:10:01	8:12:21 8:13:01	8:15:21 8:16:01	8:18:21 8:19:01	8:21:21 8:22:01	8:24:21 8:25:01
海淀黄庄 HDZ1	7:38:18 7:39:03	7:41:18 7:42:03	7:44:18 7:45:03	7:47:18 7:48:03	7:50:18 7:51:03	7:53:18 7:54:03	7:56:18 7:57:03	7:59:18 8:00:03	8:02:18 8:03:03	8:05:18 8:06:03	8:08:18 8:09:03	8:11:18 8:12:03	8:14:18 8:15:03	8:17:18 8:18:03	8:20:18 8:21:03	8:23:18 8:24:03	8:26:18 8:27:03
人民大学 RMU1	7:40:29 7:41:04	7:43:29 7:44:04	7:46:29 7:47:04	7:49:29 7:50:04	7:52:29 7:53:04	7:55:29 7:56:04	7:58:29 7:59:04	8:01:29 8:02:04	8:04:29 8:05:04	8:07:29 8:08:04	8:10:29 8:11:04	8:13:29 8:14:04	8:16:29 8:17:04	8:19:29 8:20:04	8:22:29 8:23:04	8:25:29 8:26:04	8:28:29 8:29:04
魏公村 WGC1	7:42:32 7:43:07	7:45:32 7:46:07	7:48:32 7:49:07	7:51:32 7:52:07	7:54:32 7:55:07	7:57:32 7:58:07	8:00:32 8:01:07	8:03:32 8:04:07	8:06:32 8:07:07	8:09:32 8:10:07	8:12:32 8:13:07	8:15:32 8:16:07	8:18:32 8:19:07	8:21:32 8:22:07	8:24:32 8:25:07	8:27:32 8:28:07	8:30:32 8:31:07
国家图书馆 NAL1	7:45:06 7:45:41	7:48:06 7:48:41	7:51:06 7:51:41	7:54:06 7:54:41	7:57:06 7:57:41	8:00:06 8:00:41	8:03:06 8:03:41	8:06:06 8:06:41	8:09:06 8:09:41	8:12:06 8:12:41	8:15:06 8:15:41	8:18:06 8:18:41	8:21:06 8:21:41	8:24:06 8:24:41	8:27:06 8:27:41	8:30:06 8:30:41	8:33:06 8:33:41
动物园 BJZ1	7:47:42 7:48:22	7:50:42 7:51:22	7:53:42 7:54:22	7:56:42 7:57:22	7:59:42 8:00:22	8:02:42 8:03:22	8:05:42 8:06:22	8:08:42 8:09:22	8:11:42 8:12:22	8:14:42 8:15:22	8:17:42 8:18:22	8:20:42 8:21:22	8:23:42 8:24:22	8:26:42 8:27:22	8:29:42 8:30:22	8:32:42 8:33:22	8:35:42 8:36:22
西直门 XZM1	7:50:19 7:51:04	7:53:19 7:54:04	7:56:19 7:57:04	7:59:19 8:00:04	8:02:19 8:03:04	8:05:19 8:06:04	8:08:19 8:09:04	8:11:19 8:12:04	8:14:19 8:15:04	8:17:19 8:18:04	8:20:19 8:21:04	8:23:19 8:24:04	8:26:19 8:27:04	8:29:19 8:30:04	8:32:19 8:33:04	8:35:19 8:36:04	8:38:19 8:39:04
新街口 XJK1	7:52:28 7:53:03	7:55:28 7:56:03	7:58:28 7:59:03	8:01:28 8:02:03	8:04:28 8:05:03	8:07:28 8:08:03	8:10:28 8:11:03	8:13:28 8:14:03	8:16:28 8:17:03	8:19:28 8:20:03	8:22:28 8:23:03	8:25:28 8:26:03	8:28:28 8:29:03	8:31:28 8:32:03	8:34:28 8:35:03	8:37:28 8:38:03	8:40:28 8:41:03
平安里 PAL1	7:54:36 7:55:11	7:57:36 7:58:11	8:00:36 8:01:11	8:03:36 8:04:11	8:06:36 8:07:11	8:09:36 8:10:11	8:12:36 8:13:11	8:15:36 8:16:11	8:18:36 8:19:11	8:21:36 8:22:11	8:24:36 8:25:11	8:27:36 8:28:11	8:30:36 8:31:11	8:33:36 8:34:11	8:36:36 8:37:11	8:39:36 8:40:11	8:42:36 8:43:11
西四 XIS1	7:56:37 7:57:22	7:59:37 8:00:22	8:02:37 8:03:22	8:05:37 8:06:22	8:08:37 8:09:22	8:11:37 8:12:22	8:14:37 8:15:22	8:17:37 8:18:22	8:20:37 8:21:22	8:23:37 8:24:22	8:26:37 8:27:22	8:29:37 8:30:22	8:32:37 8:33:22	8:35:37 8:36:22	8:38:37 8:39:22	8:41:37 8:42:22	8:44:37 8:45:22
灵境胡同 LJH1	7:58:35 7:59:10	8:01:35 8:02:10	8:04:35 8:05:10	8:07:35 8:08:10	8:10:35 8:11:10	8:13:35 8:14:10	8:16:35 8:17:10	8:19:35 8:20:10	8:22:35 8:23:10	8:25:35 8:26:10	8:28:35 8:29:10	8:31:35 8:32:10	8:34:35 8:35:10	8:37:35 8:38:10	8:40:35 8:41:10	8:43:35 8:44:10	8:46:35 8:47:10

图 6-5-2　北京轨道交通 4 号线列车时刻表(2010 年局部)

(4)如果 ATS 在特定时期不具备使用时刻表功能时,列车也可以不使用 ATS 时刻表运行,这种情况下需要驾驶员按照纸质版本的时刻表人工驾驶列车运行,控制中心做好监控工作,确保列车不要出现较多晚点。

(5)新的列车运行图实施以后,编图人员应该及时查看列车运行表现,途径主要为 ATS 数据验证及现场查标。如果列车实际运行情况与设计有较大差异并影响运营表现的时候,编图人员应该考虑调整相关运营参数。

5.3　运行图编制的技术影响因素

在运行图编制过程中,有一些实际问题和关键技术影响因素需要考虑,如牵引供电、列车加减速能力、信号制式、列车停站时间、折返作业与能力、列车出入段方式、换乘站客运组织和乘务计划等。

5.3.1　牵引供电

城市轨道交通供电系统最主要特征为采用直流供电,站间距短,能量输出波动大。同一个供电区段内,牵引供电系统双机组双边供电,能够驱动的电车组是有限的。因此,牵引供电功率、最大列车负荷和供电区段的长短,有可能制约列车追踪运行产生的间隔。

5.3.2　列车加减速能力

列车加速度越大、加速时间越长,列车出清站台的速度就越快,下一列车也就可以越快到达,线路能力可能越大。一般地,对于频率为 40 列/h(列车间隔 90s)的城市轨道交通系统来说,从一列车离站到下一列车进站的站台空闲时间不应超过 23s。需要注意的是,提高列车加减速能力的前提是必须满足乘客舒适性的要求。

5.3.3 信号制式

列车紧急情况下的制动率加上接近红灯信号机的制动能力,决定了列车头部与前方信号机之间的最小安全距离(列车防护距离)。在北京,主要的信号制式是点式ATP(固定闭塞超速制动防护)和CBTC(基于无线通信的准移动闭塞)。

5.3.4 列车站停时间

列车间隔时间中影响最大的因素就是列车在站停车时间。影响列车站停时间的主要因素包括:

(1)在列车停稳和旅客下车的时间内有一个开车门的时间。

(2)在驾驶员关闭列车车门和列车准备离站的时间,这项时间又有四项影响因素:

①车厢实际已经满载,仍有待上车旅客,等待该旅客挤上车;

②旅客挡住车门以等待其他旅客上车;

③关车门时的速度快慢;

④确认车门完全关闭后到列车出发的时间。

(3)列车实际的站停时间决定于车门开关的时间、上下车旅客的人数、站在车门口影响旅客上下车速度的人数。

5.3.5 折返作业与能力

由于大多数城市轨道交通系统的车站没有侧线,列车折返是设置列车交路需要考虑的重要因素。因此,折返线的列车折返能力是制约整个线路(环形线路除外)运输能力的关键。在轨道交通系统设计时,折返线线路的设置、道岔位置及型号的选择、车辆性能等直接关系折返能力的大小。

5.3.6 列车出入段方式

1)列车出段方式

(1)所有列车利用出段线出段,这样的安排比较容易操作,不容易出错,但出车效率较低,在只有一个车辆场段,且行车间隔较小的情况下存在一定的难度。

(2)考虑到出车效率等问题,出段列车可以利用出入段线同时出段,这样可以大大提高列车投入正线运营的速度,同时也有利用上下行列车的载客服务。

2)列车回段方式

(1)所有列车利用入段线回段,这样的安排比较容易操作,不容易出错,但回车效率较低,在只有一个车辆场段,且收车间隔较小的情况下存在一定的难度。

(2)考虑到收车效率等问题,出段列车可以利用出段线回段,这样可以大大提高列车速度,但存在较大的行车组织风险,一般情况下不建议采用。

5.3.7 换乘站客运组织

换乘站涉及线路客流换乘问题,客运组织方案对于车站的正常及应急组织非常重要。每个换乘站的客运组织需要根据自身站点特征来确定,一般情况下包含以下内容。

(1)对车站的基本情况(包含地理位置、客运设施、客流特征)进行汇总分析。

(2)制定正常及大客流情况下的客运组织疏导方案,包括岗位人员配置及工作内容、客流走向、设施摆放、进出站闸机方向设置、不同等级的限流措施。

(3)在制定客运组织方案的时候,还要充分考虑与相邻线路所属企业的沟通协作问题,尽最大可能为乘客提供良好的服务。

5.3.8 乘务计划

乘务计划(表6-5-1)是在列车运行图编制完成基础上,综合考虑列车开行方案、乘务制度、轮乘地点、工作时间等众多乘务规则编制的包括排班表和轮值表。排班表是根据人员需求及班制制定一段时间(一个月或一周)的乘务员的班制;轮值表则规定了一个乘务员在一天之中是如何进行轮乘,值乘不同列车,小休时间及就餐时间等。

北京轨道交通4号线乘务计划示意表 表6-5-1

任务编号	任务开始时间	接车时间	接车地点	接车车次	表号	下车地点	下车车次	下车时间	任务结束时间
17058	7:33	7:53	天宫2	2P154	M20	西上	2P154	8:45	
		8:59	西上	2P166	L47	马段	1A189	10:39	
		10:39	用餐					11:35	
9h 158.4km		11:35	备班					13:44	
		13:44	马段	2P360	备车				
		14:19	马段	2P360	M69	安河1	1S383	15:24	
		15:30	安河1	1S387	L46	西下	1S387	16:03	
		16:12	西下	1Q393	N16	天宫2	2P486	17:05	17:25

目前,国内城市轨道交通乘务计划主要采用人工编制的方法,根据运行图(时刻表)数据,绘制出列车在出发站、交接班站运行的交路图,根据交路图人工判断各车出发的先后顺序和时间,从而来推算乘务员出班的地点和时间。

5.4 运行图指标计算

得到可实施的运行图后,还需要计算其各项指标,以评价新运行图的质量和效率。这些指标一般包括以下几方面。

(1)全日开行总列车数量;

(2)全线运行所需要的车组数量;

(3)最小和最大列车运行间隔,单位为s;

(4)全日列车总走行公里,所有列车走行公里之和,走行公里包括载客里程和空驶里程,全日列车总走行公里计算方法为:

$$\text{全日列车总走行公里} = \Sigma\,\text{列车走行公里(km)} \qquad (6\text{-}5\text{-}1)$$

(5)车组日均走行公里,即每一车组平均日走行公里数,计算方法为:

$$\text{车组日均走行公里} = \frac{\text{全日列车总行公里}}{\text{全日运用车组数}}\text{(km)} \qquad (6\text{-}5\text{-}2)$$

(6)技术速度,指不包含站停时间在内的列车在站间平均运行速度,单位为km/h;

(7)旅行速度,指列车从始发站发出到到达折返站时平均运行速度,单位为km/h。

当有客流数据可用时,还可计算满载率等指标。为了进一步评价新运行图的质量,除计算新运行图的各项指标外,并应与现行运行图进行比较,分析各项指标提高或降低的主要原因。

运行图的实施要经技术主管批准，在实施前，还应印发有关文件或命令，组织职工进行学习，熟悉新运行图的特点，并做好全线各站及其他相关设备的各项配套准备工作。列车运行图经最后批准后，为了保证新运行图能够正确和顺利实行，必须在实行新运行图之前做好下列准备工作：

(1)发布实行新运行图的命令；

(2)印刷并分发列车时刻表；

(3)拟定保证实现新运行图的技术组织措施；

(4)组织学习，使职工了解、熟悉新运行图规定的要求；

(5)根据新运行图的规定，组织各站段修订《列车工作细则》；

(6)做好车辆和驾乘人员的调配工作。

6　本章小结

本章从城市轨道交通首末班车时间计划、列车运行模式、全日运力配置计划、车辆配备检修计划、列车运行图等方面介绍了城市轨道交通运输计划编制所包含的内容及其基本方法。

第 7 章　城市轨道交通网络首末班车时间优化

城市轨道交通网络首末班车时间发车时间的制定,是城市轨道交通网络运输计划编制的重要内容。随着城市轨道交通网络的不断完善和复杂化,如何制定科学合理的首末班车时间发车计划,成为城市轨道交通网络运营的难点问题。

城市轨道交通网络线路和换乘站的增加给乘客带来了各线之间衔接困难的问题。在非首末班车时间时段,乘客在换乘站最多等待一个发车间隔的时间,而对于每天的首班车、末班车,就可能存在首班车等待过久、末班车不能换乘的问题,所以首末班车时间的发车时间优化非常重要。

首末班车时间的衔接优化是一个非常困难的问题。城市轨道交通网络线路与线路之间的衔接通过换乘站进行传递,当列车在某换乘站等待时间短、能够换乘,但是在该线路运行通过的其他换乘站就不一定能够换乘成功,或者等待时间会很久。另外,在网络末班车某车次由于突发原因导致延误时,如何调整其他各线末班车的发车、运行时间以使得网络中尽量多的乘客能够换乘也是需要解决的问题。

综上所述,城市轨道交通网络首末班车时间衔接是城市轨道交通运输计划的重要组成部分。城市轨道交通网络首末班车时间发车时间的制定、优化与调整具有很大的难度,需要结合网络实际运营情况进行细致的分析,为制定网络运输计划提供科学决策依据。

1　城市轨道交通网络首末班车时间衔接优化模型

1.1　网络首末班车时间确定原则

n 条线路相交的换乘站换乘方向数为 $4n(n-1)$,即:两线换乘车站有 8 个换乘方向,三线换乘车站的换乘方向将会多达 24 个。随着网络线路的不断增多,轨道交通网络结构愈发复杂,保证各线间列车换乘衔接本身已经非常困难,为降低网络首末班车发车时刻制定的难度,需先确定网络首末班车发车时间制定的原则。

1.1.1　网络首班车发车时间的确定原则

(1)满足市郊乘客向市区方向出行。

(2)城区线先确定某车站作为首班车发车时间推定基准,例如北京市区线是以 2 号线西直门站作为推定首班车发车时间基准。当需考虑路网多个换乘站、车站多个换乘方向时,应结合各换乘站不同方向的换乘量,先确定需衔接的换乘站和换乘方向,再确定相应线路的首班车发车时间。必要时,应该制定多种方案进行综合比选。

(3)新城线尽量保证与城区线首班车发车时间合理衔接。当推算的首班车发车时间与运营企业的全天合理运营时间或运营条件有冲突时,可以根据运营企业实际情况,适当调整。

1.1.2　网络末班车发车时间的确定原则

(1)满足市区乘客向市郊方向出行。

(2)将城市轨道交通网合理分区,以区域中某条线作为末班车时间推算基准。当需考虑路网多个换乘站、多个换乘方向时,应该结合各换乘站不同方向的换乘量,先确定需衔接的换乘站和换乘方向,再确定相应线路的末班车发车时间。必要时,制定多种方案进行综合比选。

(3)根据客流的规律确定各区域末班车的发车时间范围。以北京城市轨道交通为例,末班车发车时间不早于22:30,城区线不宜晚于24:00,新城线不宜晚于23:30。

(4)合理确定特殊线路与路网其他线路的衔接方案,如新开通线路可暂不考虑与网络其他列车的末班车衔接。

1.2　影响首末班列车衔接的因素

列车按照规定的时间标准在线路上出发、到达,同一线路上各列车的运行相互制约。另外,路网各线列车需要考虑乘客的换乘走行时间,以形成良好换乘,尤其是在首班车和末班车的开行时段。因此,这些时间要素构成了影响轨道交通网络首末班车时间衔接的重要因素。

影响轨道交通首末班车发车时间的因素主要有各线列车的首末班车发车时间、区间运行时间、站停时间以及各换乘站内乘客换乘走行时间等。具体表示如下。

(1)$t^i_{arr,upj}$ 表示第 i 条线上行方向的末班列车到第 j 站的时刻,其中,up 代表上行(下同);

(2)$t^i_{arr,downj}$ 表示第 i 条线下行方向的末班列车到第 j 站的时刻,其中, down 代表下行(下同);

(3)$\Delta t^i_{run,upj}$ 第 i 条线上行方向列车从第 $j-1$ 站到第 j 站的区间运行时间;

(4)$\Delta t^i_{run,downj}$ 第 i 条线下行方向列车从第 $j-1$ 站到第 j 站的区间运行时间;

(5)Δt^i_{stopj} 表示第 i 条线的列车在第 j 站的站停时间(上下行相等);

(6)$t^i_{depart,upj}$ 表示第 i 条线上行方向的末班列车在第 j 站的发车时刻;

(7)$t^i_{depart,downj}$ 表示第 i 条线下行方向的末班列车在第 j 站的发车时刻;

(8)ΔT^i 表示第 i 条线的发车时间间隔;

(9)Δt^p_{transj} 表示第 j 站两条线之间某换乘方向(p)的乘客换乘走行时间。

根据列车到站时刻、站停时间、运行时间及离站时间之间的关系各时间系数有以下关系:

$$t^i_{depart,upj} = t^i_{arr,upj} + \Delta t^i_{stopj} \tag{7-1-1}$$

$$t^i_{depart,downj} = t^i_{arr,downj} + \Delta t^i_{stopj} \tag{7-1-2}$$

$$t^i_{arr,upj} = t^i_{depart,upj-1} + \Delta t^i_{run,upj} \tag{7-1-3}$$

$$t^i_{arr,downj} = t^i_{depart,downj-1} + \Delta t^i_{run,downj} \tag{7-1-4}$$

为便于研究，本章还引入车站换乘冗余时间这一概念，用 Δt_j^p 表示，其含义为换乘站某换乘方向(p)在考虑换乘走行时间后，保证该方向乘客仍可以实现换乘的冗余时间。以网络中 A 线上行方向换乘 B 线下行方向为例，可将换乘冗余时间表示为：

$$\Delta t_j^p = t_{dep,downj}^B - t_{arr,upj}^A - \Delta t_{transj}^p \tag{7-1-5}$$

1.3 网络首班车衔接优化模型

本节以城市轨道交通线路 A、B、C、D、E、F6 条线共 9 个换乘站组成的网络为例(图 7-1-1)，研究城市轨道交通列车首班车衔接问题。

用矩阵的形式表示各条线之间的交互关系，如图 7-1-2 所示。

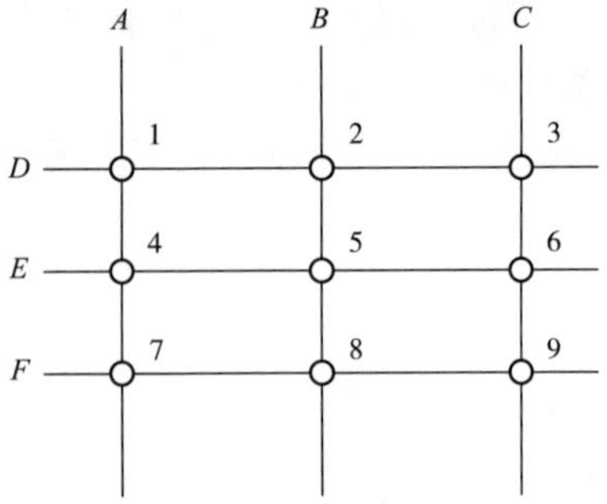

图 7-1-1 轨道交通网络示意图

	A	B	C	D	E	F
A	—			1	4	7
B		—		2	5	8
C			—	3	6	9
D	1	2	3	—		
E	4	5	6		—	
F	7	8	9			—

图 7-1-2 网络线路交叉关系矩阵

1.3.1 站间列车运行时间约束

在通常情况下，轨道交通列车出发后在站间的运行时间及在每站的站停时间是固定的，如图 7-1-3 所示。

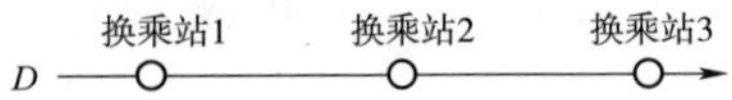

图 7-1-3 线路运行示意

当 D 线上行列车到达换乘站 1 的时刻确定后，列车到达换乘站 2、换乘站 3 的时刻均可通过如下的公式计算出来。

$$\begin{aligned} t_{arr,up2}^D &= t_{arr,up2}^D = \Delta t_{stop1}^D + \Delta t_{run,up2}^D \\ t_{arr,up3}^D &= t_{arr,up2}^D + \Delta t_{stop2}^D + \Delta_{run,up3}^D \end{aligned} \tag{7-1-6}$$

记 L 为网络中线的集合，本例中 $L = \{A, B, C, D, E, F\}$。

记 S 为网络所有换乘车站的集合，记 S^i 为网络中 i 线上的所有换乘站。则有：

$$\cup S^i = S, i \in L \tag{7-1-7}$$

如图 7-1-3 所示，D 线上的换乘站的集合为 S^D，$S^D = \{1,2,3\}$。网络中换乘站的集合为 S，$S = \bigcup_{i \in L} S^i = \{1,2,3,4,5,6,7,8,9\}$，则有：

$$t_{arr,upj}^i = t_{arr,upj-1}^i + \Delta t_{stopj-1}^i + \Delta t_{run,upj}^i \tag{7-1-8}$$

$$t_{arr,downj}^i = t_{arr,downj+1}^i + \Delta t_{stopj+1}^i + \Delta t_{run,downj}^i \tag{7-1-9}$$

其中，$i \in L, j, j-1 \in S^i$。

1.3.2 线间列车换乘衔接约束

图 7-1-1 中，以轨道交通 A 线与 D 线的换乘站 1 为例，两线相交共 8 个换乘方向，如图 7-1-4所示。

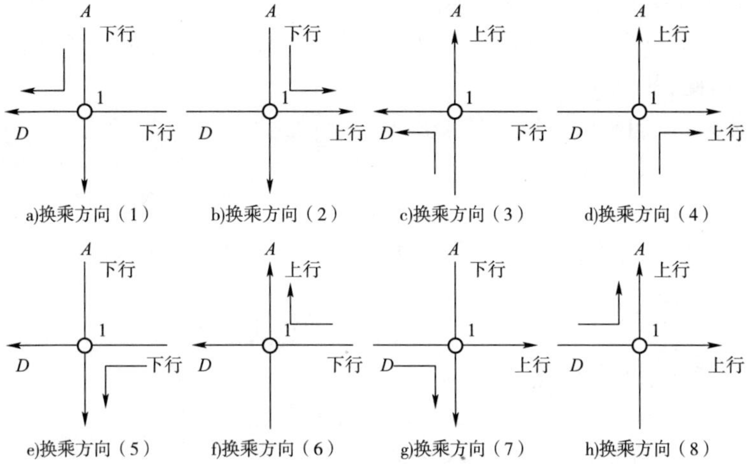

图 7-1-4　换乘站换乘方向示意图

对于图 7-1-4a) 中的情况，即由 A 线下行线向 D 线下行方向换乘，用式(7-1-10)表示该方向。则有：

$$t_{arr,down\,1}^{A}+\Delta t_{trans\,1}^{(1)}+\Delta_{1}^{(1)}=t_{arr,down\,1}^{D}+\Delta t_{stop\,1}^{D} \tag{7-1-10}$$

首班车换乘示意图，如图 7-1-5 所示。

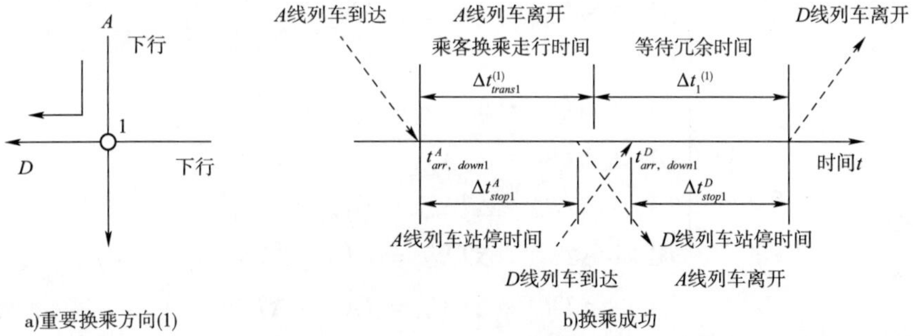

图 7-1-5　首班车换乘示意图

图 7-1-5 中的 $\Delta t_{1}^{(1)}>0$。由于该次 A 线列车为首班车，因此，当 $\Delta t_{1}^{(1)}<0$ 时表示 D 线下行方向列车已经先于 A 线列车经过换乘站 1，乘客需等待下一班列车。

同理，图 7-1-4 中 8 个方向表达式联立可得如下的方程组：

$$\begin{cases}
t_{arr,down\,1}^{A}+\Delta t_{trans1}^{(1)}+\Delta t_{1}^{(1)}=t_{arr,down\,1}^{D}+\Delta t_{stop\,1}^{D}\\
t_{arr,down\,1}^{A}+\Delta t_{trans1}^{(2)}+\Delta t_{1}^{(2)}=t_{arr,up\,1}^{D}+\Delta t_{stop\,1}^{D}\\
t_{arr,up\,1}^{A}+\Delta t_{trans1}^{(3)}+\Delta t_{1}^{(3)}=t_{arr,down\,1}^{D}+\Delta t_{stop\,1}^{D}\\
t_{arr,up\,1}^{A}+\Delta t_{trans1}^{(4)}+\Delta t_{1}^{(4)}=t_{arr,up\,1}^{D}+\Delta t_{stop\,1}^{D}\\
t_{arr,down\,1}^{D}+\Delta t_{trans1}^{(5)}+\Delta t_{1}^{(5)}=t_{arr,down\,1}^{A}+\Delta t_{stop\,1}^{A}\\
t_{arr,down\,1}^{D}+\Delta t_{trans1}^{(6)}+\Delta t_{1}^{(6)}=t_{arr,up\,1}^{D}+\Delta t_{stop\,1}^{A}\\
t_{arr,up\,1}^{D}+\Delta t_{trans1}^{(7)}+\Delta t_{1}^{(7)}=t_{arr,down\,1}^{A}+\Delta t_{stop\,1}^{A}\\
t_{arr,up\,1}^{D}+\Delta t_{trans1}^{(8)}+\Delta t_{1}^{(8)}=t_{arr,up\,1}^{A}+\Delta t_{stop\,1}^{A}
\end{cases} \tag{7-1-11}$$

该方程组中 8 个方向衔接的乘客等待冗余时间 $\Delta t_1^{(1)},\Delta t_1^{(2)},\cdots,\Delta t_1^{(8)}$ 为未知变量。在 A 线、D 线列车上行、下行到达时刻 $t_{arr,down1}^A,t_{arr,up1}^A,t_{arr,down1}^D,t_{arr,up1}^D$ 中是给定一个时刻而推导出其他 3 个时刻，因此，共有 3 个未知变量。

为方便表述，可用向量表示以上各个常量和变量。

用 TA_1,TA'_1 分别表示列车到达时间向量，则

$$TA_1 = [t_{arr,down1}^A,t_{arr,down1}^A,t_{arr,up1}^A,t_{arr,up1}^A,t_{arr,down1}^D,t_{arr,down1}^D,t_{arr,up1}^D,t_{arr,up1}^D]^{\mathrm{T}} \tag{7-1-12}$$

$$TA'_1 = [t_{arr,down}^D X_1,t_{arr,up1}^D,t_{arr,down1}^D,t_{arr,up1}^D,t_{arr,down1}^A,t_{arr,up1}^A,t_{arr,down1}^A,t_{arr,up1}^A]^{\mathrm{T}} \tag{7-1-13}$$

ΔTR_1 表示乘客换乘走行时间向量，则：

$$\Delta TR_1 = [\Delta t_{trans1}^{(1)},\Delta t_{trans1}^{(2)},\Delta t_{trans1}^{(3)},\Delta t_{trans1}^{(4)},\Delta t_{trans1}^{(5)},\Delta t_{trans1}^{(6)},\Delta t_{trans1}^{(7)},\Delta t_{trans1}^{(8)}]^{\mathrm{T}} \tag{7-1-14}$$

ΔTC 表示乘客等待冗余时间向量，则：

$$\Delta TX = [\Delta t_1^{(1)},\Delta t_1^{(2)},\Delta t_1^{(3)},\Delta t_1^{(4)},\Delta t_1^{(5)},\Delta t_1^{(6)},\Delta t_1^{(7)},\Delta t_1^{(8)}]^{\mathrm{T}} \tag{7-1-15}$$

ΔTS_1 为各列车在换乘站 1 的站停时间向量，则：

$$\Delta TS_1 = [\Delta t_{stop1}^D,\Delta t_{stop1}^D,\Delta t_{stop1}^D,\Delta t_{stop1}^D,\Delta t_{stop1}^A,\Delta t_{stop1}^A,\Delta_{stop1}^A,\Delta t_{stop1}^A]^{\mathrm{T}} \tag{7-1-16}$$

综上所述，换乘站 1 各换乘方向列车的衔接关系联立方程可表述为：

$$TA_1 + \Delta TR_1 \Delta TX = TA'_1 + \Delta TS_1 \tag{7-1-17}$$

对于图 7-1-1 中 9 个换乘站，末班车衔接关系的联立方程组为：

$$\begin{cases} TA_1 + \Delta TR_1 + \Delta TX'_1 = TA'_1 + \Delta TS_1 \\ TA_2 + \Delta TR_2 + \Delta TX'_2 = TA'_2 + \Delta TS_2 \\ TA_3 + \Delta TR_3 + \Delta TX'_3 = TA'_3 + \Delta TS_3 \\ TA_4 + \Delta TR_4 + \Delta TX'_4 = TA'_4 + \Delta TS_4 \\ TA_5 + \Delta TR_5 + \Delta TX'_5 = TA'_5 + \Delta TS_5 \\ TA_6 + \Delta TR_6 + \Delta TX'_6 = TA'_6 + \Delta TS_6 \\ TA_7 + \Delta TR_7 + \Delta TX'_7 = TA'_7 + \Delta TS_7 \\ TA_9 + \Delta TR_9 + \Delta TX'_9 = TA'_9 + \Delta TS_9 \end{cases} \tag{7-1-18}$$

1.3.3 轨道交通网络首班车衔接模型

对于首班车各换乘站 j 的各个换乘方向 p 来说，不存在乘客无法换乘衔接的问题。首班车衔接，一方面，需要保证乘客能够在尽可能短的时间内实现换乘；另一方面，为了避免网络首班列车发车时间的不均衡性，不至于有的列车发车特别早，而有的列车发车特别晚，节约运营成本。因此，首班车衔接优化目标函数为：

$$\min \Sigma \mid \Delta t_j^p \mid \tag{7-1-19}$$

综上所述，轨道交通网络的首班车衔接优化模型可记为：

$$\min \Sigma \mid \Delta t_j^p \mid$$

s. t.

$$TA_j + \Delta TR_j + \Delta TX'_j = TA'_j + \Delta TS_j, j \in S$$

$$t_{arr,upj}^i = t_{arr,upj-1}^i + \Delta t_{stopj-1}^i + \Delta t_{run,upj}^i, i \in L, j \in S^i$$

$$t_{arr,downj}^i = t_{arr,downj+1}^i + \Delta t_{stopj+1}^i + \Delta t_{run,downj}^i, i \in L, j \in S^i$$

$$\mid \Delta t_j^p \mid \leqslant \Delta T, j \in S, p = (1),(2),\cdots,(8)$$

$$t^i_{arr,upj} > 0, t^i_{arr,downj} > 0, i \in L, j \in S$$

$$\Delta t^i_{stopj} > 0, \Delta t^i_{run,upj} > 0, \Delta t^i_{run,downj} > 0, i \in L, j \in S$$

式中：$\Delta TX'_j$——表示第 j 个换乘站从乘客到达要换乘列车前站台至换乘列车离开的乘客换乘冗余时间向量，j 表示网络的换乘站，$j \in S$；

TA_j、TA'_j——表示第 j 个换乘站各线列车的到达时刻向量，j 表示网络的换乘站，$j \in S$；

ΔTR_j——表示乘客在第 j 个换乘车站的换乘走行时间；

ΔTS_j——表示某次列车在 j 站的站停时间，j 表示网络的换乘站，$j \in S$；

$t^i_{arr,upj}$、$t^i_{arr,downj}$——分别表示 i 线上行、下行列车到达 j 站的时刻，i 表示网络中的某条线路，$i \in L$，j 表示网络的换乘站，$j \in S^i$，$\cup S^i = S$，$i \in L$；

Δt^i_{stopj}——表示 i 线列车在 j 站的站停时间，i 表示网络中的某条线路，$i \in L$，j 表示网络的换乘站，$j \in S$；

$\Delta t^i_{run,upj}$、$\Delta t^i_{run,downj}$——分别表示 i 线上行、下行列车在 j 站前一站到 j 站的运行时间，i 表示网络中的某条线路，$i \in L$，j 表示网络的换乘站，$j \in S$；

ΔT——乘客能容忍的最长候车时间；

S——网络中换乘站的集合；

L——网络中线的集合。

网络首班车衔接优化方法步骤如图 7-1-6 所示。

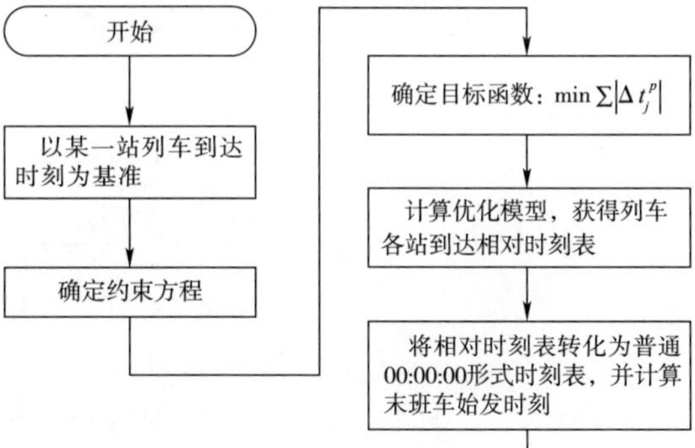

图 7-1-6　首班车衔接优化流程图

网络首班车衔接优化流程具体有 5 步。

步骤 1：确定基准时间。以某一站的列车到达时刻为基准，记该时刻为 0s，其余各站到达时刻均为相对基准车站发生的时间，以 s 为单位。

步骤 2：确定约束方程。

步骤 3：确定目标方程：$\min \sum |\Delta t_j^p|$，保证成功换乘方向的乘客等待时间最少。

步骤 4：计算该单目标优化模型，确定相对的列车各站到达时刻，并计算各线列车始发时刻。

步骤 5：将相对时刻转化为正常的时间记录方式 00:00:00。

计算结束。

1.4 网络末班车衔接优化模型

末班车衔接与首班车的衔接稍有区别。首班车不管列车的衔接情况如何，乘客总能等到换乘线列车的到来。而对于末班车来说，当错过换乘线列车时将无法再乘到车，末班车换乘示意图，如图 7-1-7 所示。上节中讨论的首班列车衔接的基本规律和计算公式与末班列车衔接是相同的，优化模型的区别体现在模型的目标。

末班车衔接优化模型是一个多目标优化模型。既要保证重要换乘方向尽量能衔接上，又要保证列车全天运营时间不太长。

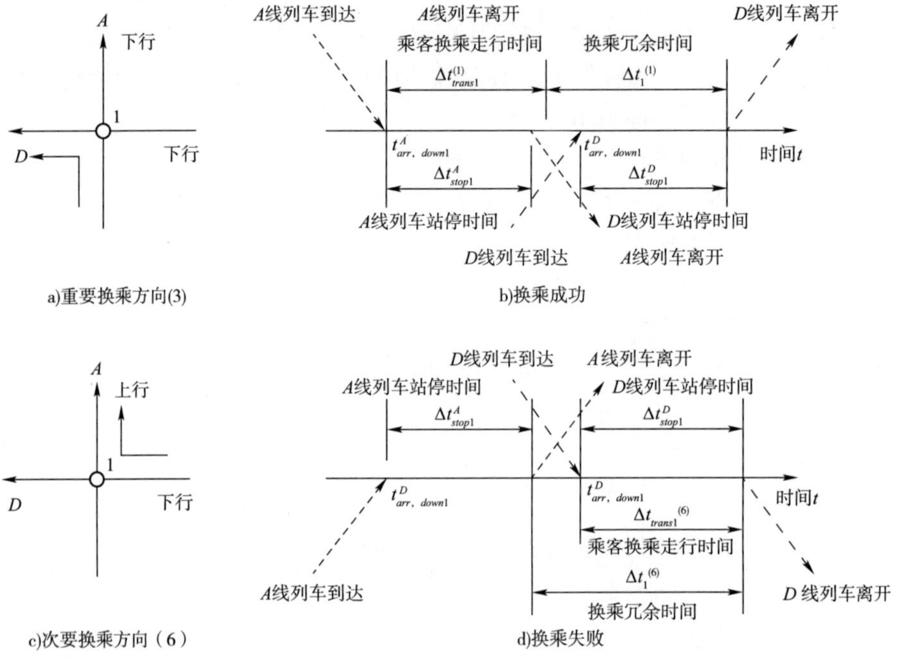

图 7-1-7　末班车换乘示意图

在一个两线换乘的换乘站共有 8 个换乘方向，不可能保证每个换乘方向都能实现换乘。可根据 8 个方向换乘客流分布等实际情况，确定 8 个方向的重要程度。依次标识 8 个方向的权重为 $\omega_j^{(1)},\omega_j^{(2)},\cdots,\omega_j^{(8)}$。用向量表示为：

$$\Omega_j = [\omega_j^{(1)},\omega_j^{(2)},\omega_j^{(3)},\omega_j^{(4)},\omega_j^{(5)},\omega_j^{(6)},\omega_j^{(7)},\omega_j^{(8)}]^T \tag{7-1-20}$$

若要保证重要（客流量较大）的换乘方向换乘成功，则其相反方向一定不能换成成功。即当 $\Delta t_j^p<0$ 时表明在换乘站 j 的 p 换乘方向换乘失败，当 $\Delta t_j^p>0$ 时表明在换乘站 j 的 p 换乘方向可以换乘。

记 δ_j^p 为 0-1 变量，表示末班车各换乘方向 p 是否能够换乘成功。当 $\delta_j^p=1$ 时表明在换乘站 j 的 p 换乘方向换乘成功，当 $\delta_j^p=0$ 时表明在换乘站 j 的 p 换乘方向换乘失败。即：

$$\delta_j^p = \begin{cases}1, \Delta t_j^p \geqslant 0 \\ 0, \Delta t_j^p < 0\end{cases} \tag{7-1-21}$$

若考虑到换乘站 j 的各个换乘方向 p 的重要度不同，可将表示换乘成功与否的 0-1 变量 δ_j^p 乘以其权重 ω_j^p，得到 $\delta_j^p\omega_j^p$，以此来尽量保证重要的换乘方向能够换乘成功。

轨道交通网络末班车优化的目标有两个：首先，尽量保证主要换乘方向能够换乘成功；第一个目标函数可表示为：

$$\max \delta_j^p \omega_j^p \tag{7-1-22}$$

在实现第一个目标之后，需要尽量减少乘客在末班车之间换乘的等待时间。也即让列车尽可能在差不多的时间到达某换乘站，不至于有的列车发车特别早，而有的列车发车特别晚，节约列车的运营成本。因此，考虑到换乘成功方向的等待时间尽可能少，第二个目标函数可表示为：

$$\min \sum_{p,j满足\delta_j^p=1} \Delta t_j^p \tag{7-1-23}$$

综上所述，轨道交通网络的末班车衔接优化模型可记为：

$$\max \delta_j^p \omega_j^p$$

$$\min \sum_{p,j满足\delta_j^p=1} \Delta t_j^p$$

s. t.

$$TA_j + \Delta TR_j + \Delta TX'_j = TA'_j + \Delta TS_j, j \in S$$

$$t^i_{arr,upj} = t^i_{arr,upj-1} + \Delta t^i_{stopj-1} + \Delta t^i_{run,upj}, i \in L, j \in S^i$$

$$t^i_{arr,downj} = t^i_{arr,downj+1} + \Delta t^i_{stopj+1} + \Delta t^i_{run,downj}, i \in L, j \in S^i$$

$$\delta_j^p = \begin{cases} 1_1 & \Delta t_j^p \geqslant 0 \\ 0_1 & \Delta t_j^p < 0 \end{cases}$$

$$|\Delta t_j^p| \leqslant \Delta T, j \in S, p = (1), (2), \cdots, (8)$$

$$t^i_{arr,upj} > 0, t^i_{arr,downj} > 0, i \in L, j \in S$$

$$\Delta t^i_{stopj} > 0, \Delta t^i_{run,upj} > 0, \Delta t^i_{run,downj} > 0, i \in L, j \in S$$

式中：$\Delta TX'_j$——表示第 j 个换乘站从乘客到达要换乘列车前站台至换乘列车离开的乘客等待冗余时间向量，j 表示网络的换乘站，$j \in S$；

TA_j、TA'_j——表示第 j 个换乘站各线列车的到达时刻向量，j 表示网络的换乘站，$j \in S$；

ΔTR_j——表示乘客在第 j 个换乘车站的换乘走行时间；

ΔTS_j——表示某次列车在 j 站的站停时间，j 表示网络的换乘站，$j \in S$；

$t^i_{arr,upj}$、$t^i_{arr,downj}$——分别表示 i 线上行、下行列车到达 j 站的时刻，i 表示网络中的某条线路，$i \in L$，j 表示网络的换乘站，$j \in S^i$，$\cup S^i = S, i \in L$；

Δt^i_{stopj}——表示 i 线列车在 j 站的站停时间，i 表示网络中的某条线路，$i \in L$，j 表示网络的换乘站，$j \in S$；

$\Delta t^i_{run,upj}$、$\Delta t^i_{run,downj}$——表示 i 线上行、下行列车在 j 站前一站到 j 站的运行时间，i 表示网络中的某条线路，$i \in L$，j 表示网络的换乘站，$j \in S$；

ΔT——乘客能容忍的最长候车时间；

S——网络中换乘站的集合；

L——网络中线的集合。

末班车的衔接优化步骤如图 7-1-8 所示。

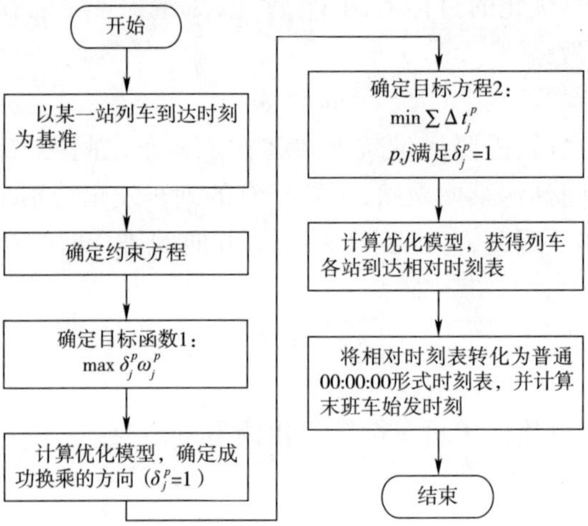

图 7-1-8　末班车衔接优化流程图

网络末班车衔接优化流程具体有 7 步：

步骤 1：确定基准时间。以某一站的列车到达时刻为基准，记该时刻为 0s，其余各站到达时刻均为相对基准车站发生的时间，以 s 为单位。

步骤 2：确定以 s 为单位的约束方程。

步骤 3：确定目标方程 1：$\max \sum \delta_j^p \omega_j^p$，保证尽可能多的重要换乘方向换乘成功。

步骤 4：计算该单目标优化模型，确定成功换乘的方向。

步骤 5：根据已经确定的成功换乘方向，确定目标方程 2：$\min \sum\limits_{p,j满足\delta_j^p=1} \Delta t_j^p$，保证成功换乘的乘客等待时间最少。

步骤 6：计算该单目标优化模型，确定相对的列车各站到达时刻，并计算各线末班列车发车时刻。

步骤 7：将相对时刻转化为正常的时间记录方式 00:00:00。

计算结束。

2　网络末班车延误调整研究

城市轨道交通列车需按照事先制定的运行计划运行，但是在实际的行车过程中，往往会受到各种因素的干扰，偏离运行计划。在末班车时段，一旦有一趟列车由于突发事件造成晚点，就有可能影响与该线相关的所有换乘站的列车衔接。本节研究的内容就是针对末班车时段发生列车延误时，如何调整列车运行，减少对整个网络末班车衔接的影响。

2.1　轨道交通网络末班车调整原则

为使网络末班车调整趋于合理，需制定以下末班车调整原则。

(1) 当一列或多列末班车运行变动时，通过局部适当的运行调整，尽可能地维持当前网络末班车衔接的效果。避免为了满足少数换乘方向的衔接，造成全网络列车运行的调整。

(2) 由于举行国家级大型活动或者特殊工作的需要，某些线路需要提前结束运营时，与该线路相连的线路如不采取提前结束运营的措施,须提前在网络发布提前结束运营线路的信息。

(3)由于举行国家级大型活动,主干线路需要延长运营时间时,全网络应该统一延长运营时间,保障网络内列车的可衔接性;需通宵运行时,应由各运营企业共同商定各线运营方案。

(4)由于举行一般性大型活动,与活动发生地直接相连的线路需要延长运营时间时,与该线路相连的线路可以不采取延长运营的措施,须提前在网络发布延长运营线路信息。

2.2 假设与说明

在城市轨道交通网络边缘具有换乘关系的线路,有可能出现"交叉衔接"情况(图 7-2-1),即发生在同样一对列车间的两个相反方向换乘衔接需求。

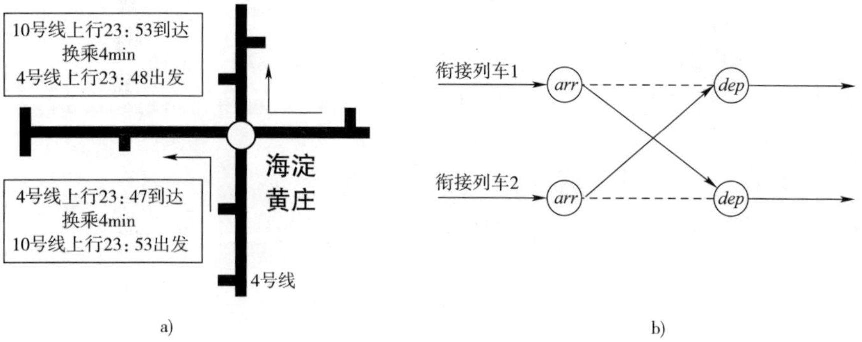

图 7-2-1 "交叉衔接"示意图

当列车停站时间一定时,"交叉衔接"一般只能保证其中一个方向的衔接,能够衔接的条件为:

$$|t^1_{depj} - t^2_{arrj}| \geqslant \Delta t_j \tag{7-2-1}$$

式中:t^1_{depj}——列车 1 从换乘站 j 出发的时刻;

t^2_{arrj}——列车 2 到达换乘站 j 的时刻;

Δt_j——乘客在换乘站 j 的换乘走行时间。

按照本章 1.1.2 节中末班车的衔接原则,"交叉衔接"中两个方向都是需要考虑的衔接方向,在制定末班车衔接方案时,一般可以根据实际情况的需要,确定"交叉衔接"中某个方向为首要衔接之方向。末班车发生延误进行末班车衔接调整时,往往很难保证该首要衔接方向能够满足要求,但是由于公式(7-2-1)非常容易满足,亦即通过最多一趟列车运行的调整,必定能够保证一个衔接方向能够正常衔接。特别地,当两趟列车到达时间相差不多时,还可以通过增加两趟列车的站停时间,实现双向换乘,即:

$$t^i_{stopj} = t^2_{arrj} + \Delta t^1_j - t_{arrj}, t^2_{arrj} \geqslant t^1_{arrj} \tag{7-2-2}$$

因此,为了简化调整过程,在做末班车调整方案时,可以先不考虑"交叉衔接"换乘站的衔接需求,待列车行至此站后,根据实际情况适当调整即可。

采取以上简化措施后,不仅放宽了末班车调整的限制条件,还有可能放大列车换乘冗余时间,为进行列车调整带来了有利条件。

2.3 末班车延误后的调整特点分析

当轨道交通网络换乘站数量较多时，末班车换乘衔接调整需要考虑的方向将会变得很复杂。当某末班列车发生延误后，如果直接进行相连其他线路末班列车运行的调整，由于连带关系，不但使调整工作的难度大增，而且会破坏整个网络目前的衔接情况，直接影响列车运营服务。因此，应该分析网络实际衔接情况，在尽量不破坏当前网络末班车衔接情况的基础上进行适当调整。

某一个方向的列车 A 到达换乘站(j)后，乘客能够换乘另外一个方向列车 B 的条件是换入方向与换出方向列车的到达、出发时间(t_{arrj}^{A}、t_{depj}^{B})之差不小于乘客的换乘时间(Δt_j)，既：

$$t_{depj}^{B} - t_{arrj}^{A} \geqslant \Delta t_j \tag{7-2-3}$$

网络末班车发生延误大都是由于设备故障、特殊要求等突发事件原因造成，由于列车运行的特殊性，很容易将这种延误传递到后续车站。末班车发生延误后，只会对本线换乘他线列车的乘客造成影响[图 7-2-2a)]，并不影响乘客由他线换乘本线列车[图 7-2-2b)]。因此，在研究调整方案时，只需集中对本线换乘他线的衔接方向和约束进行分析，而对于他线换乘本线的衔接约束可以不考虑。

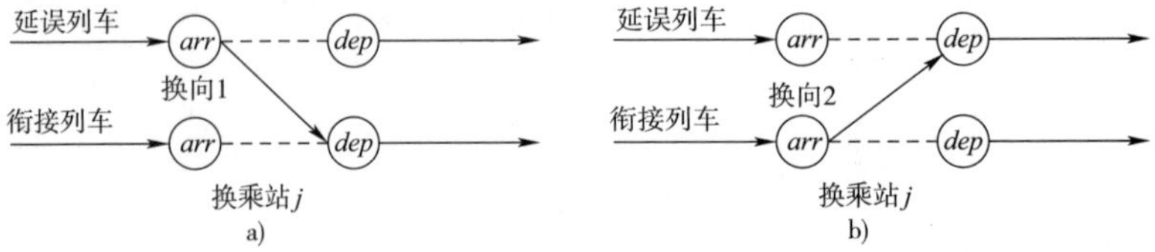

图 7-2-2　乘客在换乘站换乘示意图

对于虽然属于本线换乘他线，但在当前网络中无法实现换乘的衔接方向，可暂不列入调整范围。

2.4 充分利用换乘冗余时间调整

换乘冗余时间包括车站换乘冗余时间(Δt_i^p)与列车换乘冗余时间(Δt_{staj})。

列车换乘冗余时间(Δt_{staj})：考虑本线末班车衔接时，不仅应考虑某换乘站车站的换乘冗余时间 Δt_j^p，还须本线列车考虑从延误车站(sta)起至运营终点站间各换乘站(j)的列车换乘冗余时间，取最小值即为列车换乘冗余时间，见图 7-2-3。

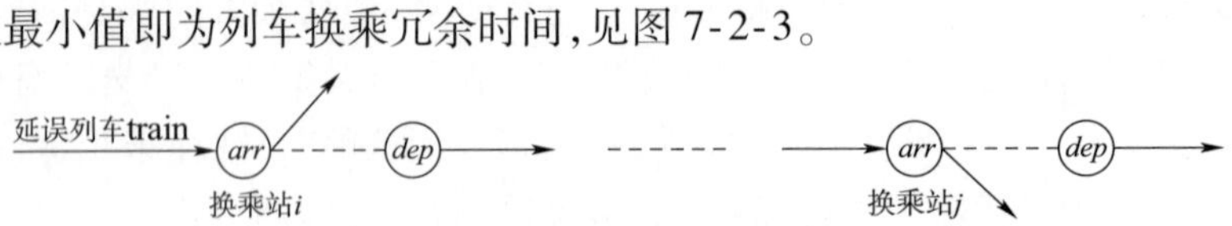

图 7-2-3　列车换乘冗余时间的计算

$$\Delta t_{staj} = \min(\Delta t_j^p) \tag{7-2-4}$$

j 为延误车站起至运营终点站间各个换乘站。

$[0,\Delta t_{staj}]$ 就是本线上行(下行)方向列车在某站发生延误后的调整时间范围。

由公式(7-2-4)可以看出，Δt_{staj} 的大小与列车延误发生的车站及列车运行方向有关。因此，可以将列车延误调整分成以下三种情况，制定末班车时间段内对网络列车整体衔接效果不产生或者产生较小影响的调整措施。用 Δt_{del} 表示“列车实际延误时间”。

2.4.1　当 $\Delta t_{del} \in [0, \Delta t_{staj}]$ 时

根据前面分析，只要将列车发生延误的时间控制在 Δt_{staj} 内，就无需对网络其他末班列车运行进行任何调整。

分析网络线路间的衔接关系可以发现，当某条线路中换乘站的重要换乘方向全为他线换入本线方向时，此时由于不存在 Δt_j^p，Δt_{staj} 可以取值很大，此类线路即使发生晚点，也不会对网络相关线路的衔接关系造成影响。因此，无需调整相邻各线的末班车发车时间，只需在延误线路换乘站做好关于列车晚点的通知。同样，当与此类线路相连的其他线路发生延误而影响与本线列车的衔接时，为保持网络的可达性，可以适当延长本线路的运营时间，而不会造成网络列车衔接的紊乱。但是，延长的时间应该控制在一定时间以内，减少本线乘客的多余等待时间。

2.4.2　当 $\Delta t_{del} \in [\Delta t_{staj}, \max(\Delta t_j^p)]$ 时

当列车在某些车站已经延误，且 $\Delta t_{staj} < \Delta t_{del} < \max(\Delta t_j^p)$ 时，根据实际情况，可以选择放弃某些换乘站或者换乘方向的衔接，扩大延误调整时间的范围，避免需要对网络其他线路列车进行调整。

2.4.3　当 $\Delta t_{del} > \max(\Delta t_j^p)$ 时

此时由于无法利用冗余时间，如果进行列车调整，可能引起各线各方向列车的调整，因此不宜对此时的网络线路列车末班车进行调整。

3　北京城市轨道交通首末班车时间衔接案例分析

北京轨道交通与2号线首班车时间衔接优化案例是市内最重要的线路之一，与1号线，4号线，5号线，6号线，8号线，13号线和机场线均有衔接关系。另外1号线、5号线途径北京多个重要居住区和办公区域，客流量一直在各线中居于前几位。因此，本节将选择1号线、2号线、5号线组成的局部网络（共5个换乘站），进行首末班车时间的衔接分析，该网络及换乘站的分布如图7-3-1所示。

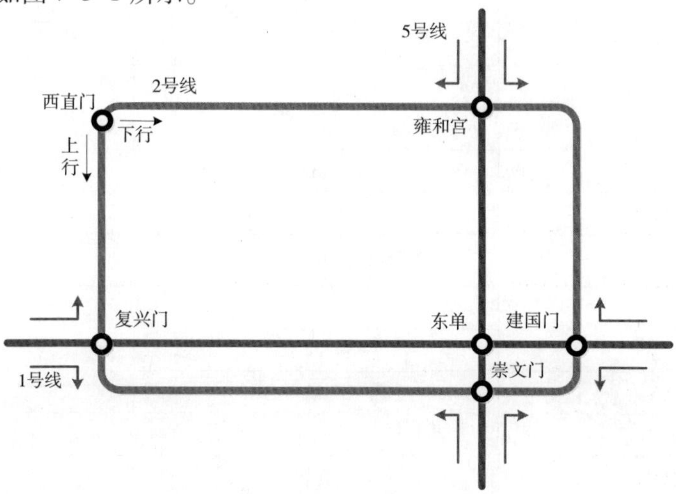

图7-3-1　1号、2号、5号线网络及换乘站示意图

3.1 首班车时间衔接案例

3.1.1 首班车时间衔接需要的基础数据

表7-3-1～表7-3-6分别列车了本例中的1号线、2号线、5号线的各换乘站间的运行时间及列车站停时间。

1号线运行时间表 表7-3-1

运行区段	运行区段(含站停)(s)	
	上行	下行
苹果园—复兴门	1 747	1 732
复兴门—东单	599	596
东单—建国门	110	110
建国门—四惠东	715	753
最小发车间隔	125	
苹果园最小折返时间	120	
四惠东最小折返时间	120	

1号线换乘站站停时间表 表7-3-2

换乘站	站停时间(s)	
	上行	下行
复兴门(F)	47	43
东单(D)	43	40
建国门(J)	39	41

2号线运行时间表 表7-3-3

运行区段	运行时间(含站停)(s)	
	上行	下行
西直门—雍和宫	581	587
雍和宫—建国门	524	463
建国门—崇文门	273	271
崇文门—复兴门	659	650
复兴门—西直门	363	369
最小发车间隔	120	

2号线站停时间表 表7-3-4

换乘站	站停时间(s)	
	行	下行
雍和宫(Y)	45	45
建国门(J)	60	60
崇文门(C)	45	45
复兴门(F)	60	60

5 号线运行时间表　　表 7-3-5

运行区段	运行时间(含站停)(s)	
	上行	下行
天通苑北—雍和宫	1 500	1 506
雍和宫—东单	532	529
东单—崇文门	79	79
崇文门—宋家庄	658	655
最小发车间隔	170	170
天通苑北最小折返时间	150	150
宋家庄最小折返时间	150	150

5 号线站停时间表　　表 7-3-6

换乘站	站停时间(s)	
	上行	下行
雍和宫(Y)	50	50
东单(D)	50	50
崇文门(C)	45	45

取任何站内线线间的乘客换乘走行时间为 300s,乘客能容忍的最长候车时间为 1 200s。

3.1.2　首班车时间衔接优化模型

根据上节数据以及 1.3.3 中模型表述,可确定首班车时间衔接优化模型。

为方便描述,以 $Taijk$ 表示 i 方向(上行 u,下行 d)的 j 线在 k 换乘站的到达时间,例如,$Tau1F$ 表示 1 号线上行方向的列车到达 F(复兴门)的时刻。以 Tkl 表示 k 换乘站 l 换乘方向的乘客等待冗余时间,例如,$TF1$ 表示复兴门站 2 号线下行方向换乘 1 号线下行方向乘客等待冗余时间。

记 L 为网络中线的集合,$L=\{1,2,5\}$;记 S 为换乘站的集合,$S=\{F,D,J,Y,C\}$,其中 F 表示复兴门,D 表示东单,J 表示建国门,Y 表示雍和宫,C 表示崇文门。

根据公式(7-1-18)与表 7-3-1 ~ 表 7-3-6,对复兴门站有:

Constraint 1:

$$Tad1F + 180 + TF1 = Tad2F + 60$$

$$Tad1F + 180 + TF2 = Tau2F + 60$$

$$Tau1F + 180 + TF3 = Tad2F + 60$$

$$Tau1F + 180 + TF4 = Tau2F + 60$$

$$Tad2F + 180 + TF5 = Tad1F + 43$$

$$Tad2F + 180 + TF6 = Tau1F + 47$$

$$Tau2F + 180 + TF7 = Tad1F + 43$$

$$Tau2F + 180 + TF8 = Tau1F + 47$$

对于东单站有：

Constraint 2：

$$Tad1D + 180 + TD1 = Tad5D + 50$$
$$Tad1D + 180 + TD2 = Tau5D + 50$$
$$Tau1D + 180 + TD3 = Tad5D + 50$$
$$Tau1D + 180 + TD4 = Tau5D + 50$$
$$Tad5D + 180 + TD5 = Tad1D + 43$$
$$Tad5D + 180 + TD6 = Tau1D + 47$$
$$Tau5D + 180 + TD7 = Tad1D + 43$$
$$Tau5D + 180 + TD8 = Tau1D + 47$$

对于建国门站有：

Constraint 3：

$$Ttad1J + 180 + TJ1 = Tad2J + 60$$
$$Tad1J + 180 + TJ2 = Tau2J + 60$$
$$Tau1J + 180 + TJ3 = Tad2J + 60$$
$$Tau1J + 180 + TJ4 = Tau2J + 60$$
$$Tad2J + 180 + TJ5 = Tad1J + 41$$
$$Tad2J + 180 + TJ6 = Tau1J + 39$$
$$Tau2J + 180 + TJ7 = Tad1J + 41$$
$$Tau2J + 180 + TJ8 = Tau1J + 39$$

对于雍和宫站有：

Constraint 4：

$$Tad2Y + 180 + TY1 = Tad5Y + 50$$
$$Tad2Y + 180 + TY2 = Tau5Y + 50$$
$$Tau2Y + 180 + TY3 = Tad5Y + 50$$
$$Tau2Y + 180 + TY4 = Tau5Y + 50$$
$$Tad5Y + 180 + TY5 = Tad2Y + 45$$
$$Tad5Y + 180 + TY6 = Tau2Y + 45$$
$$Tau5Y + 180 + TY7 = Tad2Y + 45$$
$$Tau5Y + 180 + TY8 = Tau2Y + 45$$

对于崇文门站有：

Constraint 5：

$$Tad2C + 180 + TC1 = Tad5C + 45$$
$$Tad2C + 180 + TC2 = Tau5C + 45$$

$$Tau2C + 180 + TC3 = Tad5C + 45$$
$$Tau2C + 180 + TC4 = Tau5C + 45$$
$$Tad5C + 180 + TC5 = Tad2C + 45$$
$$Tad5C + 180 + TC6 = Tau2C + 45$$
$$Tau5C + 180 + TC7 = Tad2C + 45$$
$$Tau5C + 180 + TC8 = Tau2C + 45$$

对于网络中的每条线来说,列车在途经的各换乘站的站停时间与站间的运行时间均已知。因此,某条线上知道一个站的到达时刻后,同一条线上的各站列车到达时刻均可通过计算获得。

根据公式(7-1-9)、公式(7-1-10)与表7-3-1～表7-3-6,1号线各站列车的到达时刻关系有:

Constraint 6:

$$Tau1D = Tau1F + 47 + 599$$
$$Tau1J = Tau1D + 43 + 110$$
$$Tad1D = Tad1J + 41 + 110$$
$$Tad1F = Tad1D + 40 + 596$$

同样,2号线各站列车的到达时刻关系有:

Constraint 7:

$$Tau2C = Tau2F + 60 + 659$$
$$Tau2J = Tau2C + 45 + 273$$
$$Tau2Y = Tau2J + 60 + 524$$
$$Tad2J = Tad2Y + 45 + 463$$
$$Tad2C = Tad2J + 60 + 271$$
$$Tad2F = Tad2C + 45 + 650$$

5号线各站列车的到达时刻关系有:

Constraint 8:

$$Tau5D = Tau5Y + 50 + 532$$
$$Tau5C = Tau5D + 50 + 79$$
$$Tad5D = Tad5C + 45 + 79$$
$$Tad5Y = Tad5D + 50 + 529$$

乘客等待冗余时间小于30min(180s),则有:

$$Tkl \leqslant 1\,800, k \in S, l \in L$$

为保证重要换乘方向实现换乘,可首先使重要度大于0的8个重要换乘方向的等待冗余时间 $TF3, TF4, TJ1, TJ2, TC7, TC8, TY5, TY6 < 0$。当其小于0表明A线换乘B线时,B线列车已经先于A线列车到达该站,所以乘客至多等待一个发车间隔的时间。

因此,可得到如下的优化模型:

$$\min |TF3| + |TF4| + |TJ1| + |TJ2| + |TC7| + |TC8| + |TY5| + |TY6|$$

s. t.

*Constraint*1

*Constraint*2

*Constraint*3

*Constraint*4

*Constraint*5

*Constraint*6

*Constraint*7

*Constraint*8

$Tkl \leqslant 1\ 200, k \in S, l \in L$

$TF3, TF4, TJ1, TJ2, TC7, TC8, TY5, TY6 < 0$

上述模型可求得最优解,表明 8 个主要换乘方向均能实现换乘,所以可作为最终的衔接优化模型。

3.1.3 首班车时间衔接优化结果

为方便计算,首先以 2 号线上行方向到达复兴门站的时刻为 0s。其他各线列车到达各站时刻均以 s 记。例如,2 号线首班车到达复兴门站时刻为 0s,经过 60s 的站停时间和 659s 的运行时间,到达崇文门的时刻为 719s。始发站始发及到达各换乘站相对时刻表计算结果见表 7-3-7。

首班车始发站始发及到达各换乘站相对时刻表　　表 7-3-7

线路车站		到达时间(s)	
		上行	下行
1 号线	始发站	-233	164
	复兴门	1 514	1 704
	东单	2 160	1 068
	建国门	2 313	917
2 号线	始发站	-386	-487
	复兴门	0	1 634
	崇文门	719	939
	建国门	1 037	608
	雍和宫	1 621	100
5 号线	始发站	146	-20
	崇文门	804	939
	东单	675	907
	雍和宫	93	1 486

如果规定各线首班车最晚发车时间为早上 5:30:00,而从表 7-3-7 可知,1 号线下行方向列车的发车时间最晚,所以可以定 1 号线四惠东站的首班车始发时刻为 5:30:00,依次类推

其他各线的始发站及换乘站到站时刻表如表 7-3-8、图 7-3-2 所示。

首班车始发站始发及各换乘站到站时刻表　　表 7-3-8

线路车站		到达时间	
		上　行	下　行
1 号线	始发站	5:23:23	5:30:00
	复兴门	5:52:30	5:55:40
	东单	6:03:16	5:45:04
	建国门	6:05:49	5:42:33
2 号线	始发站	5:20:50	5:19:09
	复兴门	5:27:16	5:54:30
	崇文门	5:39:15	5:42:55
	建国门	5:44:33	5:37:24
	雍和宫	5:54:17	5:28:56
5 号线	始发站	5:29:42	5:26:56
	崇文门	5:40:40	5:42:55
	东单	5:38:31	5:42:23
	雍和宫	5:28:49	5:52:02

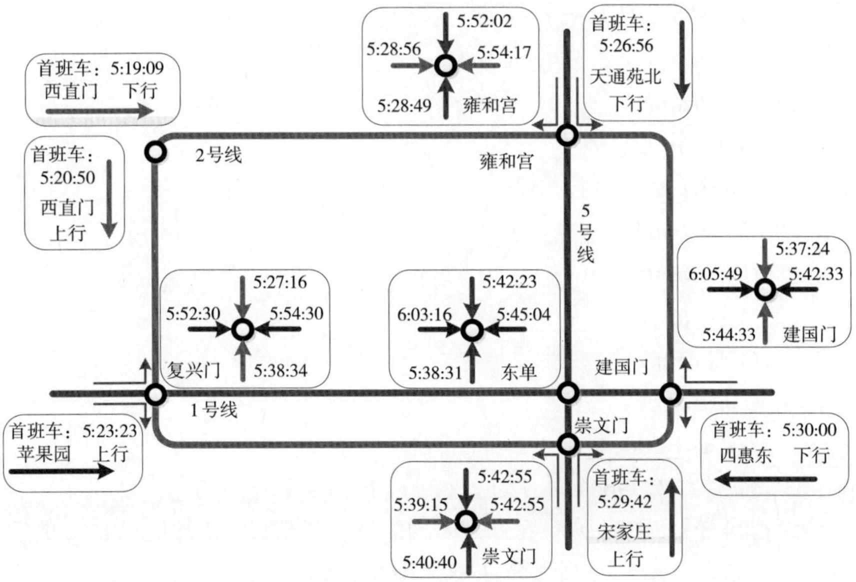

图 7-3-2　首班车列车时刻图示

3.2 末班车时间衔接案例

北京城市轨道交通 1 号线、2 号线、5 号线网络及末班车主要换乘方向,如图 7-3-3 所示。

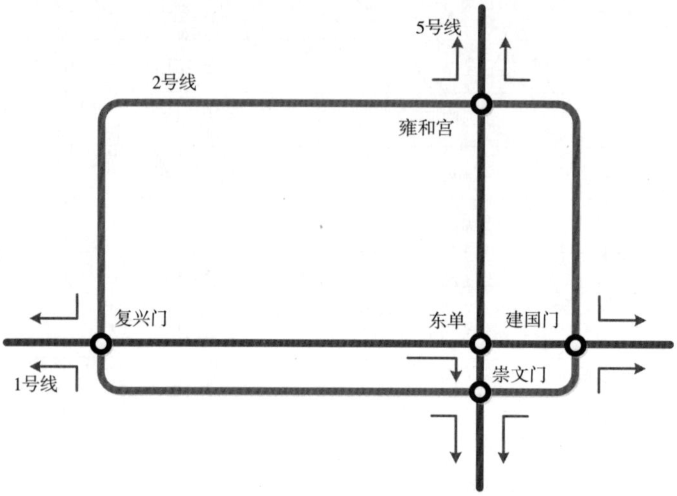

图 7-3-3　1 号、2 号、5 号线末班车主要换乘方向示意图

末班车时间衔接约束方程与首班车相同,但目标方程略有不同。当 9 个重要换乘方向的乘客等待冗余时间 $tF5$,$tF7$,$tJ6$,$tJ8$,$tC1$,$tC3$,$tY2$,$tY4$,$tD3$ 均大于 0 时,可知该 9 个方向能够换乘成功。因此,首先给出该 9 个方向的等待冗余时间 $tF5$,$tF7$,$tJ6$,$tJ8$,$tC1$,$tC3$,$tY2$,$tY4$,$tD3 \geqslant 0$ 的约束。优化模型如下所示。

$$\min tF5 + tF7 + tJ6 + tJ8 + tC1 + tC3 + tY2 + tY4 + tD3$$

s. t.

*Constraint*1

*Constraint*2

*Constraint*3

*Constraint*4

*Constraint*5

*Constraint*6

*Constraint*7

*Constraint*8

$$Tkl \leqslant 1\,200, k \in S, l \in L$$

$$TF5, TF7, TJ6, TJ8, TC1, TC3, TY2, TY4, TD3 \geqslant 0$$

该模型可求得最优解,表明 9 个重要方向均能够换乘成功。所以,只需考虑乘客等待冗余时间最小即可。始发站始发及到达各换乘站相对时刻表,如表 7-3-9 所示。

由表 7-3-9 可知,1 号线的上行方向始发时刻最早,即苹果园站的始发时刻最早。根据末班车确定原则:末班车收车时间不早于 10:30:00,所以定 1 号线末班车苹果园站的发车时刻为 10:30,其他各站时刻,如表 7-3-10、图 7-3-4 所示。

末班车始发及到达各换乘站相对时刻表　　表 7-3-9

线路车站		到达时间(s)	
		上行	下行
1 号线	始发站	-1 368	188
	复兴门	379	1 728
	东单	1 025	1 092
	建国门	1 178	941
2 号线	始发站	-386	-530
	复兴门	0	1 591
	崇文门	719	896
	建国门	1 037	565
	雍和宫	1 621	57
5 号线	始发站	1 804	-20
	崇文门	2 462	1 031
	东单	2 333	1 155
	雍和宫	1 751	1 734

末班车始发及到达各换乘站时刻表　　表 7-3-10

线路车站		到达时间	
		上行	下行
1 号线	始发站	22:30:00	22:55:56
	复兴门	22:59:07	23:21:36
	东单	23:09:53	23:11:00
	建国门	23:12:26	23:08:29
2 号线	始发站	22:46:22	22:43:58
	复兴门	22:52:48	23:19:19
	崇文门	23:04:47	23:07:44
	建国门	23:10:05	23:01:13
	雍和宫	23:19:49	22:53:45
5 号线	始发站	23:22:52	22:52:28
	崇文门	23:33:50	23:09:59
	东单	23:31:41	23:12:03
	雍和宫	23:28:59	23:21:42

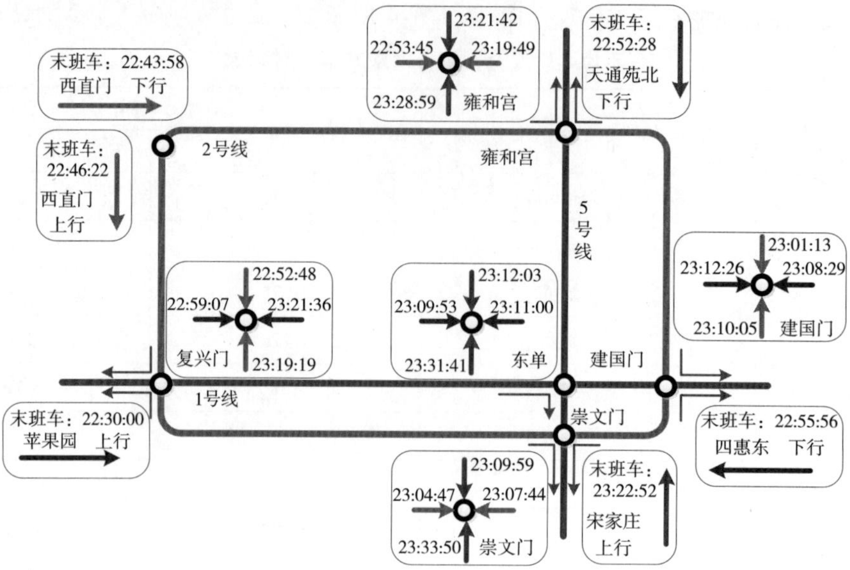

图 7-3-4　末班车列车时刻图示

4　本章小结

本章在分析轨道交通网络复杂性的基础上提出了网络首末班车时间衔接问题，然后分别建立首末班车时间衔接时间的优化模型，针对末班车衔接的特殊性，研究了轨道交通网络的末班车延误调整方法。本章以北京城市轨道交通网络为例，说明和验证了城市轨道交通网络首末班车时间的衔接优化计算方法和过程。

第 8 章　周期化运行运输组织模式

1931 年,荷兰铁路公司 NS(Nederlandse Spoorwegen)预计到长途旅客列车客运量的增长,提出了一种新的旅客列车运营概念——周期化运行。8 年后的 1939 年,NS 终于在长途旅客运输中实现了周期化运行的模式。从此,欧洲各国铁路公司纷纷效仿,许多国家的铁路实现了列车的周期化运行。由于运程较短、发车频率高,城市轨道交通列车几乎从诞生开始就采取了固定时间发车,周期循环运行的模式。

目前,世界主要发达国家的铁路与城市轨道交通列车均采用了周期化运行模式,本章将介绍并讨论这种列车运输组织模式。

1　列车周期化运行的概念

列车周期化运行,简单说是指相同种类的列车以固定周期间隔 T(30min、1h 或者 2h)到达、出发或通过运行途中各车站。列车的运行具有极强的规律性。

周期运行图(荷兰称 Cyclic timetable、德国称 Periodic timetable、日本称規格ダイヤ),是列车周期化运行在运行图上的体现。所谓周期运行图,是指在基本运行图的各个周期时间段 T 内,列车运行线铺画都具有相同的模式:同一线路区间列车的开行种类、数量、运行顺序和速度相同,同时刻发出列车的越行或待避车站以及在各站的到、发时刻也基本相同,以此形成一个相对固定的基本运行图模式(图 8-1-1)。实际实行的运行图是对该基本运行图抽线后形成的。因此,周期运行图是编制、确定每季度、每周或每日计划运行图的基础和依据。

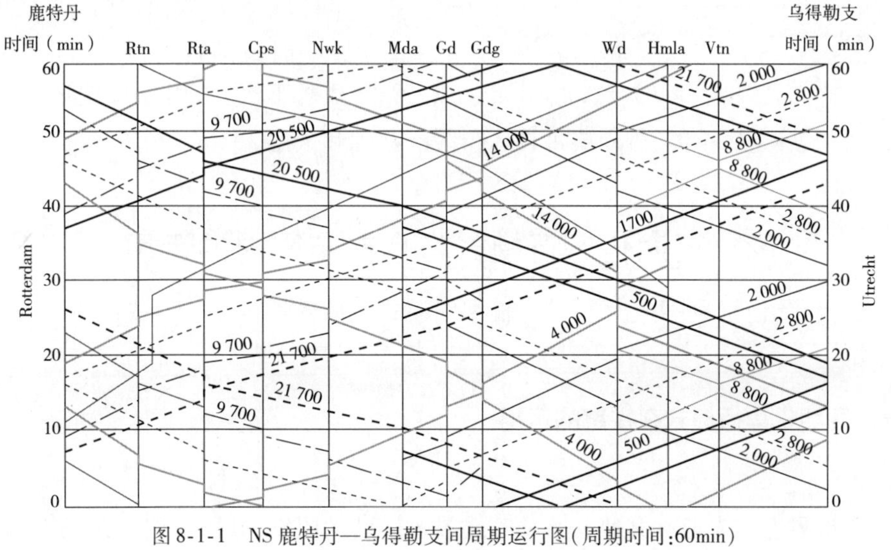

图 8-1-1　NS 鹿特丹—乌得勒支间周期运行图(周期时间:60min)

由于在周期运行图的每个周期时间间隔 T 中，列车运行线铺画的内容相同，因此可以将运行图的所有运行线抽象到一个周期中，绘制出单元周期运行图（图 8-1-2）。

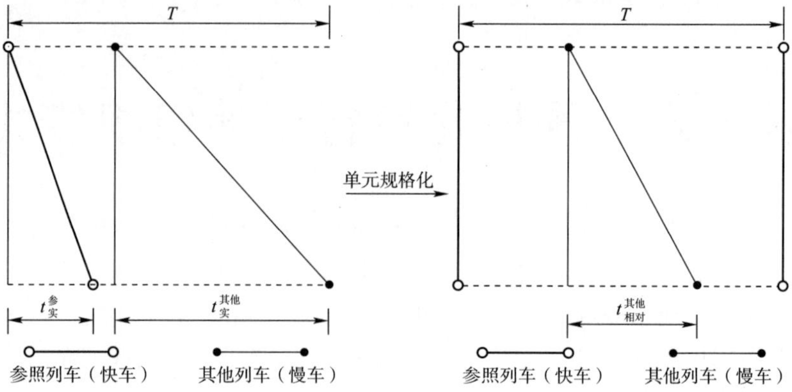

图 8-1-2　单元周期运行图

为方便起见，在单元周期运行图中，以最快捷的列车（图 8-1-2 中的快车）为参照系，我们把此列车称为参照列车，把其他列车看成相对于参照列车运行。即：在单元周期图中，最快的列车直接从起点站运行到终到站，没有时间消耗；其他列车的区间运行时分 $t_{相对}^{其他}$ 为其实际区间运行时分 $t_{实}^{其他}$ 减去参照列车的实际区间运行时分 $t_{实}^{参}$，即：$t_{相对}^{其他}=t_{实}^{其他}-t_{实}^{参}$。由单元周期运行图就可以清晰地反映运行图中各运行线的基本信息及其相对关系；运行图时间坐标为相对量，以参照列车的出发时刻为起点和终点。图 8-1-3 为根据 1965 年 JR 东海道新干线的基本运行图绘制的单元周期运行图。

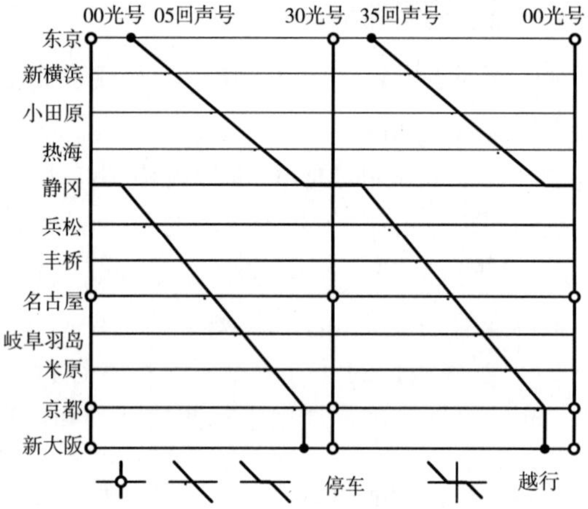

图 8-1-3　1965 年 11 月 JR 东海道新干线单元周期运行图

在基于列车周期化运行的运输组织模式下，可以根据旅客出行特点，在基本运行图上某些时段满负荷行车、某些时段抽线停开某些车次，采用分日期运行图。周期运行图是编制、确定每季度、每周或每日运行图的基础和依据。

2　周期化运行模式在世界范围内的运用

本节主要介绍列车周期化运行的运输组织模式在世界各国（地区）铁路和城市轨道交通方面的运用。

2.1　周期化运行模式在铁路的运用

2.1.1　日本

日本是世界上首先拥有高速铁路并正式投入运营的国家，其国家属于狭长形岛国，决定了其高速铁路网的树形结构。截至2009年，日本高速铁路的运营里程已达2 321.4km，并计划再修建5 000km高速铁路，以及中央磁悬浮新干线(成为日本陆地交通运输网的支柱)，如图8-2-1所示。日本东海道等5条新干线组成的高速网络以东京为中心，沿着海岸线贯通日本南北。日本高速铁路为客运专线，与既有线不联轨，高速铁路的列车开行方案充分考虑到高速铁路与既有线、高速铁路与其他交通方式在各换乘地点和时间上的配合。日本的四条新干线，约占其铁路总运营里程的9%，却承担着约1/3的旅客周转量。

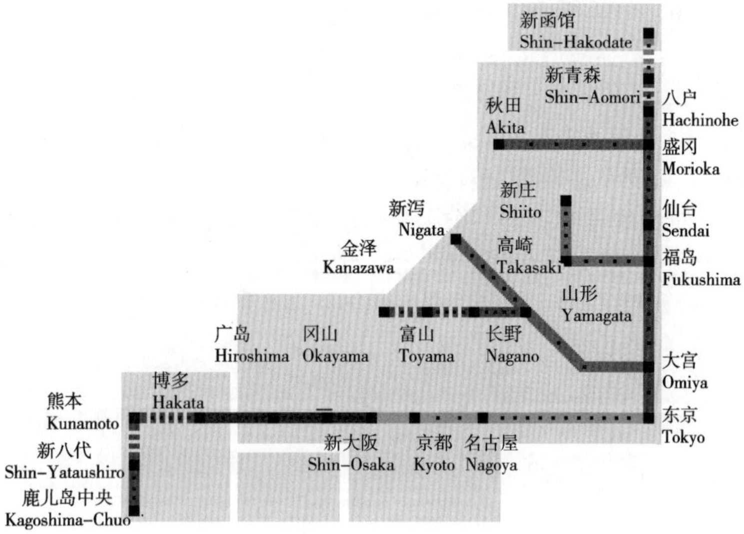

图8-2-1　日本高速铁路网络结构(2009年)

新干线从投入运营开始，就采用周期化运行的运输模式，周期运行图作为其基本运行图的铺画方式。为了提高市场占有率，新干线在同一区间开行多种档次(种类)的列车，通过停站数量体现列车的差别。由于各种类列车的运行速度相差不大，且列车的停站时间较短，所以列车的开行密度可以达到很大。日本最繁忙的东海道新干线在高峰时期，开行密度已经达到了每小时15列(2009年)，是世界高速铁路运营密度之最。表8-2-1列出了东海道新干线不同时期采用的周期化运行模式以及列车开行数量的变化。

东海道新干线周期化运行模式与列车开行数量　　表8-2-1

时　　间	运行图模式(光号—回声号)	开行列车数(上下行总数)
1964年10月	1-1	60
1965年11月	2-2	110
1968年10月	3-3	178
1970年10月	3-6	203
1972年10月	4-4	231
1973年10月	5-5	235
1980年10月	5-5	255

续上表

时　　间	运行图模式(光号—回声号)	开行列车数(上下行总数)
1986 年 11 月	6 – 4	310
1989 年 3 月	7 – 4	348
2003 年 10 月	7 – 2 – 3(希望号—光号—回声号)	396
2007 年 6 月	8 – 2 – 2(希望号—光号—回声号)	不详

日本新干线周期化的运行组织模式具有以下几个特点：

(1)绝大部分列车在本线内运行,列车运行密度大、编组长、定员多;

(2)不同区域间的旅客主要采用换乘的方式,其列车运行组织也非常重视列车间的衔接;

(3)为方便旅客,通过改造既有线使部分高速列车延伸到既有线运行。部分列车既有线运行(对既有线改造),列车在中间站有"分解"及"合并"作业,开行所谓的"翼型"列车(图 8-2-2)。虽然在枢纽站的分解和合并作业会延长列车的停车时间,但是"翼型"列车的开行方案大大简化了带有分支线路的列车周期化运行组织。

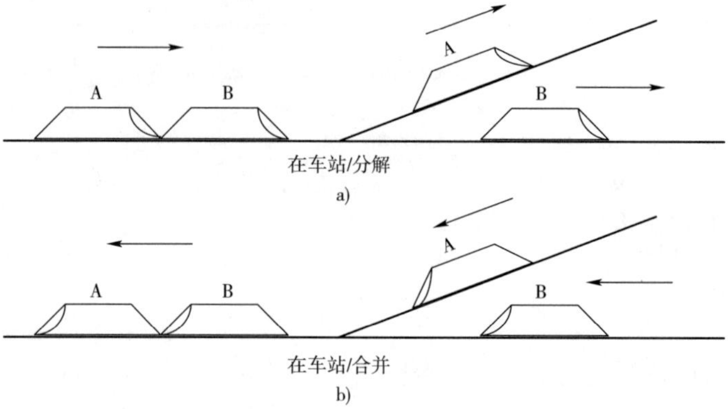

图 8-2-2　动车组的"分解"及"合并"

(4)非常重视列车运行秩序,保障列车正点运行。

除了新干线列车,日本大量既有的普通列车也采用周期化运行的组织模式。

2.1.2　法国

法国在 1981 年建成了它的第一条高速铁路 TGV 东南线,后来又建成了 TGV 大西洋线,时速达到 300km;1993 年 TGV 北线(也称北欧线)开通运营,它可由巴黎经里尔,穿过英吉利海峡隧道通往伦敦,并经欧洲北部比利时的布鲁塞尔,东连德国的科隆,北通荷兰的阿姆斯特丹,成为一条重要的国际通道。法国高速铁网络线路基本都是以巴黎为中心,成树状分布的,如图 8-2-3 所示。法国现在已有高速铁路超过 1 200km。

法国高速铁路运行的列车速度单一,线路能力可得到很好利用,列车编组小,输送人数少,在客流高峰时段采用多列联运的方式来增加载客量。法国列车行车量比较少,使得法国高速铁路的周期化运行模式比较灵活。有些区间列车按固定的周期时间间隔到、发,为严格的周期化运行(如北线巴黎—里尔,东南线巴黎—马赛、巴黎—蒙比丽埃等);有些区间的周期化运行表现为在每个运行周期(一个或两个小时)内出发列车数相同(如西南线巴黎—波尔多等),一个周期内发出的列车甚至少于 2 列。

图 8-2-3　法国高速铁路网络图

2.1.3　中国台湾地区

中国台湾地区高速铁路于2007年建成通车(图8-2-4),由于其完全脱胎于日本新干线,所以台湾高铁2008年开通初期采用的是严格的周期化运行模式:台北每小时的25分往台南方向发出一趟列车,台南每小时的15分往台北方向发一趟列车。2013年,台湾高铁行车量有所增长,仍采用周期化运行模式。由于台湾高铁的竞争,台湾铁路管理局放弃了长途运输市场,将市场转向中短途运输,也采用周期化运行的模式并与台湾的捷运系统(类似于中国大陆的城市轨道交通)构成都市圈内的通勤、通学轨道交通系统,实际效果不错。

2.1.4　荷兰

荷兰是世界上最早提出和实现列车周期化运行的国家。

荷兰铁网络由中长途(InterRegio、InterCity:连接大城市)和短途(AggroRegio:区域铁路)网络构成。铁路线长2 800 km,共有372个车站,由于荷兰国土狭小,所以荷兰铁网络显得比较复杂,其InterRegio网络结构如图8-2-5所示。

图 8-2-4　台湾高铁示意图
(图片来自网络)

荷兰的轨道交通非常发达,每天都有很多来往于法国、德国的国际列车,加上荷兰商业在欧洲举足轻重的位置,荷兰铁路比较繁忙,每天发送旅客 1 000 000 万人次,货物 60 000t,旅客列车运行全部采用周期运行模式。

2.1.5　德国

截至 2009 年,在德国投入运营的高速线路为 915km,线路允许的最高运行速度为 330km/h;既有线改造后可允许列车以 200km/h 速度运行的线路达到 650km。高速列车可在既有线运行,使高速列车可提供服务的网络范围达到了 4 000km。德国的高速铁路在铁路路网中起着主要通道的作用,结构极其复杂,德国铁路网络如图 8-2-6 所示。

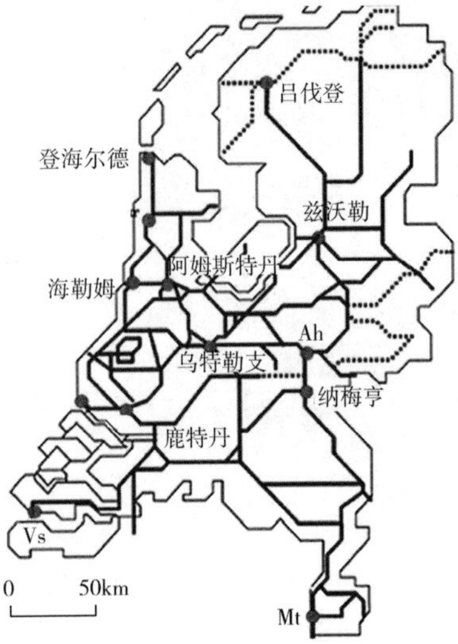

图 8-2-5　荷兰 InterRegio 铁路路网结构

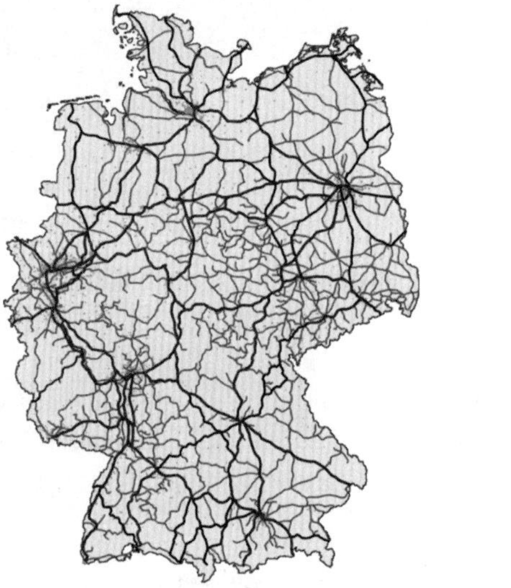

图 8-2-6　德国铁路网(粗线为可开行 200km/h 以上的线路)

德国高速铁路基本采用昼夜分区的客货混行模式,昼间运行旅客列车,繁忙区段开行各类旅客列车,夜间运行货物列车,在昼夜交替的时间段则为客货混行。德国铁路 DB(DEUTSCHE BAHN)旅客列车种类繁多,底下分为 RIGION BAHN(区域运输)、FERN VERHEHR(远程运输)两大公司。ICE1 - ICE3 为连接大中城市远程列车,6:00 ~ 22:00 按班车制每小时开行一列;其他为上高速网络的 ICE、IC、RE 和 RB 等城际快车;另外,区域铁路上专门有规划到大的居民区和汽车、城市轨道交通站等交通枢纽的 S - BAHN(区域快车)。由于行车量的增加以及提升服务配置的需要,DB 从 20 世纪 70 年代末期,由 IC 开始,逐渐实现了列车的周期化运行。表 8-2-2 为西泽斯劳滕开往萨尔不鲁肯的 IC 列车运行周期化的演变过程。现在,DB 所有列车都已采用了严格周期化的运行模式,乘客乘坐列车非常方便。

除了荷兰和德国等国以外,现在已经实行列车周期化运行模式的国家还有奥地利、比利时、丹麦、挪威、英国和瑞士等国。随着欧盟一体化的加速,欧洲各国的铁路联系越来越紧密,并且逐渐形成"泛欧高速铁网络",列车周期化运行模式也进一步在欧洲高速铁网络上推广。

DB 不同时期西泽斯劳滕开往萨尔不鲁肯的时刻表 表 8-2-2

1991 ~ 1992 年度时刻表		1995 ~ 1996 年度时刻表	
时	分	时	分
5	35、52	5	25、36、46
6	33、43	6	06、36、46
7	21、33、43、58	7	06、25、36、46
8	38、52	8	06、36、46
9	30	9	06、25、36、46
10	02、43	10	06、36、46
…		…	

2.2 周期化运行模式在城市轨道交通的运用

本节介绍列车周期化运行的运输组织模式在日本、美国、韩国、德国、荷兰等国家的运用。表 8-2-3 ~ 表 8-2-7 分别为日本东京、美国华盛顿、韩国首尔、德国柏林、荷兰采用周期化运行模式下的城市轨道交通时刻表，由各表可推出各国城市轨道交通站点的发车周期(T)。

2.2.1 日本京东

日本城市轨道交通系统几乎都实现了列车周期化运行，即列车在车站非常有规律地到发。以东京城市轨道交通为例，所有列车在平峰期间的开行间隔都是 3、4、5、6min，均可被 60 整除。这大大降低了列车运行图的编制难度，也提高了旅客在换乘站的换乘效率，到发时刻在每一时段内固定，旅客每次出行不必要记忆复杂的时刻表，同时也有利于实现网络列车运行图的编制工作。

日本各城市轨道交通的时刻表调整周期长，时刻表变化较小，列车运行稳定。表 8-2-3 为东京站池袋方向东京地铁公司双休日时刻表，沿用至今(2013 年)。

日本东京站时刻表(2009 年 12 月 11 日起用) 表 8-2-3

时	分(东京站　池袋方向)															
10:00	00	03	07	11	16	20	24	27	32	36	39	43	47	51	55	59
11:00	03	07	11	15	19	23	27	31	35	39		43	47	51	55	59
12:00	03	07	11	15	19	23	27	31	35	39		43	47	51	55	59
13:00	03	07	11	15	19	23	27	31	35	39		43	47	51	55	59
14:00	03	07	11	15	19	23	27	31	35	39		43	47	51	55	59
15:00	03	07	11	15	19	23	27	31	35	39		43	47	51	55	59
16:00	03	07	11	15	19	23	27	31	35	39		43	47	51	55	59
17:00	03	07	11	15	19	23	27	31	35	39		43	47	51	55	59
18:00	03	07	11	15	19	23	27	31	35	39		43	47	51	55	59
19:00	03	07	11	15	19	23	27	31	35	39		43	47	51	55	59
20:00	03	07	11	16	21	26	31	36	41	47	51	55				
21:00	01	07	11	17	23	28	33	38	43	47	52	57				
周期运行特点 $T=20\text{min}$																
03	07	11	15	19												

从表 8-2-3 可以看到,东京地铁公司列车运行规律性很强,11:00 ~ 19:00 期间,均以 4min 等间隔运行。等间隔运行是周期化运行的极端方式,在周期化运行中,等间隔运行的时间定能被周期时间整除,如表中间隔时间为 4min,周期时间为 20min。

表 8-2-3 中,每天早晚列车的发车时刻似乎有点偏离周期时刻表的规律,是因为早晚开行的列车没有前行或者后续列车的影响,可以根据实际需要(客流、规律)适当进行调整,但这并不会影响时刻表整体的周期规律性。

2.2.2 美国华盛顿

华盛顿城市轨道交通网络大抵设计成辐射状,以便于捷运列车自郊区前往城市的任一地方。值得注意的是,华盛顿城市轨道交通系统中常常有多条路线平行设置情形(图 8-2-7)。

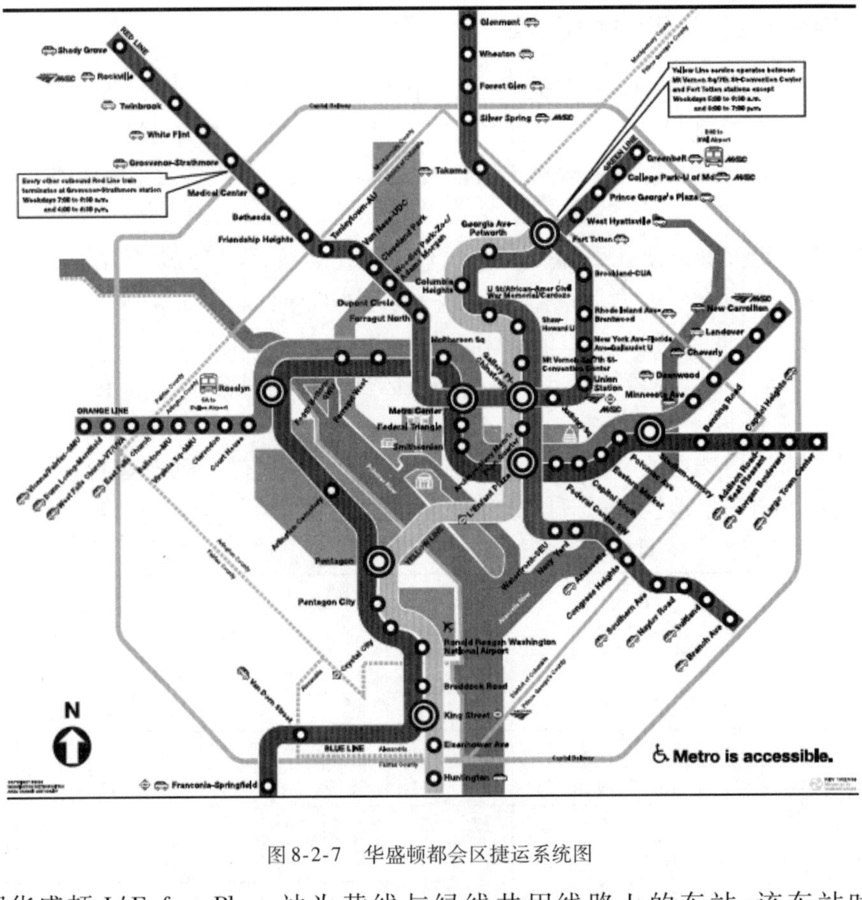

图 8-2-7　华盛顿都会区捷运系统图

美国华盛顿 L′Enfant Plaza 站为黄线与绿线共用线路上的车站,该车站时刻表见表8-2-4。

$$T_{黄线} = T_{绿线} = 20(\text{min})$$

由表 8-2-4 可以为平行线路时得出,为了保证重合部分线路运行的均匀性,当两条线路(如黄线、绿线)为平行线路时(图 8-2-8),两条线路的周期关系为 $T_{黄线} = T_{绿线}$ 或 $T_{黄线}$ 与 $T_{绿线}$ 为倍数关系。只有这样,才能确保平行线路能周期化运行。

美国华盛顿 L′Enfant Plaza 站时刻表(周六)　　表 8-2-4

绿线发车时刻	黄线发车时刻	绿线发车时刻	黄线发车时刻
9:20	9:29	11:40	11:49
9:40	9:49	12:00	12:09
10:00	10:09	12:20	12:29
10:20	10:29	12:40	12:49
10:40	10:49	13:00	13:09
11:00	11:09	13:20	13:29
11:20	11:29	13:40	

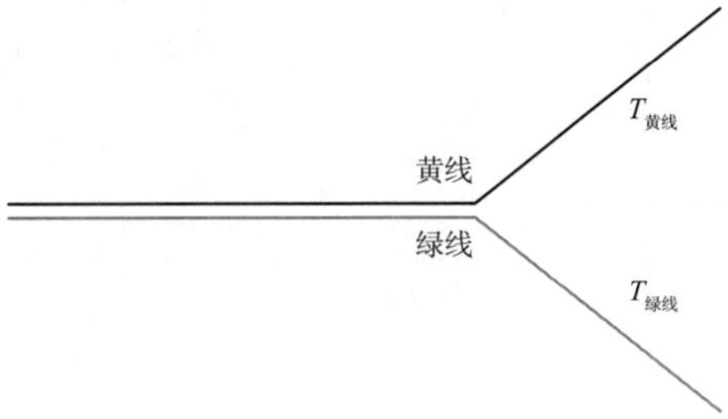

图 8-2-8　平行线路示意图

2.2.3　韩国

韩国首尔城市轨道交通是世界前五大载客量的铁路系统,一天载客量超过 8 百万人次。表 8-2-5 是韩国首尔烽火山站下行方向的时刻表。

韩国首尔烽火山站下行时刻表(2012 年 12 月 3 日)　　表 8-2-5

时	分(下行方向)							
11:00	06	13	20	27	34	41	48	55
12:00	03	11	19	27	35	43	51	59
13:00	07	15	23	31	39	47	55	
14:00	03	11	19	27	35	43	51	59
15:00	07	15	23	31	39	47	55	
16:00	03	11	19	27	35	43	51	59
17:00	07	15	23	31	39	47	55	
18:00	03	11	19	27	34	41	48	54
周期运行特点 $T=40$min								
03	11	19	27	35				

从表 8-2-5 可以看到,在 12:00 ~ 17:00 范围内,列车以 40min 为周期规律发车。

2.2.4 德国

德国是列车周期化运行理论研究最深的国家,也是周期化运行实践范围最广的国家之一。图 8-2-9 是德国关于时刻表的划分,依次包括非周期运行时刻表(individually scheduled trips)、周期运行时刻表(periodic timetables)、对称周期时刻表(symmetric periodic timetables)、固定等间隔周期时刻表(IFIT:integrated fixed - interval timetables),相应的列车运行图如图 8-2-10 所示。

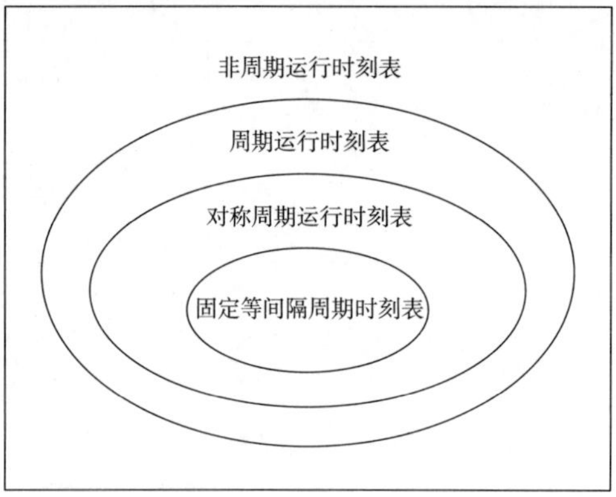

图 8-2-9 德国关于时刻表的划分

柏林城市轨道交通(Berlin U-Bahn)于 1902 年通车,与柏林 S-Bahn 同为柏林公共运输系统骨干。目前网络共有 10 线 173 站,以柏林市区为中心点向外放射,总长度达 146km。表 8-2-6 是德国柏林站的时刻表。

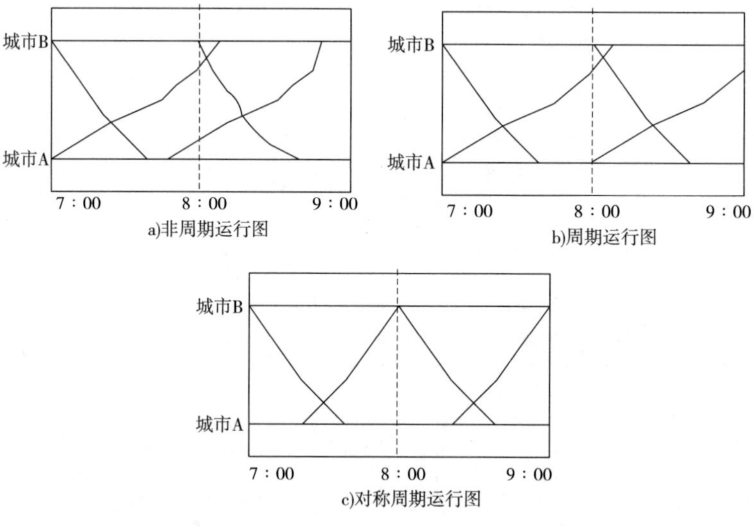

图 8-2-10 不同类型列车运行示意图

德国柏林时刻表(2007 年)$T=20\text{min}$　　表 8-2-6

线路名称	S45	S46	S85	S9	S47	S8
始发站	BFHS	BKW	BGA	BFHS	BSPF	BZN
出发时刻	* *:01	* *:06	* *:10	* *:13	* *:15	* *:18
到达时刻	* *:03	* *:09	* *:12	* *:15	* *:17	* *:21
终到站	BHMS	BGS	BWAI	BSPP	BWES	BHND

表 8-2-6 可以看出，德国柏林的城市轨道交通列车是以 20min 为周期严格周期化运行。

2.2.5　荷兰

荷兰城市轨道交通与该国其他轨道交通一样，列车均采用严格的周期化运行格式。表 8-2-7是荷兰轨道交通时刻表。

荷兰城市轨道交通时刻表　　表 8-2-7

站　名	时刻 $T=60$min						
The Hague CS		6:21	7:21	…	20:21	21:21	22:21
The Hague HS		6:25	7:25	…	20:25	21:25	22:25
Rotterdam	5:41	6:45	7:45	…	20:45	21:45	22:45
Dordrecht	6:01	7:01	8:01	…	21:01	22:01	23:01
Breda	6:19	7:19	8:19	…	21:19	22:19	23:19
Tilburg	6:33	7:33	8:33	…	21:33	22:33	23:33
Eindhoven	7:01	8:01	9:01	…	22:01	23:01	23:58
Helmond	7:11	8:11	9:11	…	22:11	23:11	
Venlo	7:32	8:32	9:32	…	22:32	23:32	

表 8-2-7 可以明显看出，荷兰城市轨道交通以 1h 为周期进行周期化运行。与东京周期时刻表在每天早晚列车的发车时刻似乎有点偏离周期性规律不同，荷兰几乎全天按周期化运行。

3　周期化运行模式优点

列车周期化运行已经成为世界各国铁路、城市轨道交通的主要运输组织模式，之所以采用这种模式，是因为其拥有以下诸多优点。

(1)列车实现周期化运行后，各类列车的停站方案以及沿途各车站到达、出发分钟数在每一时段内固定，旅客每次出行不必要记忆复杂的时刻表，可推算列车的出发时刻，自由安排出行。

周期时刻表极大地方便了旅客的出行，充分体现了铁路、城市轨道交通快捷、舒适、方便的优点，并可带动相关工作如售票方式、车站服务方式的转变和完善，提高了城市轨道交通在市场上的竞争力。

(2)从规划角度来看，列车周期化运行有利于紧密结合客运需求变化，灵活解决运输供需矛盾。

列车采取周期化运行后，每个周期时间间隔内列车运行的模式相同，可以将开行方案和运行线规划压缩到一个周期时间内考虑，有利于减小布置列车运行线和运行图全局优化的难度。将做好的单元周期运行图复制到全天各可行时间段便形成全天的基本运行图方案。

这种优势，非常有利于针对客流特点，结合各种条件采用计算机自动编制旅客列车运行图。周期运行图铺画的依据是全天的高峰客流时段，因此在出行高峰时间段，基本图上的运行线是满负荷使用的；在非高峰时段，则可根据旅客出行特点，在基本图上抽线停开某些车次。客流除了一天当中有较大的变化，不同工作日、节日、季节的客流规律也会不一样，可以编制出适应不同客流变化的各种运行图和列车运行计划，在实际营运中灵活使用。而在列车非周期运行模式下，要进行同样的工作是非常困难的。

由于列车的规律性，使得车辆运用、乘务员调度等其他与列车运营相关的计划安排也相应得到简化。

(3)列车采取周期化运行，列车开行密度大，线路能力利用率很高，非常方便大家的出行。在实现列车周期化（固定间隔）后，由于列车服务的频率高，详细的车站时刻表甚至已经没有存在的必要。

高频率的列车运行还可以大大缓解经济发达地区都市繁忙的通勤、通学的运输压力，也极大地满足了乘客出行的需要。同时，列车发车频率高可以使乘客随到随走，大家在出行时间上有更多的选择余地。

(4)周期运行图依据全天的高峰客流铺画运行线，基本上是线路、车站合理负荷下各类列车的饱和运行图。

对于乘客出行高峰期，运行图中已铺画了最大行车密度的运行线，如果仍然满足不了旅客的运输需求，可以采取扩大列车编组、两（多）列动车组联运或延长高峰期运行时间予以解决。

对于非高峰期，多铺画的列车运行线可以作备用线使用。在非周期运行模式下，运行图备用运行线设置的数量、种类、时间和停站方案等均难以确定。对于周期运行图来说，由于在各单元时间内各类列车开行方案和停站方案基本相同，且周期运行图在非高峰时段会留有许多备用运行线供列车的运行调整使用，为晚点列车提供了很多的选择机会。晚点列车在等待大约$\frac{T}{n}$（最大不超过 T）的时间间隔就可以找到与原运行线相同的运行线，其中：T 为周期时间间隔，n 为单元周期运行图内该晚点列车类别运行线铺画的数量。

(5)列车周期化运行并不是僵化的按照固定的时间间隔开行列车，在早晚时刻，可以根据客流以及运行区间的长短，打破运行规律；在客运量较少、里程不长的线路还可以列车的行车量作为固定的周期循环标准，如以 10min 为间隔开行一趟列车。

4　周期化运行模式应具备的条件

列车周期化运行的运输组织模式虽然具有很多优点，但并不是所有轨道交通方式都适合这种运营模式，应该具备以下几个基本条件。

(1)运行图铺画区段的列车全程运行时间不能过长。

如果列车（特别是速度最快的列车）全程运行时间过长，会由于列车检修时间的存在，使得可以铺画的全程运行线很少，失去了列车周期运行的意义。同时，由于运行图各个周期内运行线的铺画模式相同，在运行图的上、下三角区域（图 8-4-1），需要保证这些长线能力能够被短线能力所运用,又增加了铺图的难度。

(2)列车开行种类不能太多,各列车间的速度差不能太大。

设某区段周期化运行两种速度分别为 v_{max} 和 v_{min} 的列车,运行周期为 T,列车不同时到达时间、不同时出发时间、连发时间分别为 τ_d、τ_a、τ_c,该区段最大站间距离为 l_{max}。则该区段周期时间段的通过能力为:

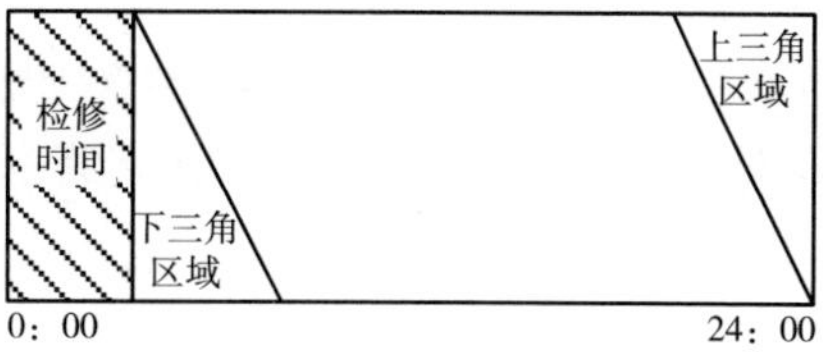

图 8-4-1 运行图的上、下三角区域

$$n_T = \frac{T - \tau_d - \tau_a}{\tau_c} - \frac{l_{max}}{\tau_c v_{max}[v_{max}/(v_{max} - v_{min}) - 1]} + 1 \quad (8\text{-}4\text{-}1)$$

当 $v_{max} - v_{min}$ 越大时,周期时间段的通过能力 n_T 就越小。特别地,如果区段开行的列车种类多于 2 种时,由于速度不同,运行图周期时间段内可以铺画的运行线将会显著减少。

列车周期化运行模式的最大特点是列车运行的规律性,如果同一周期内开行的列车速度等级多、停站方案不一,将极大浪费线路的通过能力,并且会将这一浪费复制到整个运行图。

日本东海道新干线高峰小时开行 12 列 3 种高速列车(希望号、光号、回声号),动车组型号虽然有 700 系、300 系以及少量西日本铁路的 500 系 3 种,但是这 3 种动车组在东京—新大阪间的最高运营速度都是 270km/h;有的文献认为新干线停站方式多,实际上是因为新干线列车使用灵活,可以将长线变为短线,或者合并短线为长线;加上矩形施工天窗,存在运行图的上、下三角区域,截断了不少运行线,这些运行线由于没有前行或后续列车,停站方式会有变化。除去上述情况以外,新干线每类列车的停站模式还是基本相同,这样才能保证列车运行的规律性和很高的通过能力。日本东海和山阳新干线新投入的 N700 动车组,由于速度高(最高速度为 340km/h),为了减少对其他列车周期运行的影响,特别将其运用于一天最早的一班车。

(3)采取列车周期化运行的区段必须有足够的客流,且随时间波动不能太大。

列车服务频率高,运行有规律,是列车周期化运行模式的特点,如果运行区段客流量不大,或者客流一天中随时间变化太大,将无法发挥列车周期运行的优势,反而会造成高峰时期运力不够,非高峰时期车厢座位虚糜,运输效率低下。

(4)安全可靠的硬件设备和科学高效的调度指挥。

铺画周期运行图需要考虑全天的高峰客流情况,为了不浪费线路能力,需要在单元周期图中安排尽可能多的运行线。在客流高峰期,运行图运行线是满负荷使用的,车站接发车频繁,列车到发作业和停站作业时间短,车辆满负荷运用。如果没有良好的车辆、线路、桥梁等运输设备性能、可靠的检修能力及其智能化的调度系统、周全的应急预案,很难保证列车严格按图行车,保证列车安全有序的运行。

日本新干线延误 10min 以上的故障率为 0.01 件/百万车辆公里,法国 TGV 延误 15min 以上的故障率为 0.8 件/百万车辆公里。正是因为这么低的故障率,才保障了高速列车严格遵守周期化的运行模式。

5 我国城市轨道交通周期化模式的可行性

城市轨道交通不但需要以更快的列车运行速度减少旅客的旅行时间，还应尽可能使旅客的出行变得更加舒适、方便和经济，提供不同等级的服务供人们选择。正点、安全、高效、便捷的现代化城市交通运输体系不仅需要各项先进、可靠的技术设备作为依托，更需要科学、高效、人性化的运输组织保证其整体功能的发挥。如果我国城市轨道交通仍然沿袭现行的列车运输组织方式，将使我国对快速轨道交通的运用和管理停留在较低的水平，极大地影响城市轨道交通运输设施效用的发挥。

根据国外城市轨道交通周期化运行的特点，结合我国的国情、城市轨道交通设施的建设以及城市公共交通运输市场的发展，在我国城市轨道交通考虑采用以列车周期化运行为特征的运输组织模式具有以下几个条件：

(1)城市轨道交通网的建设。中国的城市轨道交通虽起步较晚，但近年来发展迅速，目前在北京、上海、广州、深圳等城市都拥有了城市轨道交通网络，另外，长春、西安、成都等多个城市也正在进行城市轨道交通网络建设。中国的城市轨道交通网络的建设将会得到持续、快速的发展，为列车周期化运行提供了应用平台。

(2)城市轨道交通列车运行模式相对简单，速度单一，有利于列车周期化运行模式。由于速度单一，模式简单，可以最大可能地发挥线路的运能，满足不断增长的城市客运需求。高频率的列车运行大大缓解了繁忙的通勤、通学的运输压力，可以使乘客随到随走，大家在出行时间上有更多的选择余地。

(3)城市轨道交通客流变化规律性较强。客流除了一天当中有较大的变化，不同工作日、节日、季节的客流规律也会不一样，可以编制出适应不同客流变化的各种列车运行计划，在实际营运中灵活使用。

(4)列车周期化运行有利于编制运输计划，为网络计划编制和优化提供可能性。列车采取周期化运行后，每个周期时间间隔内列车运行的模式相同，可以将开行方案和运行线规划压缩到一个周期时间内考虑，有利于减小布置列车运行线和运行图全局优化的难度，有利于编制城市轨道交通网络的运输计划。

(5)周期化运行将极大方便城市旅客出行。在实现列车周期化(固定间隔)后，由于列车服务的频率高，人们可以随意、精细地安排自己的出行，尤其在客流平峰阶段。

6 本章小结

本章系统介绍了列车周期化运行的概念及该模式在世界各国铁路和城市轨道交通的运用，在此基础上，归纳了列车周期化运行的运输组织模式的优点，并分析了采用列车周期化运行的运输组织模式应该具备的条件，以及在我国城市轨道交通采用该模式的可行性。

第 9 章　周期事件安排问题（PESP）理论

本书在上一章节讨论了城市轨道交通采用的周期化运行的运输组织模式，本章中将介绍运输计划编制中需要运用的重要理论——周期事件安排问题（PESP）理论。

本章从周期事件安排问题的概念、特性、周期势差模型及 PESP 理论在运行图铺画问题的适用性及其求解算法等方面对 PESP 进行理论研究。

1　周期事件安排问题

1.1　周期事件安排问题的阐述

在采用列车周期运行的运输组织模式中，列车在各站的到发是以周期时间间隔 T 循环发生的。设列车 m 在车站 s 的到、发时刻分别为 $v_a^{m,s}$ 和 $v_d^{m,s}$，为了保证旅客在车站必要的换乘时间 t_1 以及不让列车超过规定的车站停时间 t_2，$v_a^{m,s}$、$v_d^{m,s}$ 的关系可以表示为：

$$v_d^{m,s} - v_a^{m,s} \in [Tz + t_1, Tz + t_2], z \in Z \tag{9-1-1}$$

不失一般性，将周期发生的两个事件 i，j 由一个时间窗 $[l_{ij}, u_{ij}]$ 相关联，两者发生时刻之间的关系可写成：

$$l_{ij} \leqslant \pi_j - \pi_i + Tz_{ij} \leqslant u_{ij} \quad T, z_{ij} \in Z \tag{9-1-2}$$

式中：T——事件循环的周期时间；

z_{ij}——整数变量；

l_{ij}、u_{ij}——周期时间窗的下、上限，$l_{ij}, u_{ij} \in Z$；

π_i、π_j——决策变量，$\pi_i, \pi_j \in Z$。

意大利学者 Serafini 和 Ukovich（1989 年）结合此前人们对周期事件（人员排班、机器加工工序安排等等）的相关研究，首先提出了周期事件安排问题（the Periodic Event Scheduling Problem，以下简称为 PESP）。

PESP 定义如下：

给定：

一个有限集合 N，包含了 n 个以共同周期时间 T 循环发生的事件；

一个有限集合 A，包含了各事件之间的时间间隔约束条件。

找到一个合理的时间排序 $\pi(\varepsilon)$，$\forall \varepsilon \in N$；$\pi(\varepsilon)$ 满足所有的约束条件 a，$a \in A$。

即：

$$\pi_i \rightarrow \frac{\exists z_{ij} \in Z: \pi_j - \pi_i - z_{ij}T \in [l_{ij}, u_{ij}]}{\text{arca}} \rightarrow \pi_j$$

式中：π_i、π_j——分别为两个周期事件 i、j 发生的时刻。

或者证明，无可行解。

PESP 不再是针对特定某一类反复发生的事件，而是对安排所有以周期规律发生事件的抽象。研究 PESP，就是用以解决将一些带时间窗约束的事件在一个周期时间（Periodic Time）内作出合理的安排这一类看似简单但又很重要的问题。

在研究列车周期运行的运输组织理论时，我们可以将列车从车站出发、到达车站分别看为单个发生的周期事件，也可以将列车从车站出发、区间运行和到达车站一起看成是一个周期事件，根据需要，可以灵活设置。

由于事件发生的周期性，事件 j 可能发生在任何 $\pi_i + z_{ij}T$ 时刻。为了使周期时间窗 $[l_{ij}, u_{ij}]$ 规范化，本节有如下设定。

（1）$0 \leqslant \pi_i < T$。理论上 π_i 可以取任何实数，但是这样将大大增加研究周期规律的复杂性，而且一个周期时间轴 $[0, T-1]$ 内的各事件发生的相对时间一旦确定，整个时间轴内其他所有事件发生时间也就确定了。因此，研究 PESP 时，限定 $0 \leqslant \pi_i < T$。

（2）$0 \leqslant l_{ij} < T$。对于任何 $l_{ij} \geqslant T$ 可以通过 $l'_{ij} = l_{ij} - z'T, E'\partial \in E$，修正到 $0 \leqslant l_{ij} < T$。在进行研究的过程中，本书不考虑出现 $l_{ij} \geqslant T$ 的情况。

（3）$0 \leqslant u_{ij} - l_{ij} < T-1$。$u_{ij} - l_{ij} \neq T-1$ 是为了不让 π_j 可以取得 $[\pi_i, \pi_i + T - 1]$ 范围内的全部值，失去了周期事件的意义。

（4）$T \geqslant 3$ 。

简便起见，可以将形如式(9-1-2)的不等式表示为：

$$\pi_j - \pi_i \in [l_{ij}, u_{ij}]_T \tag{9-1-3}$$

本文将式(9-1-2)和式(9-1-3)称为周期时间窗约束，简称周期约束。除了证明外，本论文尽量使用式(9-1-3)表示周期约束。

另外，PESP 允许每对事件之间具有多重周期约束，多重周期约束表示为：

$$\pi_j - \pi_i \in [l_{ij}^k, u_{ij}^k]_T, k = 1, 2, \cdots, K \tag{9-1-4}$$

PESP 提出后，人们的兴趣集中于交通方式的使用和工业生产的管理。Serafini 和 Ukovich（1989 年）在文章最后提出了 PESP 的三个运用：

（1）工厂流水线工序安排（Periodic Job-Shop）问题；

（2）给定时刻表后，运输公司合理运用汽车运用优化问题；

（3）交通信号灯控制问题。

Gertsbakh&Serafini（1991 年）研究了 PESP 在飞机航班周期时刻表上的运用。

1.2 周期事件安排问题模型表述

根据上一节的介绍，PESP 模型可以写成如下形式。

$$\text{找到一个可行解}(\pi_i, z_{ij}) \tag{9-1-5}$$

$$\begin{aligned} \text{s.t.} \quad & l_{ij} \leqslant \pi_j - \pi_i + Tz_{ij} \leqslant u_{ij} \\ & 0 \leqslant \pi_i < T \\ & z_{ij} \in Z \end{aligned}$$

$$\forall (i,j) \in A, \forall i,j \in N$$

或者证明此模型没有可行解。

以上模型是PESP模型的标准形式，Serafini和Ukovich提出PESP的时候只是为了得到一个可行解，因此模型没有量化的目标。

在实际运用中，此模型可以根据需要，设立相应目标函数。例如：

$$\min z(\pi) = \sum_{(i,j) \in A} w_{ij} \cdot (\pi_j - \pi_i - l_{ij}) \bmod T$$

w_{ij}为各个约束的权重。

1.3　周期时间窗约束图

PESP往往要考虑众多的周期约束，为了方便表示各周期约束之间的关系，可用如图9-1-1所示有向图$G=(V,A)$来表示周期约束结构。其中$V=\{1,2,\cdots,n\}$表示周期事件（比如列车在车站的到、发）发生时刻的集合，$A=\{1,2,\cdots,m\}$表示事件时刻之间的周期约束簇（由于任意两点间周期约束可能不止一个，用簇表示，与集合相区别）。

图9-1-1表示了4个事件以及5个周期时间窗约束，图中的弧表示了事件发生的顺序。例如，事件2、3之间的弧表示：$\pi_3-\pi_2 \in [4,6]_T$，表明事件3发生在事件2后的4~6min之内。图中事件4与事件1之间有2个周期约束。

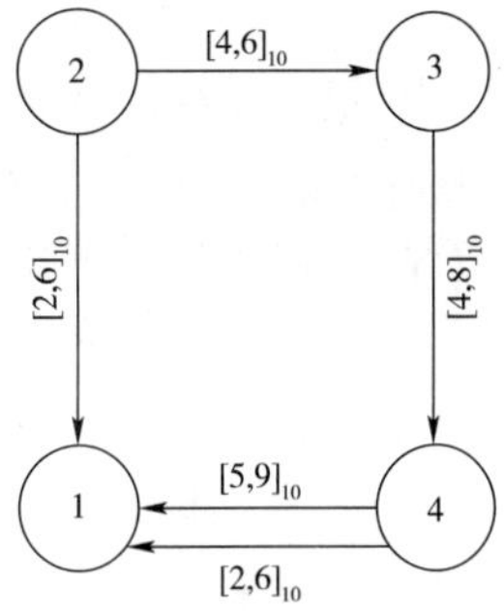

图9-1-1　约束图$G(T=10)$（单位：min）

对于PESP模型的约束图，本文有以下设定。

（1）约束图$G=(V,A)$为有向图且图中没有环。否则，$G=(V,A,l,u)$要么无解（$l_{ii}\neq 0$或$u_{ii}\neq 0, \forall i \in V$）；要么此条约束没有任何意义（$l_{ii}=u_{ii}=0, \forall i \in V$）。

（2）约束图$G=(V,A)$是弱连通的。如果$G=(V,A)$强联通，则$G=(V,A,l,u)$的可行解可以由它的各个弱联通分支部分得到。

由约束图$G=(V,A)$，令矢量π表示所有的变量$\pi_i, i\in N$；矢量z表示所有的整数变量$z_{ij}, i,j \in N, (i,j)\in A$，或者称$z$为可行$z$矢量；$l$，$u$表示约束图$G$上所有弧上的时间上下限矢量；$B$为约束图$G=(V,A)$的点弧关联矩阵，$B \in |N| \times |A|$：

$$B_{ij} = \begin{cases} -1,(i,j) \in A \\ 1,(j,i) \in A \\ 0,\text{否则} \end{cases}$$

于是，PESP模型可以表示如下：

$$\begin{aligned} &\text{找到一个可行解 } (\pi,z) \\ &\text{s.t.}\quad l \leqslant B^T\pi + zT \leqslant u \\ &0 \cdot 1 \leqslant \pi < T \cdot 1 \\ &z \in Z^{|A|} \\ &\forall (i,j) \in A, \forall i,j \in V \end{aligned} \tag{9-1-6}$$

有了上面的模型，我们可以用$G=(V,A,l,u)$来表示PESP模型。

2　PESP 的特性

2.1　PESP 约束表示形式的多样性

由于事件是周期循环发生的，所以事件发生顺序是相对的，将式

$$l_{ij} \leqslant \pi_j - \pi_i + Tp_{ij} \leqslant u_{ij} \tag{9-2-1}$$

两边都乘以 -1，再将不等式两边加上 Tp'（保证 $0 \leqslant Tp' - u_{ij} < T$ 成立），得到：

$$Tp' - u_{ij} \leqslant \pi_i - \pi_j + T(p' - p_{ij}) \leqslant Tp' - l_{ij} \quad T,p_{ij},p' \in Z \tag{9-2-2}$$

即：$\pi_i - \pi_j \in [l_{ji}, u_{ji}]_T$，$l_{ji} = Tp' - u_{ij}$，$u_{ji} = Tp' - l_{ij}$，此时：$p' \in Z$ 且 $0 \leqslant l_{ji} \leqslant T-1$。

通过以上变换，改变了周期约束的表示形式，但是并没有改变事件之间的逻辑关系。这样有利于对大量周期约束的分析，特别是当事件之间具有多重约束的情况。

2.2　多重 PESP 约束

PESP 允许事件之间具有多重周期约束，由于我们假定 $0 \leqslant u_{ij} - l_{ij} < T$，所以多重约束会出现重叠或离散的情况。本节以 2 重周期约束为例，讨论多重约束的处理，2 重以上周期约束的情况，可以类似地导出。

（1）各个周期约束的关系是“与”关系时，会出现以下三种情况：

①$[l_{ij}^1, u_{ij}^1]_T \cap [l_{ij}^2, u_{ij}^2]_T = \varnothing$

②$[l_{ij}^1, u_{ij}^1]_T \cap [l_{ij}^2, u_{ij}^2]_T \neq \varnothing$，$[l_{ij}^1, u_{ij}^1]_T \cup [l_{ij}^2, u_{ij}^2]_T < T$

③$[l_{ij}^1, u_{ij}^1]_T \cap [l_{ij}^2, u_{ij}^2]_T \neq \varnothing$，$[l_{ij}^1, u_{ij}^1]_T \cup [l_{ij}^2, u_{ij}^2]_T = T$

三种情况如图 9-2-1 所示。

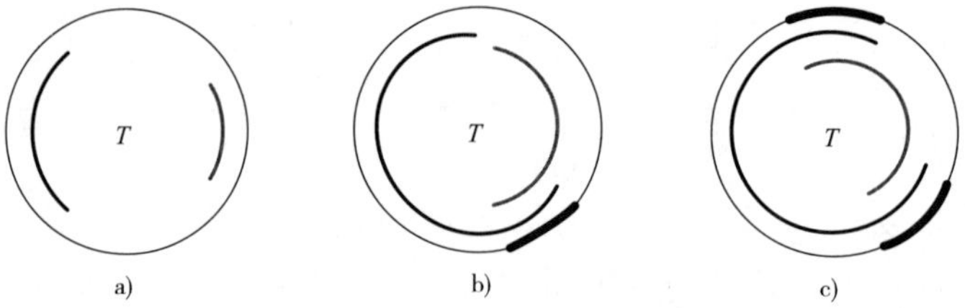

图 9-2-1　多重周期约束“并”的情况

出现第一种情况时，由于没有共同的时间范围，此时模型无解，这是判断 PESP 有没有可行解最简单的方法。第二种和第三种情况，模型都有解；但是第三种情况将造成事件对之间的周期约束离散的情况，由于周期约束表示的都是“与”的关系，所以不可以将两个大的周期约束用两个小的周期约束替代，否则将表示模型无解。

（2）各个周期约束的关系是“或”关系时，会出现以下三种情况：

①$[l_{ij}^1, u_{ij}^1]_T \cup [l_{ij}^2, u_{ij}^2]_T = T$

②$[l_{ij}^1, u_{ij}^1]_T \cup [l_{ij}^2, u_{ij}^2]_T \neq T$，$[l_{ij}^1, u_{ij}^1]_T \cap [l_{ij}^2, u_{ij}^2]_T \neq \varnothing$

③$[l_{ij}^1, u_{ij}^1]_T \cup [l_{ij}^2, u_{ij}^2]_T = T$，$[l_{ij}^1, u_{ij}^1]_T \cap [l_{ij}^2, u_{ij}^2]_T = \varnothing$

三种情况如图 9-2-2 所示。

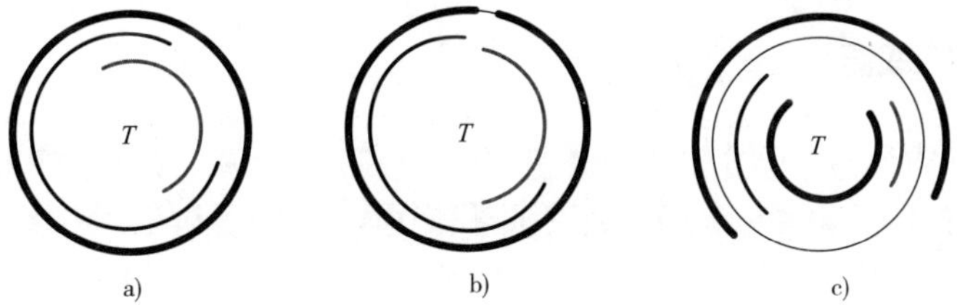

图 9-2-2 多重周期约束“或”的情况

出现第一种情况时，由于共同的时间范围为全周期，此时约束条件有无数解。第二种和第三种情况时，模型都有解；但是第三种情况还是会造成事件对之间的周期约束离散的情况，由于在模型结构中各约束表示的都是“与”的关系，无法表示这种离散的周期约束，此时可以根据图 9-2-2c）中黑粗线的表示方法，将两个离散的小范围约束用两个大范围的约束表示。即：

$$[l_{ij}^1,u_{ij}^1]_T \cup [l_{ij}^2,u_{ij}^2]_T = [l_{ij}^1,u_{ij}^2]_T \cap [l_{ij}^2,u_{ij}^1+T]_T \tag{9-2-3}$$

不失一般性，对于多重离散“或”关系周期约束情况：

$$\pi_j - \pi_i \in [l_{ij}^1,u_{ij}^1]_T \cup [l_{ij}^2,u_{ij}^2]_T \cup \dots \cup [l_{ij}^k,u_{ij}^k]_T \text{，并且}$$

$$0 \leqslant l_{ij}^1 \leqslant u_{ij}^1 < l_{ij}^2 \leqslant u_{ij}^2 < \dots \leqslant l_{ij}^k \leqslant u_{ij}^k < l_{ij}^1 + T$$

可以把这些约束等价表示为：

$$\begin{cases} \pi_j - \pi_i \in [l_{ij}^1,u_{ij}^k]_T \\ \pi_j - \pi_i \in [l_{ij}^2,u_{ij}^1+T]_T \\ \cdots \\ \pi_j - \pi_i \in [l_{ij}^k,u_{ij}^{k-1}+T]_T \end{cases} \tag{9-2-4}$$

2.3 相邻两个 PESP 约束的合并

两个 PESP 约束相邻有以下三种情况（图 9-2-3 左侧部分）。

令 $a_1=(i,k)$，$a_2=(k,j)$，$a_1 \in [l_{a_1},u_{a_1}]_T$，$a_2 \in [la_2,u_{a_2}]_T$。

①由于

$$l_{a_1} \leqslant \pi_k - \pi_i + Tp_{a_1} \leqslant u_{a_1}$$

$$l_{a_2} \leqslant \pi_j - \pi_k + Tp_{a_2} \leqslant u_{a_2}$$

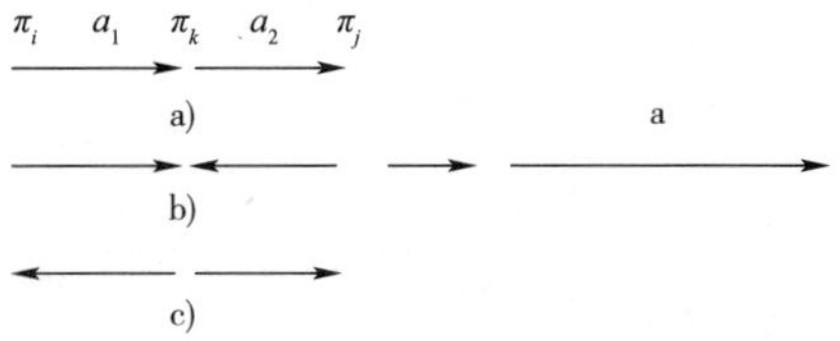

图 9-2-3 相邻两个 PESP 约束合并

两式相加，可得

$$l_{a_1}+l_{a_2} \leqslant \pi_j - \pi_i + T(p_{a_1}+p_{a_2}) \leqslant u_{a_1}+u_{a_2}$$

所以

$$a = a_1 + a_2 = (i,j),a \in [l_{a_1}+l_{a_2},u_{a_1}+u_{a_2}]_T \tag{9-2-5}$$

同理有：

② $$a = a_1 + a_2 = (i,j),a \in [l_{a_1}-u_{a_2},u_{a_1}-l_{a_2}]_T; \tag{9-2-6}$$

③ $$a = a_1 + a_2 = (i,j),a \in [l_{a_2}-u_{a_1},u_{a_2}-l_{a_1}]_T; \tag{9-2-7}$$

2.4　变量 z 的取值

因为 $0\leqslant l_{ij}<T, 0\leqslant u_{ij}-l_{ij}<T-1, \pi_j-\pi_i+Tz_{ij}\in[l_{ij},u_{ij}]$，所以：$\pi_j-\pi_i+Tz_{ij}\in[0,T-1+u_{ij}]$。而 $|\pi_j-\pi_i|<T-1, 0\leqslant u_{ij}<2T-2$，因此我们可以有如下讨论。

（1）假设 $0\leqslant u_{ij}<T-1$，则：

$$z_{ij}=\begin{cases}1,\text{事件 } j \text{ 发生在事件 } i \text{ 之前}(\pi_i、\pi_j\geqslant 0)\\0,\text{否则}\end{cases}$$

因此，这时候 z_{ij} 成为判断事件相对位置的一个参数。

（2）假设 $T-1\leqslant u_{ij}<2T-2$，则：

$$z_{ij}\in\{0,1,2\}$$

注意在这里 $u_{ij}>T$ 是有意义的，例如，假设 $T=10, l_{ij}=3, u_{ij}=11$，这表明事件 j 发生在事件 i 之前的 0 ~ 7min，或者，事件 i 之后的 0 ~ 1min。如图 9-2-4 所示。

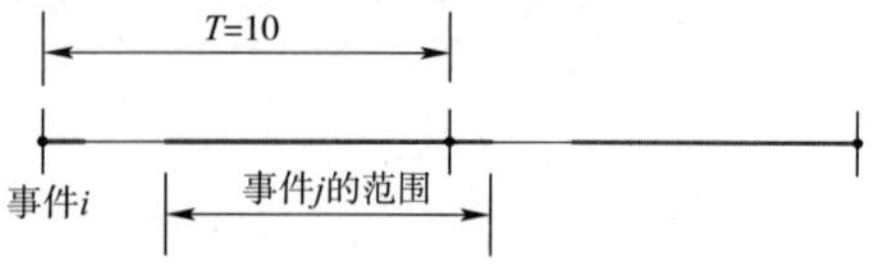

图 9-2-4　$u_{ij}>T$ 的情况

$T-1\leqslant u_{ij}$ 时，两关联事件之间的关系如图 9-2-4 所示，所以 $\pi_j-\pi_i\in[0,u_{ij}-T]$，这时两关联事件之间的时间关系是离散的多重“或”关系（$\pi_i、\pi_j\geqslant 0$）。当遇到这种约束时，应该将约束分割成两个约束（如本章 2.3 节）。

2.5　PESP 解的整数属性

假设 (π,z) 为 PESP 模型 $G=(N,A,l,u)$ 的一个可行解，由于 l,u 均为整数向量。于是有：

$$l\leqslant B^T\pi+zT\leqslant u\quad \forall(i,j)\in A,\forall i,j\in V$$
$$\Leftrightarrow \pi_j-\pi_i\leqslant u_{ij}-Tz_{ij}\quad \forall i,j\in V$$
$$-(\pi_j-\pi_i)\leqslant -l_{ij}+Tz_{ij}\quad \forall i,j\in V$$
$$\Leftrightarrow\begin{bmatrix}E\\-E\end{bmatrix}(B^T\pi)\leqslant\begin{bmatrix}u-Tz\\-l+Tz\end{bmatrix}$$

$\begin{bmatrix}E\\-E\end{bmatrix}$ 为 $2|A|\times|A|$ 阶的幺模矩阵，$\begin{bmatrix}u-Tz\\-l+Tz\end{bmatrix}$ 为 $2|A|\times|A|$ 阶整数矩阵，所以 $(B^T\pi)$ 只有整数解，π 必为整数向量。

2.6　PESP 有解的充要条件

PESP 模型的约束图为有向连通图 $G=(V,A)$，令图 $G=(V,A)$ 的生成树为 H，其 $|V|-|A|+1$ 条连枝 H 构成 $|V|-|A|+1$ 个基本圈，给定每个基本圈的正方向（任意），那么每一个基本圈 c 都对应这一个唯一矢量 $c\in\{-1,0,1\}^m$，m 为基本圈 c 中边的个数：

$$c_a=\begin{cases}1, & \text{如果 } a=(i,j)\in A \text{ 与指定正方向相同}\\-1, & \text{如果 } a=(i,j)\in A \text{ 与指定正方向相反}\\0, & \text{否则}\end{cases}$$

另外我们定义：

$$\begin{cases}\gamma_a^+ = \max(c_a,0),\\ \gamma_a^- = \min(c_a,0).\end{cases}$$

于是有以下判断 PESP 是否有解的重要定理：

对于 PESP 模型 $G=(V,A,l,u)$，z 为可行 z 矢量，当且仅当约束图 $G=(V,A)$ 基础图的生成树 H 的任意基本圈 c 满足：

$$c^Tz \leqslant \frac{1}{T}\lfloor (u^T\gamma^+ + l^T\gamma^-)\rfloor \tag{9-2-8}$$

模型有可行解。

有两种方法对此定理进行证明。

证明一，利用 PESP 的周期约束不等式：

假设 z 为 PESP 模型 $G=(V,A,l,u)$ 的可行 z 整数矢量，那么根据本章 1.3 节一定有：

$$l \leqslant B^T\pi + zT \leqslant u \quad \forall (i,j)\in A, \forall i,j \in V$$

取约束图 $G=(V,A)$ 的生成树 H 的任意基本圈 c，任意指定一个方向为正，假设 c 有 γ 条弧，其中正向弧有 α 个（分别为 $\alpha_1,\alpha_2,\cdots,\alpha$），其中反向弧有 $\beta=\gamma-\alpha$ 个（分别为 $\beta_1,\beta_2,\cdots,\beta$），将所有弧的约束相加，得到：

$$\begin{gathered} l_{\alpha_1} + l_{\alpha_2} + \cdots + l_\alpha - (u_{\beta_1} + u_{\beta_2} + \cdots + u_\beta) \\ \leqslant z_{\alpha_1}T + z_{\alpha_2}T + \cdots + z_{\alpha T} - (z_{\beta_1}T + z_{\beta_2}T + \cdots + z_\beta T) \leqslant \\ u_{\alpha_1} + u_{\alpha_2} + \cdots + u_\alpha + (l_{\beta_1} + l_{\beta_2} + \cdots + l_\beta) \end{gathered}$$

在不等式两边除以周期 T，可得：

$$\begin{gathered} z_{\alpha_1} + z_{\alpha_2} + \cdots + z_\alpha - (z_{\beta_1} + z_{\beta_2} + \cdots + z_\beta) \leqslant \\ \frac{1}{T}\lfloor u_{\alpha_1} + u_{\alpha_2} + \cdots + u_\alpha + (l_{\beta_1} + l_{\beta_2} + \cdots + l_\beta)\rfloor \end{gathered}$$

得证。

证明二，利用 Rockfellar（1984 年）提出的可行势差问题（Feasible Differencial Problem）可行解理论。

当 PESP 模型 $G=(V,A,l,u)$ 的可行整数矢量 z 固定时，那么：

$$l - zT \leqslant B^T\pi + \leqslant u - zT$$

令：
$$l - zT = l_p,\ u - zT = u_p$$

则：
$$l_p \leqslant B^T\pi + \leqslant u_p$$

求得可行 π，就是可行势差问题（FDP）。

Rockfellar 证明了 FDP 有可行解的充要条件是：

约束图 $G=(V,A)$ 的任意基本圈满足条件（生成树也是任意）：

$$u_p^{\mathrm{T}}\gamma^+ + l_p^{\mathrm{T}}\gamma^- \geqslant 0$$

于是可以假设存在可行 z 整数矢量使得 $l-zT\leqslant B^T\pi + \leqslant u - zT$ 成立，于是对于任何基本圈，存在：

$$u_p^{\mathrm{T}}\gamma^+ + l_p^{\mathrm{T}}\gamma^- \geqslant 0$$

$$\Leftrightarrow u^T\gamma^+ - Tz^T\gamma^+ + l^T\gamma^- - Tz^T\gamma^- \geqslant 0$$

$$\Leftrightarrow u^T\gamma^+ + l^T\gamma^- - Tc^Tz \geqslant 0$$

$$\Leftrightarrow u^T\gamma^+ + l^T\gamma^- \geqslant Tc^Tz$$

$$\Leftrightarrow \frac{1}{T}(u^T\gamma^+ + l^T\gamma^-) \geqslant c^Tz$$

$$\Leftrightarrow c^Tz \leqslant \frac{1}{T}\lfloor u^T\gamma^+ + l^T\gamma^- \rfloor$$

得证。

需要说明的是，定理中只给出了 c^Tz 的上限，其实，只要将基本圈的正方向设为反向，就可以得到 c^Tz 的下限，因此，c^Tz 的范围可以表示为：

$$\frac{1}{T}\lceil (u^T\gamma^- + l^T\gamma^+) \rceil \leqslant c^Tz \leqslant \frac{1}{T}\lfloor (u^T\gamma^+ + l^T\gamma^-) \rfloor \tag{9-2-9}$$

不等式左边的证明也可参见证明一中不等式的右边部分。

不等式(9-2-9)对于求解 PESP 非常重要，不但成为判断 PESP 是否有解的重要方法，而且提供了一个很好的割平面方程，缩小了变量的搜索域，有利于求解含有大规模约束和变量的列车周期运行图问题。

3 周期势差模型

引用电子学中势(potential)与势差(tension)的概念，结合约束图 $G=(V,A)$，我们还可以换一个角度来研究 PESP 模型。

令约束图 $G=(V,A)$ 上各个节点 i 对应的值 π_i 为该点势，则每条约束弧上对应的势差为：

$$y_a = \pi_j - \pi_i, \forall a=(i,j)\in A \tag{9-3-1}$$

当 $0\leqslant\pi_i<T, \forall i\in N$ 时，称 π_i 为约束图 $G=(V,A)$ 上节点以 T 为周期的周期势。

当 $x_a=\pi_j-\pi_i+Tz_a, \forall a=(i,j)\in A$，且 $x_a\geqslant 0$。则称 x_a 为约束图 $G=(V,A)$ 各弧以 T 为周期的周期势差。

根据以上定义，可以将图 9-1-1 的一个可行解绘制成以下周期势差约束图(图 9-3-1)。

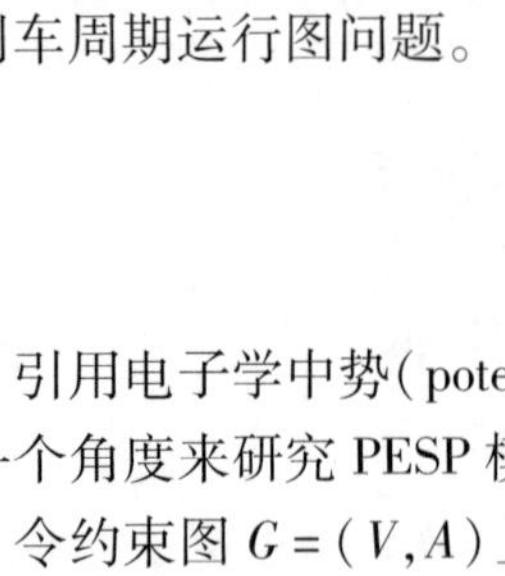

图 9-3-1 周期势差约束图 G ($T=10$)(单位:min)

图 9-3-1 中各周期势之间也可以有多个周期势差，由于周期势已经确定，所以事件 1 和事件 4 之间不可以有多个周期势差了。因为上节约束图与周期势差约束图结构相同，所以本文都用字母 G 表示约束图。

在周期势差约束图的每个圈 C 中，任意指定一个方向为正，如果该圈各约束边的周期势差满足以下条件：

$$\sum_{a\in C^+} x_a - \sum_{a\in C^-} x_a = Tz_c, z_c\in Z \tag{9-3-2}$$

式中：T——周期时间。

称上式为圈 C 的圈周期约束，z_c 为圈周期整数变量，等式成立与指定的正方向无关。

在周期势差图中，我们并不关心各顶点周期势是多少，关心的是约束图中各事件发生时间的时间跨度，即周期势差。实际上，任意给定约束图一个圈，任意给顶点赋值（$<T$），就可得到各个顶点的周期势，再根据 $x_a=\pi_j-\pi_i+Tz_a$ 就可以得到各条弧的周期势差。

令：

$$z_c=\sum_{a\in C^+}z_a-\sum_{a\in C^-}z_a$$

也就是说，有向图 $G=(V,A)$ 中任何圈的圈周期整数变量 z_c 等于圈中各弧（周期约束）的 z 值的向量和。根据本章2.6节，我们还可以得到：

$$\frac{1}{T}\lceil(u^{\mathrm T}\gamma^-+l^{\mathrm T}\gamma^+)\rceil\leqslant z_c\leqslant\frac{1}{T}\lfloor(u^{\mathrm T}\gamma^++l^{\mathrm T}\gamma^-)\rfloor\quad\forall C\in G\tag{9-3-3}$$

由以上的分析，我们在用周期势差约束图研究PESP的时候，可以将PESP模型写为周期势差模型：

找到一个可行解 (x,z) (9-3-4)

s. t. $\sum_{a\in C^+}x_a-\sum_{a\in C^-}x_a=Tz_c$ [9-3-4a)]

$x_a\in[l_a,u_a]_{\mathrm T}$ [9-3-4b)]

$x_a\in Z,\ \forall a\in A$ [9-3-4c)]

$z_c\in Z,\ \forall C\in G$ [9-3-4d)]

模型中 x_a 并不一定在 $[l_a,u_a]$ 取值，实际上取值同 $\pi_j-\pi_i,\ \forall a=(i,j)\in A$，所以模型中可以定义 $x_a\in[l_a,u_a]_T$，也可以定义 $x_a\in[l_a,u_a]$。

周期势差模型虽然完全抛开了周期约束图中周期势（各顶点值），但是模型要找寻约束图中的每一个圈，使得每个约束条件成立。每个约束图 G 包含的所有圈的集合称为约束图 G 圈空间，约束图 G 圈空间中元素的个数为 $2^{|A|-|V|+1}$。当周期约束图比较复杂时，周期势差模型将非常复杂，远大于PESP模型的规模，反而增加了模型求解的难度。但是，通过对约束图 G 圈空间的研究，可以发现求解周期势差模型并不需要考虑所有的约束圈。

令 G' 为约束图 G 的基础图，设 H 为 G' 的一颗生成树，由 H 的树枝和一条连枝构成的圈，称为图 G' 关于生成树 H 的基本圈，且图 G' 关于生成树 H 的基本圈 C_1、C_2、…、$C_{|A|-|V|+1}$ 是线性无关的（图论）。令集合 $B=\{C_1、C_2、\cdots、C_{|A|-|V|+1}\}$，称 B 为图 G' 的一个基本圈圈基。约束图 G 为有向图，对 G 中的每一个圈设定一个正方向，那么每个 $C_i\in B$ 对应一个矢量 γ_ι，其中

$$\gamma_\iota^a=\begin{cases}1,a\text{ 与 }C_i\text{ 同向}\\-1,a\text{ 与 }C\text{ 同向}\\0,a\notin C_i\end{cases}$$

任何基本圈圈基 $B=\{C_1、C_2、\cdots、C_{|A|-|V|+1}\}$，对应的圈矢量可以构成基本圈矩阵 Γ_B，

$$\Gamma_B=\begin{pmatrix}\gamma_1\\\gamma_2\\\vdots\\\gamma_{|V|-|A|+1}\end{pmatrix}$$

设 Q 是约束图 G 的任何一个圈,显然 Q 中至少包含一条连枝。设 Q 的弧集为:

$$\{e'_{i1}, e'_{i2}, \cdots, e'_{im}, e_{j1}, e_{j1}, \cdots, e_{jn}\}$$

其中 $e'_{i1}, e'_{i2}, \cdots, e'_{im}$ 是连枝,$e_{j1}, e_{j1}, \cdots, e_{jn}$ 是树枝。设有连枝 $e'_{i1}, e'_{i2}, \cdots, e'_{im}$ 确定的基本圈分别是 $C_{i1}, C_{i2}, \cdots, C_{im}$,并设:

$$Q' = C_{i1} \oplus C_{i2} \oplus \cdots \oplus C_{im}$$

显然,Q' 中包含连枝 $e'_{i1}, e'_{i2}, \cdots, e'_{im}$,而不包含其他连枝。由于 Q 中也包含连枝 $e'_{i1}, e'_{i2}, \cdots, e'_{im}$ 而不含有其他的连枝,所以圈 $Q \oplus Q'$ 中将不含有连枝而只有树枝,显然这是不可能的,所以必有:

$$Q \oplus Q' = \varnothing$$

于是可以推出:

$$Q \oplus Q' = C_{i1} \oplus C_{i2} \oplus \cdots \oplus C_{im}$$

所以我们可以得出,约束图 G 中的任何一个圈可以表示为若干个基本圈的环和。即任何圈 C 的圈矢量可以表示为

$$\gamma = \lambda^{\mathrm{T}} \cdot \Gamma_B \tag{9-3-5}$$

λ 为 $1(\times |A| - |V| + 1)$ 非零整数矢量

设 $B = \{C_1、C_2、\cdots、C_{|V|-|A|+1}\}$ 为约束图的一个基本圈圈基,根据圈周期约束式(9-3-1)有:

$$\sum_{a \in C_i^+} x_a - \sum_{a \in C_i^-} x_a = \sum_{a \in A} \gamma_i^a x_a = Tz_i, i = 1, 2, \cdots, |V| - |A| + 1 \tag{9-3-6}$$

任何一个非圈基的圈 D,由式(9-3-5)可得:

$$\gamma_D = \sum_{i=1}^{|A|-|V|+1} \lambda_D^i \cdot \gamma_i^a, \forall i \in A \tag{9-3-7}$$

$$\begin{aligned} \Rightarrow \sum_{a \in D^+} x_a - \sum_{a \in D^-} x_a &= \sum_{a \in A} \gamma_D x_a = \sum_{a \in A} x_a \sum_{i=1}^{|A|-|V|+1} \lambda_D^i \cdot \gamma_i^a \\ &= \sum_{i=1}^{|A|-|V|+1} \lambda_D^i \sum_{a \in A} x_a \cdot \gamma_i^a = T \sum_{i=1}^{|A|-|V|+1} \lambda_D^i z_i \end{aligned} \tag{9-3-8}$$

因为 λ_D^i 为整数,所以 $\sum_{i=1}^{|A|-|V|+1} \lambda_D^i z_i$ 也为整数。因此,只要式(9-3-5)成立,对于任何一个非圈基的圈 D 的圈周期约束式(9-3-8)也成立。所以,周期势差模型中,只需要约束图 G 关于一个生成树的所有基本圈满足约束条件式[9-3-4a)],就可以得到模型的解。因此,模型式(9-3-4)中约束条件式[9-3-4d)]可以改为

$$z_c \in Z, \forall C \in B \tag{9-3-9}$$

式中:B——约束图 G 的一个基本圈圈基。

比较 PESP 模型和周期势差模型,可以看出 PESP 约束图模型共有 $|V| + |A|$ 个变量,$|A|$ 个约束;周期势差模型共有 $2|V| - |A|$ 个变量,$|A| - |V| + 1$ 个约束;模型再加上约束:

$$\frac{1}{T}\lceil (u^{\mathrm{T}}\gamma^- + l^{\mathrm{T}}\gamma^+) \rceil \leqslant z_c \leqslant \frac{1}{T}\lfloor (u^{\mathrm{T}}\gamma^+ + l^{\mathrm{T}}\gamma^-) \rfloor \tag{9-3-10}$$

可限定 z_c 的取值范围,缩小模型的求解的搜索规模。周期势差模型可以完全抛开了周期势(各顶点值),并减少了 $|A| - 1$ 个约束,有效地减少了模型求解的规模。

4　PESP 理论运用于周期运行图铺画的适用性

4.1　PESP 模型与其他模型的比较

目前对周期运行图的研究主要有三类模型：逐个同步旅行模型、二次不完全分配问题模型以及 PESP 模型。前两个模型的介绍如下。

1）逐个同步旅行模型（Synchronizing Individual Trip，简称 SIT）

此模型将各个列车的运行看作单独的行为（不考虑后续列车运行），先生成第一条运行线的一个初始解，下一条运行线的计算完全依赖于前一条线的状态，逐步迭代得到运行图的一个开行解。

SIT 最初是用于解决非周期运行图的铺画，由于时间跨度太大，往往一天的列车运行线总数非常多，根本无法求解。为了简化问题，才用来求解周期运行图的铺画，因此此模型没有过多研究周期运行图的特性。

Wong and Leung（2004 年）建立了整数规划模型求解香港地铁公司的时刻表，模型求解了六条线路在 1h（高峰）内的周期时刻表。但是约束太多，求解起来难度很大，模型求解的规模很小。

2）二次不完全分配问题模型（Quadratic Semi-Assignment Problem，简称 QSAP）

二次不完全分配问题可以表述为：

给定正整数 n 和 T，费用参数 c_{ijkl}，$\forall i,k\in\{1,\cdots,n\}$，$\forall j,l\in\{1,\cdots,T\}$。找到一个矢量 $x=\{x_{ij}|i\in\{1,\cdots,n\},j\in\{1,\cdots,T\}\}$，$x_{ij}\in\{0,1\}$。使得 $\sum_{j=1}^{T}x_{ij}=1$，$\forall i\in\{1,\cdots,n\}$，并使得 $\min Z(x)=\sum_{i=1}^{n}\sum_{j=1}^{T}\sum_{k=1}^{n}\sum_{l=1}^{T}c_{ijkl}x_{ij}x_{kl}$。

QSAP 由于将所有变量都用 0-1 变量表示，变量众多，也给求解带来了很大的困难。

相比上述两类模型，PESP 模型充分考虑到了周期事件的特点，通过简单取模运算，准确巧妙地用数学公式表达出各个周期事件的关系。模型由于采用自然编码的变量，不会带来额外的太多变量。

从现有文献来看，周期事件安排问题模型对现实问题的适应性以及求解的规模都强于前两类模型，见表 9-4-1。

已有研究编制周期运行图文献模型的比较　　表 9-4-1

文　献	所用模型	网络规模				约束图规模		
		线路数量	车站	停站数	优化	考虑车辆使用	顶点	弧
Wong and Leung	SIT	12	20	没说明	有	有	—	—
Daduna and Voβ	QSAP	54	2 406	0	—	—	—	—
Liebchen et al.	PESP	62	101	164	有	有	173	1 234

4.2 PESP 模型求解铺画周期运行图的优势

PESP 模型求解列车周期运行图具有很大的优势。

首先,大部分的列车周期运行约束都可以使用 PESP 周期约束表示,这是 PESP 理论研究周期运行图的最大优点。铺画运行图就是确定列车到发时间各点之间、各条运行线之间的相对关系。在制定周期运行图的过程中,我们的目的是得到一个单元周期图,而单元周期图只需确定各条运行线数值之间的差值,不必考虑具体的到发时间点是多少。这为构建周期势差模型求解运行图提供了条件。

其次,其他模型的初衷并不是为了求解周期运行图问题,所以,其他模型虽然也可以表示周期约束,但是表达式要复杂得多。

再次,约束图的使用,可以非常直观地表达各个列车的到、发、停站等约束,而且约束图和列车运行图本身的结构就非常相似。

5 本章小结

本章介绍了周期事件排序问题(PESP),构建了基于约束图的 PESP 模型框架,研究了 PESP 模型的周期约束及其可行解的一些特点和性质。周期势差模型丰富了 PESP 理论,相对于 PESP 模型以各个周期事件发生时间(周期势)为决策变量,周期势差模型关注各个周期事件发生的时间间隔(周期势差)。

本章将 PESP 模型与其他相关模型进行了比较,并研究了 PESP 适合列车运行图铺画的特点。

第 10 章　城市轨道交通网络运力优化配置与列车运行图编制

城市轨道交通列车运力配置计划与运行图是运行计划的重要内容。

日本、欧美等国家的轨道交通发展时间长，客流相对稳定，在进行运力配置和运行图编制时，除考虑列车运力需满足客流需求外，还根据各国（城市）实情，尽量考虑提高轨道交通系统的整体服务水平，如东京城市轨道交通采取灵活多变的行车组织模式，不断提高列车的旅行速度；德国、荷兰等欧洲国家城市轨道交通非常重视列车间的换乘衔接，减少旅客换乘等待时间；美国纽约、华盛顿城市轨道交通全天运营时间较长，列车在大部分时间按照固定时间间隔运行，使运力集中在网络线路重叠区段，提高列车服务水平。

目前，我国北京、上海、广州等各大城市轨道交通已经纷纷进入网络化发展阶段。如何根据我国城市客流特点，科学编制网络运营条件下的列车运力配置计划和列车运行图，是我国城市轨道交通运营企业面临的挑战。

本章介绍如何对城市轨道交通网络运力配置进行优化与基于周期化运行的列车运行图编制方法。

1　城市轨道交通网络运力优化配置

列车运力优化配置是科学制定城市轨道交通网络列车开行方案的重要组成部分，并为编制网络列车运行图提供主要技术参数。一般情况下，列车运力配置是根据每日各时段的最大客流量 $U^h_{\max}$ 和列车定员 C，计算出各时段应该开行的列车（对）数 n^h，全线按照单位小时最大客流量配置运营车辆。即：

$$n^h = U^h_{\max}/C \tag{10-1-1}$$

$$n^{运} = \max\lceil T^{全} n^h/60 \rceil \tag{10-1-2}$$

式中：$T^{全}$——列车全周转时间；

$n^{运}$——运用车组数。

在运力配置的过程中，由于受到运营成本、设备能力以及运营服务要求的限制，n^h 并不总是很容易得到，需要根据实际需求合理安排线路各时段的列车运输能力，于是产生了如何优化配置列车运力的问题。本节将以北京城市轨道交通运力配置为背景，研究城市轨道交通网络运力优化方法。

1.1　北京城市轨道交通运力配置情况

图 10-1-1 为 2009 年北京城市轨道交通网络图及 2009 年 10 月份各线最大满载率情况，

表 10-1-1 为 2009 年 10 月 ~12 月间北京城市轨道交通平日期间各线高峰断面客流量极大值与极小值的比较。

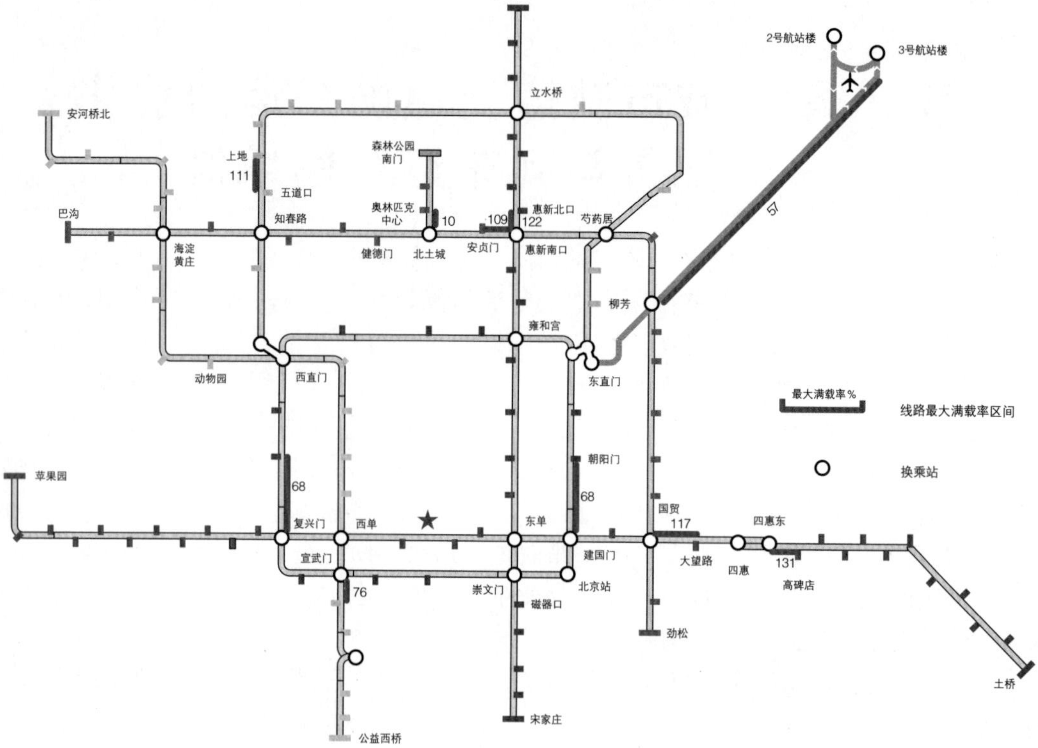

图 10-1-1　2009 年北京城市轨道交通网络图及各线最大满载率情况

2009 年 10 月 ~12 月期间北京城市轨道交通各线高峰断面客流量(平日)　表 10-1-1

线　别	最大断面客流量极小值(人/h)	最大断面客流量极大值(人/h)	极大极小值比较(人数与比值)	
1 号线	39 252	45 288	6 036	15%
2 号线(外)	21 521	24 178	2 657	12%
2 号线(内)	21 989	25 447	3 458	16%
4 号线	17 150	23 575	6 425	37%
5 号线	32 630	39 208	6 578	20%
8 号线	672	4 685	4 013	597%
10 号线	22 964	28 465	5 501	24%
13 号线	28 220	32 303	4 083	14%
八通线	29 252	34 184	4 932	17%
机场线	649	937	288	44%

由图 10-1-1 和表 10-1-1 可以看出,北京城市轨道交通具有线路结构复杂,网络关联度大;网络客运量增长快,高峰满载率高;高峰客流波动明显,各线断面客流差别较大等特点,给运力配置及其优化带来了较大难度。

1.1.1　北京城市轨道交通运力配置方法

北京轨道交通目前主要根据式(10-1-1)和式(10-1-2),配置各线运力,具体配置过程如下:

(1)核准各线运力配置基本信息:具体内容包括列车交路、列车定员、全交路运行时间、可用车底数、最小发车间隔等参数。

(2)各时段断面预测:预测各时段单方向的小时最大断面客流量。

(3)运力配置:根据预测的客流和各时段满载率要求匹配各时间段运力。

(4)兼顾各线间运力(间隔)的差别,再做适当调整。

(5)生成最终运力配置方案。

1.1.2　北京城市轨道交通运力配置分析

北京城市轨道交通网络运力配置方法流程简单、逻辑关系清楚,不失为运力运量匹配的一种较实用的方法。但是从网络化运营角度出发,该方法离网络运力整体优化配置的要求还有一定的距离,主要表现在以下几个方面:

(1)没有充分考虑网络线路间的关联性。乘客在轨道交通线路间自由流动是网络化运营的最重要特征,虽然目前运力配置方法是基于网络客流分配后的客流断面,但仍然以单线为基本编制单位,割裂了线路间的关联性,没有充分考虑换乘客流时各线运力配置的影响,达到网络优化配置的目的。

(2)实际运力的调整效率较低。由于不同时段对列车满载率的要求不同,列车运力的调整。需反复试凑,且比较繁锁。另外,列车开行对数和列车满载率的调整具有较大的主观性。

(3)运力配置计划的鲁棒性不强。运力配置计划的结果应该满足一段相对较长时间内的客运需求,如果使用较少时间内的客流量数据进行预测,其运力运算结果很难应对客流的波动,造成频繁的更改运输计划。

综上所述,应该针对城市轨道交通网络运营特点,开展网络运力优化配置研究,形成有效的运力配置方法。

1.2　城市轨道交通网络运力优化配置影响因素

影响网络运力优化配置的因素主要有:列车运行模式、网络客流及其分布特点、乘客服务水平、运营企业运营成本、列车定员与列车满载率标准和通过能力与列车运用车组数。其中,列车运行模式和网络客流及其分布特点两部分内容在本书第三章中已经介绍,在此不再赘述。

(1)乘客服务水平。轨道交通系统应尽可能地提供令旅客满意的服务,安全、舒适、快捷是大家选择轨道交通出行的主要原因,从提高乘客服务水平角度出发,应尽量减少乘客在换乘站的换乘等待时间,以缩短乘客的旅行时间。

(2)运营企业运营成本。列车运力配置是运营企业的重要生产计划之一,除需考虑满足乘客服务外,还应考虑尽量提高运营效率,因此,从企业经营角度出发,运营企业需要在完成日常生产任务、保持较高服务水平的基础上,尽量节约运营成本。

运营企业向乘客提供运营服务的主要载体是能够正常载客运行的列车,列车运行成本占据了运营成本的很大部分,当列车运用数量增加运营成本则增加,反之则减少。

(3)列车定员与列车满载率标准。由式(10-1-1)可以看出列车定员与列车满载率标准的大小与运力配置中列车开行数量的关系,列车定员大或者列车满载率标准高,所需开行列车数就少;列车定员小或者列车满载率标准低,所需开行列车数就多。

(4)线路通过能力与列车运用车组数。

线路通过能力已在本书第五章讨论过,决定了线路单位小时单方向的最大开行列数。列车运用车组数是指线路能够投入正式载客运营的车组数量。由式(10-1-2)可以看出,列车运用车组数将直接影响列车的可能最大开行列数。

1.3 城市轨道交通网络运力优化配置模型

1.3.1 网络运力优化配置模型分析

我国城市轨道交通网络运力优化配置的整体目标是:高峰阶段服从运力限制,其他阶段满足乘客服务,经济、合理地利用有限轨道交通资源,满足不断发展变化的客运市场需求。

由于高低峰阶段的运力优化配置要求不同,因此网络运力优化配置也应该针对不同运营阶段分别设计模型。

模型目标函数主要考虑减少列车运行成本和提高运营服务两方面。

列车运行成本可由各线路开行的总列车数量表示运营服务主要考虑降低列车满载率水平,减少乘客在换乘站的换乘等待时间。当一个换乘站有多个换乘方向,应该优先考虑换乘流向较大方向的乘客等待时间,即图10-1-2中的$l_{出}$线上行换$l_{入}$线上行方向。

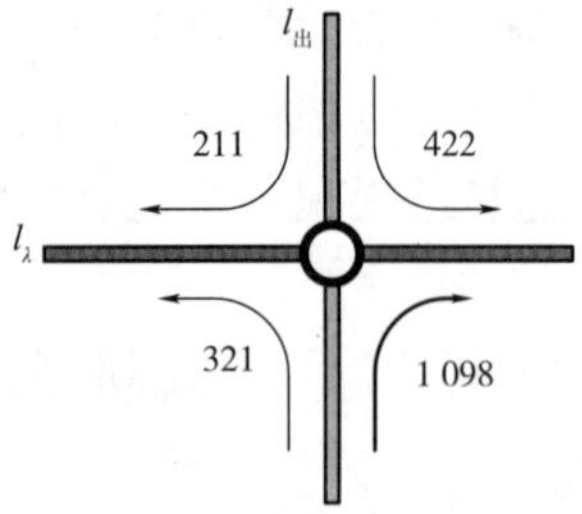

图10-1-2 换乘站换乘客流示意图

假定网络中有线路$line$,列车定员为C_{line},在全天各运营阶段p,需要开行$n^{p}_{运,line}$对(如上下行不成对开行,则为$n^{p}_{运,line}$列)列车来满足各个阶段的客运量需求$u^{p}_{断面,line}$,线路断面客流量$u^{p}_{断面,line}$为一个随机变量。列车开行数量受到本线运用车组数量$n^{运用}_{line}$,以及不同阶段列车最小服务间隔$t^{p}_{服务}$的限制。另外,各阶段列车满载率η^{p}_{line}还应该满足该阶段对于满载率下限η_{min}和上限η_{max}的要求。

设阶段p由线路$l_{出}$换入线路$l_{入}$的人数为$u^{p}_{等待,l_{出}\to l_{入}}$,每人的等待时间为$t^{p}_{等待,l_{出}\to l_{入}}$。令$f_r$表示某去向列车运输服务的频率,$E(f_r)$表示该去向出发列车运输服务频率的期望值,$Var(f_r)$表示该去向列车出发运输服务频率的方差,则有$t^{p}_{等待,l_{出}\to l_{入}}=\dfrac{E(f_r)}{2}+\dfrac{Var(f_r)}{2\cdot E(f_r)}$。显然,当该去向列车的服务频率为常数时,

$$t^{p}_{等待,l_{出}\to l_{入}}=\frac{E(fr)}{2}=\frac{1}{2}(单方向列车运行间隔) \tag{10-1-3}$$

那么,乘客总等待时间为:

$$u^{p}_{等待,l_{出}\to l_{入}}\cdot\frac{1}{2}(单方向列车运行间隔) \tag{10-1-4}$$

假设断面客流量$u^{p}_{断面,line}$是服从正态分布的不确定值,设定阶段p运能满足运量需求的置信水平为α^{p}。

综合以上内容,可建立基于不确定分析的网络运力优化配置机会约束模型。

1.3.2　网络运力优化配置机会约束模型

1)高峰阶段运力优化配置机会约束期望值模型

根据我国城市轨道交通网络客流的特点,大部分线路在早晚高峰客流较多,应主要考虑降低列车满载率水平。

$$\text{Obj\_peak}\quad \text{minnimize}\quad f=\sum_{line}E[\eta_{line}^{p}]$$

$$\text{s.t.}\quad \Pr\{\eta_{\min}\leqslant\eta_{line}^{p}\leqslant\eta_{\max}\}\geqslant\alpha^{p}\qquad ①$$

$$\max\left\lceil\frac{T_{line}^{周}\cdot n_{运,line}^{p}}{60}\right\rceil\leqslant n_{line}^{运用}\qquad ②$$

$$\max\frac{60}{n_{运,line}^{p}}\leqslant t_{服务}^{p}\qquad ③$$

$$\eta_{line}^{p}=\frac{u_{断面,line}^{p}}{n_{运,line}^{p}\cdot C_{line}}\qquad ④$$

$$n_{运,line}^{p}\in Z^{+}$$

上述模型中,目标函数f表示降低列车满载率水平,由于η_{line}^{p}为随机数,因此目标函数f采用期望值形式表示;约束条件①表示线路$line$在各时段p的运力,以概率α^{p}满足各时段p的客运量需求;约束条件②表示线路$line$在各时段p的运用车组数需满足本线实际可上线运营的车组数;约束条件③表示线路$line$在各时段p的列车开行间隔需满足最大列车开行间隔的要求。

2)其他阶段网络运力优化配置多目标机会约束模型

其他阶段在运力配置时,应该同时考虑列车开行成本和列车服务水平。

$$\text{Obj\_off}\quad\text{peak}\quad\text{minnimize}\quad f_{1}=\sum_{line}n_{运,line}^{p}$$

$$\text{minnimize}\quad f_{2}=\sum_{l_{出}\to l_{入}}(t_{等待,l_{出}\to l_{入}}^{p}\cdot u_{等待,l_{出}\to l_{入}}^{p})$$

$$\text{s.t.}\quad \Pr\{\eta_{\min}\leqslant\eta_{line}^{p}\leqslant\eta_{\max}\}\geqslant\alpha^{p}\qquad ①$$

$$\max\left\lceil\frac{T_{line}^{周}\cdot n_{运,line}^{p}}{60}\right\rceil\leqslant n_{line}^{运用}\qquad ②$$

$$\max\frac{60}{n_{运,line}^{p}}\leqslant t_{服务}^{p}\qquad ③$$

$$\eta_{line}^{p}=\frac{u_{断面,line}^{p}}{n_{运,line}^{p}\cdot C_{line}}\qquad ④$$

$$t_{等待,l_{出}\to l_{入}}^{p}=\frac{1}{2}\frac{60}{(n_{运,line}^{p})_{l_{入}}}\qquad ⑤$$

$$u_{等待,l_{出}\to l_{入}}^{p}=\sum_{l_{出}\to l_{入}}\overline{u_{l_{出}\to l_{入}}^{p}}\qquad ⑥$$

$$n_{运,line}^{p}\in Z^{+}$$

上述模型中,目标函数f_1表示节约运营成本,要求网络开行列车数量最小化;目标函数f_2表示减少乘客换乘等待时间,要求整个网络内乘客的换乘总等待时间最小化;约束条件①表示线路$line$在各时段p的运力,以概率α^{p}满足各时段p的客运量需求;约束条件②表示线路$line$在各时段p的运用车组数需满足本线实际可上线运营的车组数;约束条件③表示线

路 *line* 在各时段 p 的列车开行间隔需满足最大列车开行间隔的要求；约束条件④为乘客由换出线路 $l_{出}$ 换入线路 $l_{入}$ 的等待时间；约束条件⑤为时段 p 由线路 $l_{出}$ 换入线路 $l_{入}$ 的平均乘客数。

1.4 网络运力优化配置模型求解算法

1.4.1 多目标问题求解

对于多目标模型，为使各个目标函数尽可能的极小化，可以先分别求出各自目标函数的最优目标值 f_i^*，相应的最优解为 X_i。一般很难找到一个解 X^*，使得各个单目标都能达到自己的最优解。因此，对向量函数：

$$f(X)=[f_1(X),\cdots,f_m(X)]^T \tag{10-1-5}$$

来说，向量 $f^*(X)=[f_1^*(X),\cdots,f_m^*(X)]^T$ 只是一个理想点（一般不可达到的点）。虽然如此，如果能使各个单目标尽可能接近各自的理想值，便能够求出好的非劣解。按照这个想法，我们可以通过极大模理想点法，将多目标转化为极小化极大模问题：

$$\begin{cases}\min\limits_X u(f)=\|f(X)-f^*\|_\infty^w=\min\limits_X\max\limits_{1\leqslant i\leqslant m}\{w_i|f_i-f_i^*|\}\Rightarrow\min\limits_x=\|\cdots\|_\infty^w=\min\limits_x\max\{\}\\ \sum\limits_{1\leqslant i\leqslant m}w_i=1\end{cases}$$

对模型求解。

1.4.2 机会约束规划求解

对于机会约束规划：

$$\begin{cases}\min E[f(x,\xi)]\\ \text{s. t.}\\ \Pr\{g(x,\xi)\leqslant 0\}\geqslant\alpha\end{cases}$$

等价于期望值模型：

$$\begin{cases}\min E[f(x,\xi)]\\ \text{s. t.}\\ E[h(x,\xi)]\leqslant 0\end{cases}$$

其中，

$$h(x,\xi)=\begin{cases}\alpha-1,\text{if}\quad g(x,\xi)\leqslant 0\\ \alpha,\text{else}\end{cases}$$

通过这种转变，可将离散随机变量简化，方便模型求解。

还有一种处理机会约束规划的简便方法，是把机会约束转化为它们各自的等价类。

将机会约束 $\Pr\{g(x,\xi)\leqslant 0\}\geqslant\alpha$ 转化为：

$$h(x)\leqslant K_\alpha$$

的确定等价形式。其中：$K_\alpha=\inf\{K|K_\alpha=\Phi^{-1}(1-\alpha)\}$。

1.5 北京城市轨道交通网络平日运力优化配置实例

本节以北京城市轨道交通 2009 年 10 月 ~12 月的网络结构客流数据为基础，对下一阶段的运力进行优化配置。

1.5.1 网络运力配置基础数据

1)运营时段划分

根据北京城市轨道交通网络客流分布特征,本节将平日全天运营时段分为9个阶段,如表10-1-2所示。

全天运营时段划分 表10-1-2

早出车	早高峰	过渡1	午平峰		晚高峰	过渡2	晚平峰			晚收车
5:00~7:00	7:00~9:00	9:00~10:00	9:00~14:00	14:00~17:00	17:00~19:00	19:00~20:00	19:00~20:00	20:00~21:00	21:00~22:00	22:00~23:00

2)模型基础数据

2009年北京城市轨道交通网络各线均为大交路独立运行,各项行车参数以及模型计算所需各项数据见表10-1-3。

北京城市轨道交通网络参数 表10-1-3

线别	满载率范围(高峰阶段)	满载率范围(其他阶段)	最大行车间隔范围(min)	全周转时间(min)	列车定员*(人)	运营车组数(组)	置信度
1号线	[70%,130%]	[0,70%]	[6~10]	120	1 428	52	0.9
2号线(外环)	[70%,130%]	[0,70%]	[6~10]	44	1 428	20	
2号线(内环)	[70%,130%]	[0,70%]	[6~10]	44	1 428	19	
4号线	[70%,130%]	[0,70%]	[6~10]	108	1 408	36	
5号线	[70%,130%]	[0,70%]	[6~10]	108	1 424	37	
10号线	[70%,130%]	[0,70%]	[6~10]	98	1 468	28	
13号线	[70%,130%]	[0,70%]	[6~10]	116	1 428	40	
八通线	[70%,130%]	[0,70%]	[6~10]	71	1 428	20	

3)网络客流随机特征值

北京城市轨道交通网络断面客流量在一定时期内可视为上下波动的随机变量,大致服从正态分布。对于认为是干扰的数据,比如由于客流统计办法变化、异常局部客流产生的数据,作筛除处理。

采用极大似然估计法估算服从正态分布随机变量特征值(均值与方差),即:

$$\mu = \bar{x} \tag{10-1-6}$$

$$\sigma^2 = \frac{1}{n}\sum_1^n (x_i - \bar{x})^2 \tag{10-1-7}$$

由于我们无法得到太多的样本数据(亦无必要),在这里我们使用样本方差:

$$\hat{S}^2 = \frac{1}{n-1}\sum_1^n (x_i - \bar{x})^2 \tag{10-1-8}$$

* 当本线存在多种列车类型时,取定员最大值。

1.5.2 不同运营模式下的运力优化配置

北京城市轨道交通网络结构日益复杂,客流迅速增长,可以而且应该尝试符合北京轨道交通发展特点的多种运营模式,以不断提高运营运行效率和服务水平,形成独有的竞争力。

本小节将对北京轨道交通分别采取"各线独立运行"(不同网不同间隔)、"同网同间隔运行"以及"周期化运行"(同线同间隔)等运营模式下的网络运力配置进行优化研究。

1)"独立运行"运营模式下运力优化配置

此运营模式下的运力脱胎于轨道交通单线运营阶段,是最常见也是北京城市轨道交通目前采用的运力配置形式。该模式下的运力配置特点是:运力配置较为简单,各线运营干扰较少;但不利于网络乘客服务水平的进一步提高。

2)"同网同间隔"运营模式下运力优化配置

"同网同间隔"运营模式是指在全天运营的某些阶段,具有换乘关系的线路间,列车以相同间隔运行。目前,在一些客流分布均衡、客流量不太大的城市轨道交通有所运用,比如纽约城市轨道交通系统的周末列车运营模式,其特点是:网络客流分布较均衡时,乘客使用方便,服务水平较高,有利于线路间的贯通运营;但此模式加大了列车运行图编制的难度,当网络客流分布不均衡时,网络运力浪费较大。

"同网同间隔"运营模式下的运力优化配置需要对本节运力优化模型进行修改,在模型 Obj - off peak 中,添加以下约束:

$$n^{p}_{运,line} = n^{p}_{运,1号线} \qquad (10\text{-}1\text{-}9)$$
$$p = 1,2,\cdots$$

在本节中,可令各线列车在 10:00 ~ 14:00,19:00 ~ 23:00 阶段采用同网同间隔运营模式。

3)"周期化运行"运营模式下运力优化配置

"周期化运行"运营模式下的运力优化配置需要对本节运力优化模型进行修改,在模型 Obj - off peak 中,添加以下约束:

$$n^{p_i}_{运,\mathrm{line}} = n^{p_j}_{运,\mathrm{line}} \qquad (10\text{-}1\text{-}10)$$
$$p_i \neq p_j; i,j = 1,2,\cdots$$

在本节中,可令各线列车在 10:00 ~ 17:00,20:00 ~ 22:00 两阶段采用"周期化"运营模式。

1.5.3 运力配置结果对比与分析

1)运力配置结果

图 10-1-3 ~ 图 10-1-10 分别为 2009 年北京城市轨道交通各线不同运营模式下的运力运量匹配优化结果。

2)运力优化配置结果分析

(1)2009 年 10 月 23 日网络客流达到 513 万的历史最大值(截至 2009 年 12 月 1 日),当天 1 号线和 4 号线各典型时间段的实际运力配置情况与通过本章节模型计算所得结果的比较见表 10-1-4。

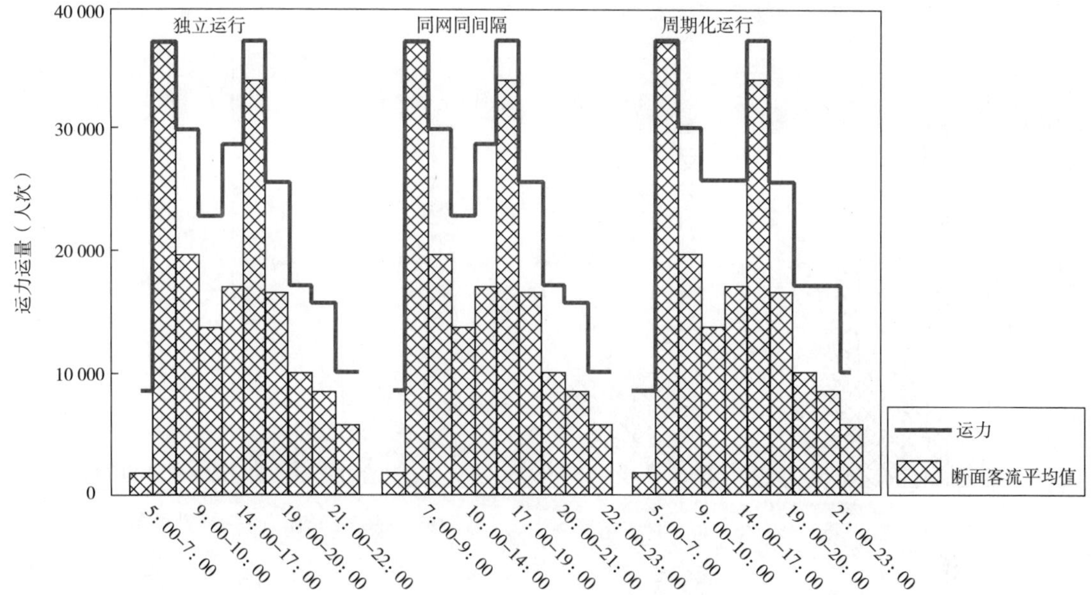

图 10-1-3　1 号线运力运量匹配对比

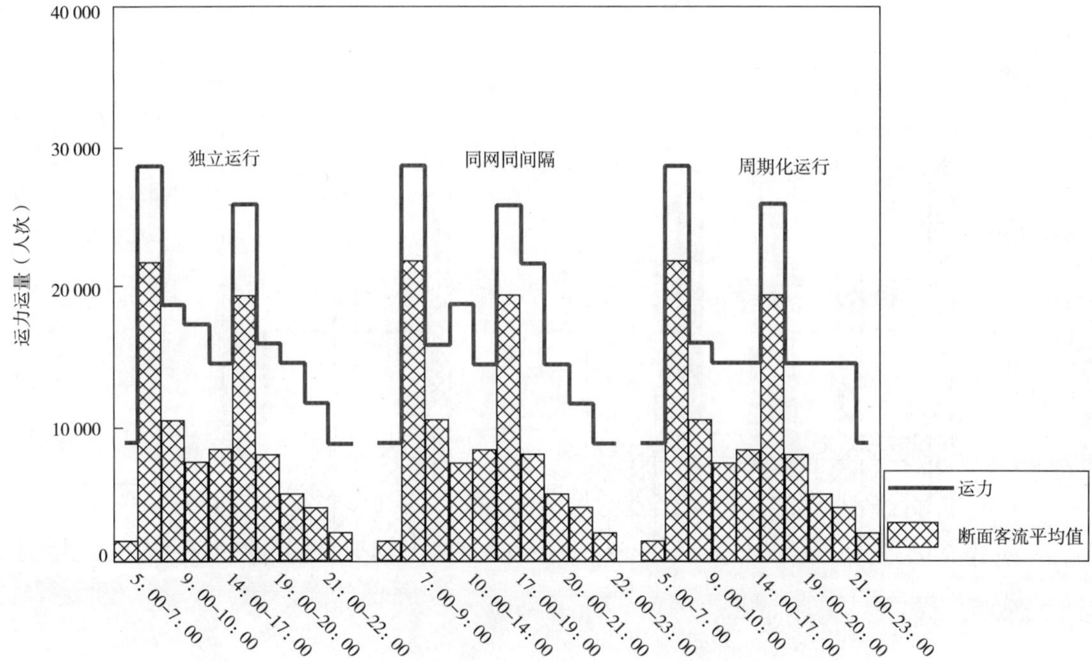

图 10-1-4　2 号线(外)运力运量匹配对比

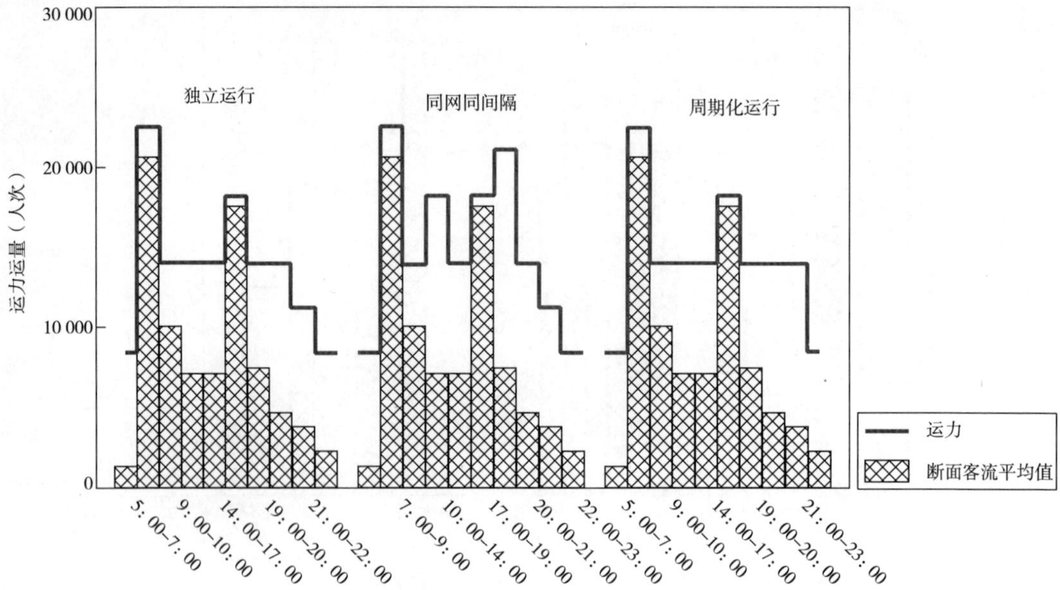

图 10-1-5　2 号线(内)运力运量匹配对比

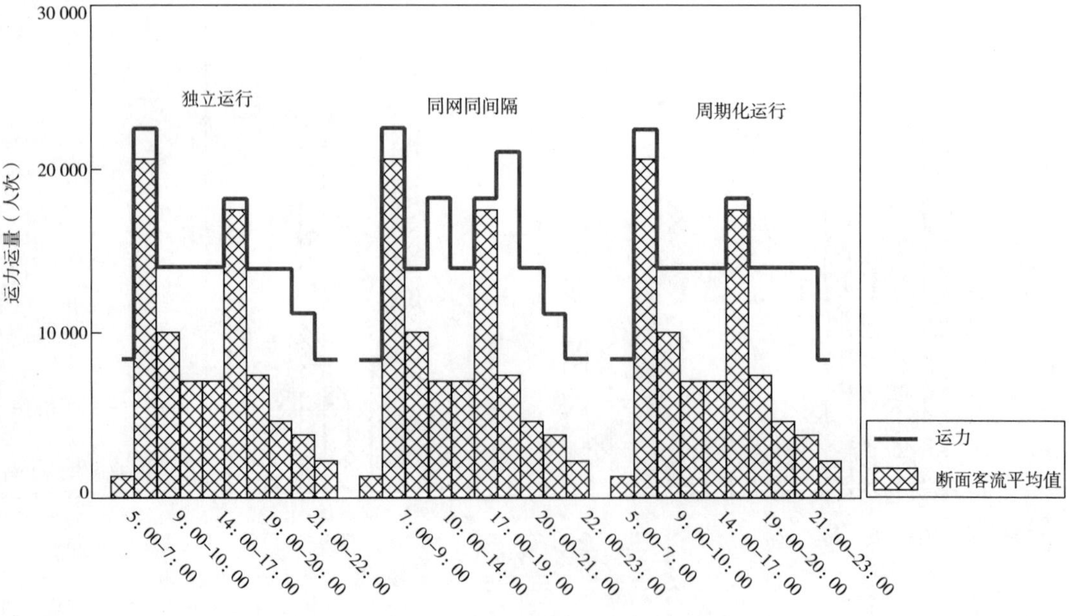

图 10-1-6　4 号线运力运量匹配对比

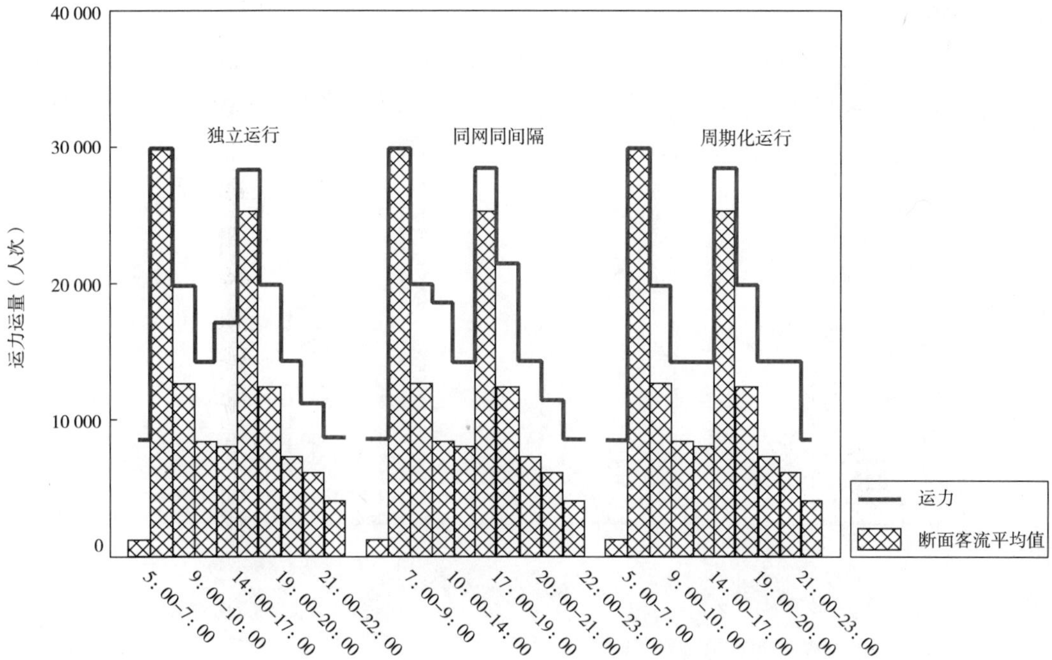

图 10-1-7 5 号线运力运量匹配对比

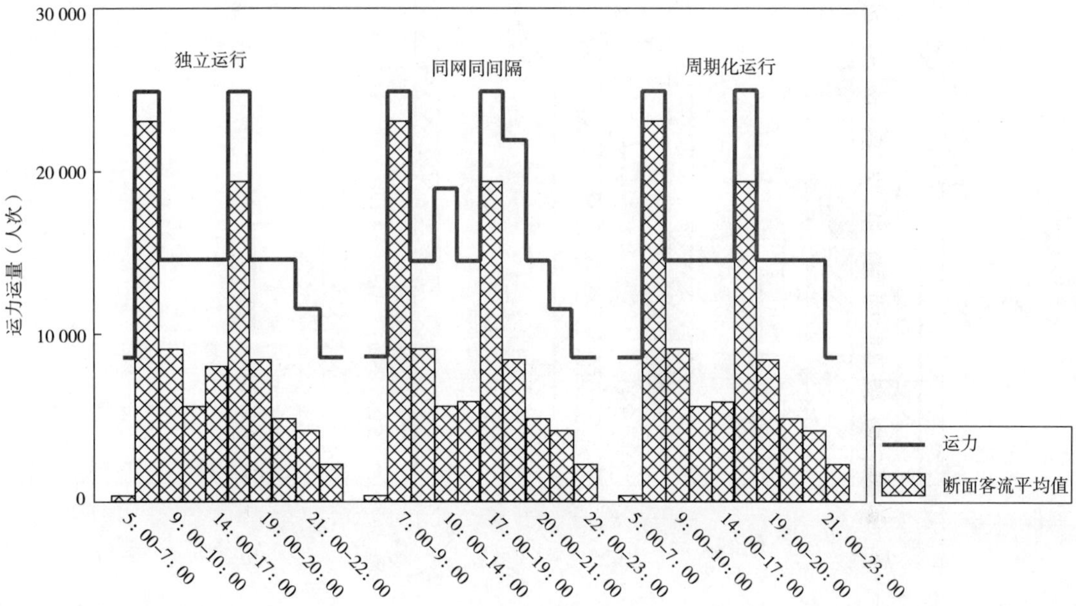

图 10-1-8 10 号线运力运量匹配对比

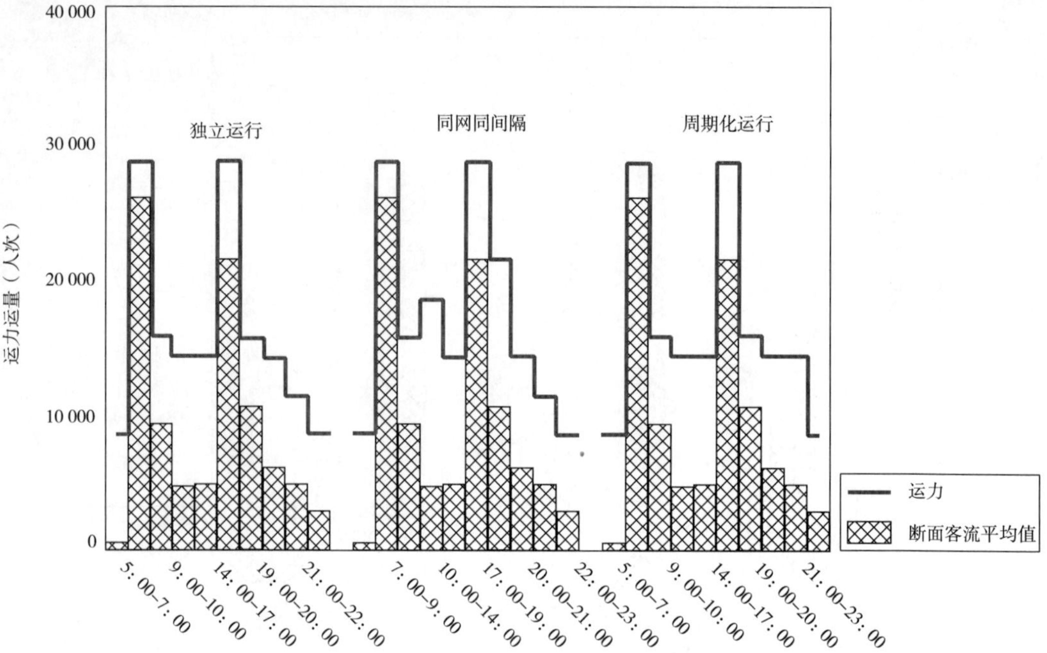

图 10-1-9　13 号线运力运量匹配对比

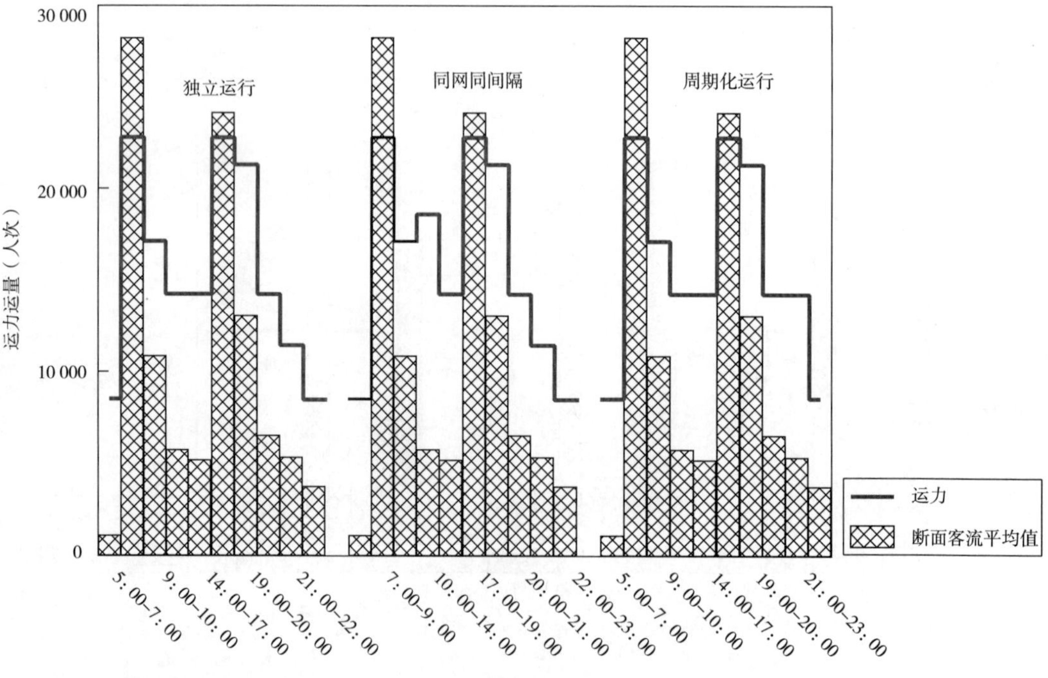

图 10-1-10　八通线运力运量匹配对比

1 号线、4 号线实际运力配置与模型计算结果对比　　表 10-1-4

线别	对比时段	10 月 23 日实际断面客流（人/h）	目前运力情况		"独立运行"模式计算结果	
			运力（对）	满载率（%）	运力（对）	满载率（%）
1 号线	08:00～09:00	36 260	26	98%	26	98%
	13:00～14:00	14 004	12	82%	16	61%
	14:00～15:00	13 582	13	73%	16	59%
	15:00～16:00	14 974	14	75%	20	52%
	18:00～19:00	34 806	24	102%	26	94%
	19:00～20:00	18 457	20	65%	18	72%
4 号线	07:00～08:00	16 281	20	57%	16	71%
	11:00～12:00	7 191	12	42%	10	50%
	14:00～15:00	8 159	14	41%	12	48%
	15:00～16:00	9 441	14	47%	12	55%
	17:00～18:00	16 329	18	64%	13	88%
	20:00～21:00	4 373	9	34%	8	38%
	21:00～22:00	2 896	8	25%	6	34%

运力优化配置模型的目标并不是希望运力配置结果完全满足各时段的运量需求，而是能够以较大的概率满足。从表 10-1-4 中可以看出，1 号线平峰阶段的实际运力偏低，而 4 号线各时段实际运力普遍偏高；"独立运行"模式模型计算结果中，除 1 号线晚平峰阶段外，各时段的运力均符合网络运营的要求。前面已经讨论过，线路日客流量与各时段断面客流量变化趋势并不一定相同，因此，在采取运力优化配置结果后，网络运力运量不匹配的矛盾可能还会在今后其他时期某些时段出现，但是出现的概率将会小于 10%。

(2) 当网络断面客流量的离散程度较高时，网络优化配置结果将使线路参考满载率偏低。

由模型结果可以看出，由于 1 号线与八通线的客流平峰阶段的断面客流量离散度高，限制了线路运力的取值范围，因此在此阶段的线路满载率会出现普遍偏低的情况，这是模型为了保证运力适应客流产生较大波动的结果。因此，在运力充足的条件下，应当尽量采用模型运算结果；而当运力不足时，可以采取降低运力匹配置信区间、放宽满载率取值范围等方法解决。

(3) 不同运营模式下的网络运力配置分析。

"独立运行"是在仅考虑线间客流换乘"费用"情况时，所得到的最佳网络分时运力配置计划，由于各阶段运力设置仍可能较大，因此优化配置结果可能无法最终体现在运行图上，但是此结果可作为网络运力优化的目标，用以评价其他模式下的运力配置结果。表 10-1-5 列出了其他两种运营模式下与"独立运行"模式下的运力配置结果对比。

不同模式运力运量优化配置对比　　表 10-1-5

运营模式	全天开行列车数（列）	与独立运行模式比较（%）	乘客总等待时间（人·min）	与独立运行模式比较（%）
独立运行	3 097	—	1 927 242	—
同网同间隔	3 201	+3.3	1 912 710	-0.7
周期化运行	3 109	+0.3	1 884 159	-2.1

从表 10-1-5 中数据可以看出，“同网同间隔运营”运营模式在运力提高 3.3% 的情况下，乘客总等待时间只是减少了不到 1%；而“周期化运行”运营模式以运力仅提高 0.3% 的代价，就使乘客总等待时间减少了 2% 以上。显然，在目前网络客流条件下，平日采取“周期化运行”运营模式较“同网同间隔运营”运营模式更为合理。

实行“同网同间隔”的运营组织模式的目的是降低运力配置以及相关行车、客运组织的难度。但是，由于需要考虑统一提高乘客服务水平，对于断面客流相对较小的线路来说，很有可能造成能力的较大浪费，如 2 号线上下行、10 号线、13 号线、八通线的中午平峰运力设置。因此，实现同网同间隔的运营组织模式需要考虑两个条件：一是各线断面客流相差程度；二是线间换乘客流量的对比关系，采用同网同间隔运营模式时，需对这两个条件进行综合考虑。

“周期化运行”运营模式对于我国轨道交通运营组织来说是一项全新的尝试，“周期化”的思想不仅仅是提高乘客服务水平，更为重要的是，在进行运力配置优化的同时，考虑到简化列车运行图的编制与列车运行的调整，有利于实现列车运力计划和列车运行图的一体化编制。

2　城市轨道交通网络列车运行图编制

本书第 8 章详细介绍了城市轨道交通周期化运行模式及该模式在世界各国轨道交通的运用，并在第 9 章探讨了适合列车运行图铺画的周期时间排序问题（PESP）理论。本章节将在此研究的基础上，结合列车周期运行图的特点，运用图论及周期势差模型理论，在单线列车运行图编制约束的基础上，考虑缩减乘客在换乘站的换乘等待时间，开展轨道交通网络列车周期运行图的编制理论研究，并应用于北京轨道交通网络列车运行图的编制工作。

2.1　周期运行图编制的特点

2.1.1　单元周期运行图

在周期运行图中，运行线在每个周期中的铺画方式都一样，因此可以将所有的制约条件放在一个周期内考虑，绘制出单元运行图。将运行图的所有运行线抽象到一个周期中，在一定程度上减少了运行图制定的难度，有利于运行图编制的自动化和优化过程，可以灵活编制出适应不同客流变化的各种运行图和列车（动车组）运行计划，在实际运营中灵活使用。单元周期运行图清晰地表示了运行图中运行线之间的相互关系以及运行速度，非常简洁明了，又不损失运行图的准确性。因此，本章节周期运行图的求解结果也将通过单元周期运行图表示。

2.1.2　运用 PESP 理论求解

随着计算机技术与列车运行图编制理论的发展,我国在铁路和城市轨道交通领域运用计算机辅助编制运行图的理论研究与实践取得很多成果,实现了计算机编制双线列车运行图、网状线路列车运行图、轨道交通单线列车运行图以及共线交路列车运行图。然而,以上列车运行图编制的相关研究与运用均基于列车非周期运行的模式,运行图编制过程相对较复杂,网络求解规模有限。

在列车周期运行模式下,轨道交通的特点能够得到更好的发挥,单元周期运行图的编制由于相对减少了约束条件和变量,可以对较大规模网络的运行图进行计算。本书已在第 9 章对 PESP 理论、相关模型及其性质进行了介绍和较深入研究,PESP 模型具有灵活、建模适用性强、丰富的周期约束表示方法等特点,非常有利于解决周期运行图制定问题。周期运行图的编制可以借鉴以往运行图编制的理论和方法,结合 PESP 理论以及图论的相关知识,以新的角度进行研究,为我国城市轨道交通周期运行图的编制开辟新的领域。

2.1.3　城市轨道交通周期运行图编制的特点

城市轨道交通高峰时期的客流量非常大,因此单元周期运行图内铺画的运行线密度会比较大。另外,我国目前还没有城市轨道交通实行列车的周期化运行,与周期运行图编制相关理论的研究很少,以上因素都为我国城市轨道交通周期运行图的编制带来了新的问题和较大的难度。

2.2　网络列车周期运行图模型

2.2.1　开行方案

开行方案确定了城市轨道交通网络中各线各时段开行的列车种类、数量以及停站方案。设网络线路集合为 $L=\{L_1,L_2,\cdots,L_i\}$,线路 L_i 在周期时间 T 内开行列车集合为 $M^{L_i}=\{1,2,\cdots,R^{L_i}\}$,车站集合为 $S^{L_i}=\{1,2,\cdots,N^{L_i}\}$。

2.2.2　网络列车运行图周期约束

1)列车区间运行时间周期约束

列车在区间运行的时间由区间纯运行时间与起、停车附加时分组成,设列车 m 在区间 $[s,s+1]$ 的纯运行时间为 $r_m^{s,s+1}$,起、停附加时分分别记为 t_q 和 t_t,列车区间运行时间周期约束可表示为:

$$x_m^{s,s+1} \in [r_m^{s,s+1}+t\_q+t\_t, r_m^{s,s+1}+t\_q+t\_t]_T \quad \forall m \in M^L, \forall s \in S^L \qquad (10\text{-}2\text{-}1)$$

2)停站时间周期约束

设列车 m 在车站 s 的停车时间范围为$[l_m^s,u_m^s]$,停站周期约束可表示为:

$$x_m^s \in [l_m^s,u_m^s]_T \quad \forall m \in M^L, \forall s \in S^L \qquad (10\text{-}2\text{-}2)$$

3)列车到发安全间隔周期约束

城市轨道交通列车以闭塞分区间隔运行,两列车间设有安全间隔。设 h 为列车追踪间隔时间,列车到发安全间隔周期约束可表示为:

$$x_{m,m'}^s \in [h,T-h]_T \quad \forall m,m' \in M^L, \forall s \in S^L \qquad (10\text{-}2\text{-}3)$$

4)列车折返周期约束

设列车 m 在车站 s 进行折返作业的时间标准是$[l_m^{s,z},u_m^{s,z}]$,列车折返周期约束可表示为:

$$x_m^s \in [l_m^{s,z}, u_m^{s,z}]_T \quad \forall m \in M^L, \forall s \in S^L \tag{10-2-4}$$

5)网络线间列车换乘周期约束

城市轨道交通成网后,乘客换乘是否方便是用来评估运行图的重要标准,乘客换乘周期约束图如图 10-2-1 所示。

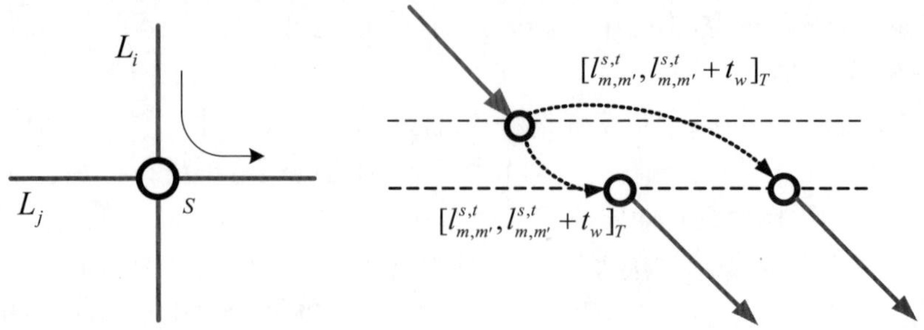

图 10-2-1　乘客换乘周期约束图

设 L_i 线列车 m 在车站 s 换乘到 L_j 线列车 m' 平均步行时间为 $l_m^{s,t}$,给定一个站台等待时间标准 t_w,换乘周期约束可表示为:

$$x_{m,m'}^s \in [l_{m,m'}^{s,t}, l_{m,m'}^{s,t} + t_w]_T \quad m \in M^{L_i}, m' \in M^{L_j}, s \in S^{L_i}, S^{L_j} \tag{10-2-5}$$

2.2.3　换乘等待时间

为了提供服务水平,编制网络列车运行图时,应该考虑在尽量减少乘客在换乘站的换乘等待时间,在列车间隔较大的平峰时段尤为重要。本模型中乘客换乘总等待时间 $t_{换乘}$ 可表示为:

$$t_{换乘} = \sum_{m,m'} \sum_s x_{m,m'}^s \quad m \in M^{L_i}, m' \in M^{L_j}, s \in S^{L_i}, S^{L_j} \tag{10-2-6}$$

2.2.4　模型有解的充要条件

对于周期势差模型,当且仅当约束图 $G=(V,A)$ 生成树 H 的任意基本圈 c 满足:

$$\frac{1}{T}\lceil u^{\mathrm{T}}\gamma^- + l^{\mathrm{T}}\gamma^+ \rceil \leqslant q \leqslant \frac{1}{T}\lfloor u^{\mathrm{T}}\gamma^+ + l^{\mathrm{T}}\gamma^- \rfloor \tag{10-2-7}$$

时,模型有可行解。

2.2.5　网络列车运行图模型

综合本节以上分析,城市轨道交通网络运行图模型约束图网络结构如图 10-2-2 所示。

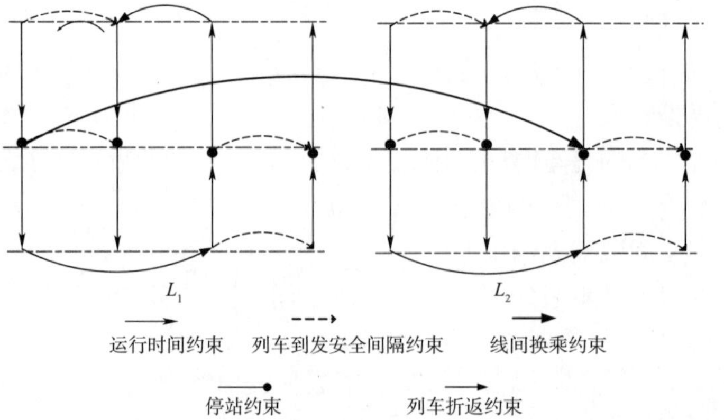

图 10-2-2　网络周期运行图约束图

网络列车运行图编制模型表示如下。

$$\min f = \sum_{m,m'} \sum_{s} x^{s}_{m,m'}$$

$$\text{s.t.}\quad F^{T}x = Tq \qquad x \in G \qquad ①$$

$$x \in [l,u]_{T} \qquad x \in G \qquad ②$$

$$\frac{1}{T}\lceil u^{\mathrm{T}}\gamma^{-} + l^{\mathrm{T}}\gamma^{+} \rceil \leqslant q^{c} \leqslant \frac{1}{T}\lfloor u^{\mathrm{T}}\gamma^{+} + l^{\mathrm{T}}\gamma^{-} \rfloor \qquad ③$$

$$x \in Z^{|A|} \qquad q \in Z^{|C|} \qquad ④$$

$$c \in C$$

$$m \in M^{L_i}, m' \in M^{L_j}, s \in S^{L_i}, S^{L_j}$$

$$L_i, L_j \in L$$

上述模型中,目标函数 f 表示减少乘客的总换乘等待时间,约束式①表示运行图约束图 G 关于一个生成树 H 的所有基本圈 c 都满足 $\sum_{(i,j)\in c^{+}} x_{ij} - \sum_{(i,j)\in c^{-}} x_{ij} = Tq^{c}$,约束式②表示本章2.2节中所有的运行图周期约束,约束式③表示模型有解的充要条件,约束式④表示各变量的整数约束。

2.3　网络运行图模型求解算法分析

2.3.1　约束图生成树的选择

约束图基本圈组中每个基本圈的等式与不等式约束构成了周期运行图模型的所有约束条件。约束图的基本圈组并不是唯一的,所以选择合适的生成树对于求解模型是很关键的。观察图10-2-2可以发现,周期运行图约束图由车站时间约束和区间运行时间约束两部分组成。选择各线各方向任意一条运行线以及该运行线与各发车点之间的弧为生成树,可以保证每添加一条连枝与生成树构成一个三角形或四边形的基本圈。

2.3.2　到发安全间隔约束基本圈

图10-2-2约束图 G 中到发安全间隔周期约束与生成树构成了三角形基本圈,如图10-2-3所示。

由不等式(10-2-7)可得:

$$\lceil (3h - T)/T \rceil \leqslant q^{c} \leqslant \lfloor (2T - h)/T \rfloor$$

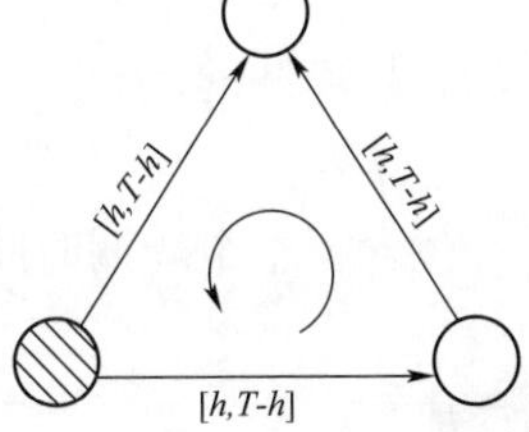

图10-2-3　到发安全间隔约束基本圈

由上述公式可以看出,只要指定的圈正方向不变,无论三角形顶点和弧如何变化,q^{c} 值的取值范围都不会变,$q^{c} \in \{0,1\}$。

2.3.3　列车运行约束基本圈

图10-2-2约束图 G 中列车运行约束、停站约束与生成树构成四边形基本圈,如图10-2-4a)所示。

根据本章2.2.2节周期约束特性,可以将列车运行约束、停站约束合并为一条周期约束,于是四边形基本圈[图10-2-4a)]可以简化为四边形基本圈[图10-2-4b)]。四边形基本圈中的出现相对弧势差为固定值且方向相同时,可以将固定势差舍去。因此,四边形基本圈[图10-2-4b)]可以进一步化简为四边形基本圈[图10-2-4c)]。

由不等式(10-2-7)可得

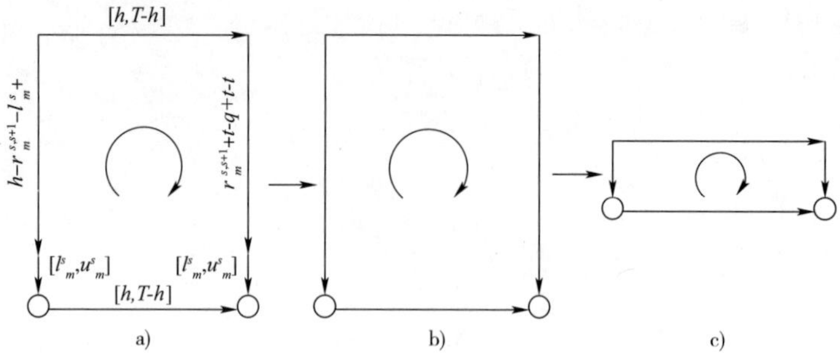

图 10-2-4　列车运行约束基本圈

$$\lceil (2h + l_m^s - u_m^s - T)/T \rceil \leqslant q^c \leqslant \lfloor (T - 2h - l_m^s + u_m^s)/T \rfloor$$

无论圈的正方向、四边形顶点和弧如何变化，q^c 均取值 0。

2.3.4　列车折返约束基本圈

令列车 l_1、l_2 到达折返车站的时间分别为 a_1、a_2，列车 l_3、l_4 由车站折返发出的时间分别为 d_1、d_2。列车折返约束基本圈可以参照图 10-2-5a)。

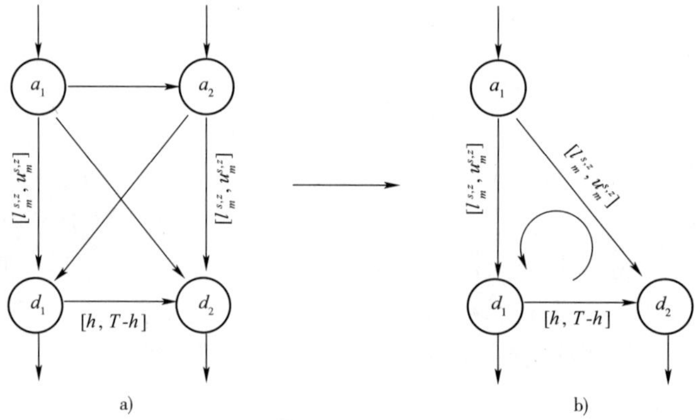

图 10-2-5　列车折返约束基本圈

由约束图可得 $d_1 - a_2 = d_2 - a_1 \in [l_m^{s,z} + h, u_m^{s,z} + T - h]_T$，此时：

$$[l_m^{s,z}, u_m^{s,z}]_T \cap [l_m^{s,z} + h, u_m^{s,z} + T - h]_T$$

不是离散的，当 $u_m^{s,z} - l_m^{s,z} \geqslant 2h$ 时：

$$[l_m^{s,z} + h, u_m^{s,z} + T - h]_T$$

包含了整个周期时间轴，因此下式条件：

$$[l_m^{s,z}, u_m^{s,z}]_T \subset d_1 - a_2 = d_2 - a_1$$

始终成立。

根据本章 2.2.2 节周期约束特性，列车折返约束基本圈[图 10-2-5a)]可以化简为[图 10-2-5b)]，即当：

$$d_2 - d_1 \in [h, T - h]_T, d_1 - a_1 \in [l_m^{s,z}, u_m^{s,z}]_T$$

满足时，三角形基本圈[图 10-2-5b)]始终成立。

由不等式(10-2-7)可得：

$$\lceil (h + l_m^{s,z} - u_m^{s,z})/T \rceil \leqslant q^c \leqslant \lfloor (T - h - l_m^{s,z} + u_m^{s,z})/T \rfloor$$

只要指定的圈正方向不变，无论三角形顶点和弧如何变化，q^c 值的取值范围都不会变，

$q^c \in \{0,1\}$。

2.3.5　列车换乘约束基本圈

编制网络列车运行图时,如果考虑所有换乘方向和列车间的换乘,两线换乘车站需要考虑8个方向,3线换乘可能要考虑24个方向。由于列车区间运行时分多为刚性设置,因此,不可能满足所有换乘站和换乘方向的衔接。为了避免模型无解,可考虑仅在平峰阶段考虑主要换乘站主要换乘方向列车间的衔接。

为了提高线间衔接的质量,可以仅考虑一列列车与多列列车间的衔接。令列车 l_1 到达换乘车站的时间为 a_1,接续列车 l_2、l_3 由该站车站发出的时间分别为 d_1、d_2。由上小节的分析可知,当 $t_w \geqslant 2h$ 时,列车换乘约束基本圈可以参照图10-2-5b)。

由不等式(10-2-7)可得:

$$\lceil (h - t_w)/T \rceil \leqslant q^c \leqslant \lfloor (T - h + t_w)/T \rfloor$$

只要指定的圈正方向不变,无论三角形顶点和弧如何变化,q^c 的取值范围都不会变,$q^c \in \{0,1\}$。

2.4　网络列车运行图编制算例

本节以北京城市轨道交通局部网络为例,研究网络列车运行图的编制方法。北京城市轨道交通1号线、2号线和5号线所构成网络如图10-2-6所示,箭头为考虑优化的换乘衔接方向,各方向的优先级一致。

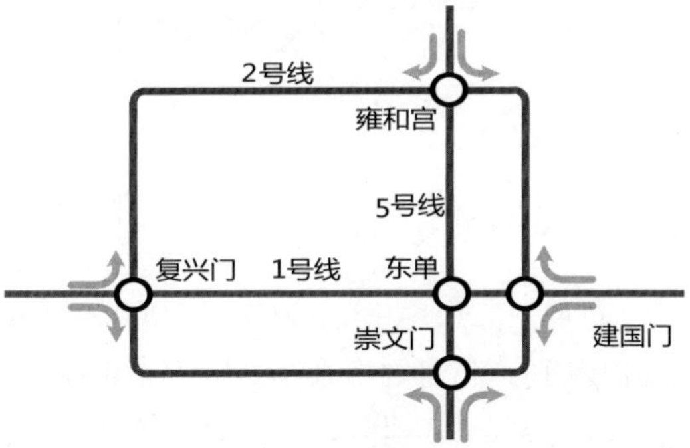

图10-2-6　北京城市轨道交通网络

2.4.1　网络列车运行图时间要素

本节假设1号线、2号线和5号线所有列车的区间运行时间、启停附加时分以及通过车站站停时间为固定值,复兴门、雍和宫、东单、建国门和崇文门等换乘站站停时间为可调整的弹性时间。部分时间要素见表10-2-1。

网络列车运行图时间要素(单位:s)　　表10-2-1

时间要素	1号线	2号线	5号线
周期时间段 T	1 200	1 200	1 200
最小发车间隔 h	125	120	170
换乘站站停时间下限	50	45	50
换乘站站停时间上限	90	90	90
最小折返时间	120(苹果园)	—	150(天通苑北)
	120(四惠东)	—	150(宋家庄)
折返时间上限	380(苹果园)	—	500(天通苑北)
	380(四惠东)	—	500(宋家庄)

2.4.2　换乘站换乘衔接时间标准

为避免本节模型出现无解的情况,本节模型仅考虑1号线和2号线进城方向列车与环线列车的换乘衔接(图 10-2-6),各项衔接时间标准如表 10-2-2 所示。

换乘衔接时间标准(含走行时间,单位:s)　　表 10-2-2

车　站	衔 接 方 向	衔接时间下限	衔接时间下限
复兴门	1 上换 2 上	60	360
	1 上换 2 下	60	360
雍和宫	5 下换 2 上	120	420
	5 下换 2 下	120	420
建国门	1 下换 2 上	90	360
	1 下换 2 下	90	360
崇文门	5 上换 2 上	240	540
	5 上换 2 下	240	540

2.4.3　网络列车运行图模型运算结果与分析

本模型算例运算后的最优解,网络总换乘等待时间为 3275s(含换乘走行时间)。

受文章篇幅限制,本节仅画出轨道交通 1 号线、2 号线和 5 号线下行方向换乘站间的列车运行图,分别见图 10-2-7、图 10-2-8 和图 10-2-9。由于列车在周期时间段内是按规律重复运行的,可以将区段内所有列车运行线画在一个周期时段的运行图内。考虑到列车在区间的运行时间以及在非换乘车站的站停时间为固定值,为清楚表示出模型运算的结果,本节将经过这些非换乘车站的折线运行线用直线代替。

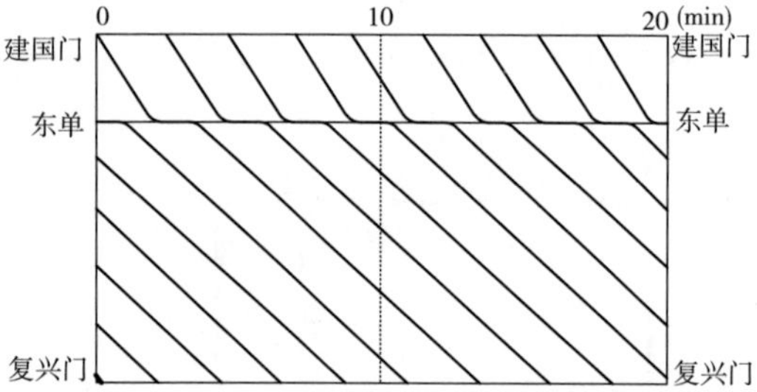

图 10-2-7　1 号线下行列车周期运行图

运算结果中,各线平峰时段抽线后的运行图在建国门、雍和宫两换乘车站的换乘衔接效果见图 10-2-10 和图 10-2-11。

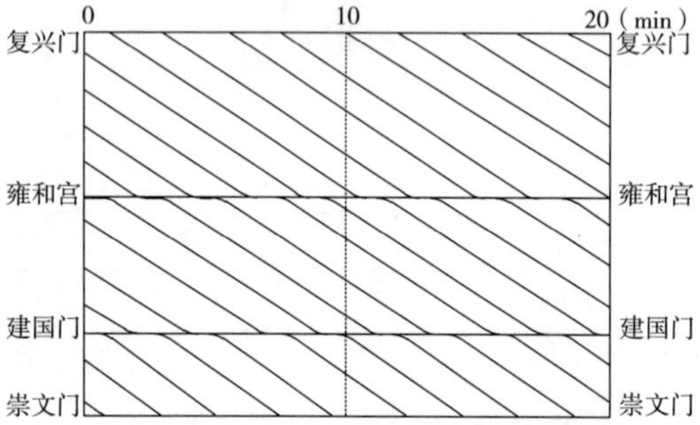

图 10-2-8　2 号线下行列车周期运行图

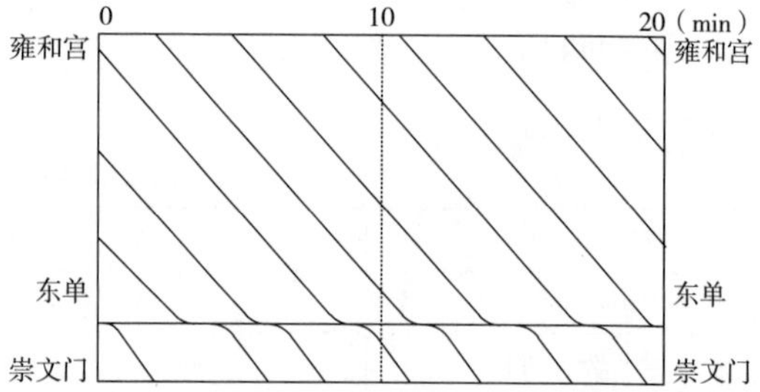

图 10-2-9　5 号线下行列车周期运行图

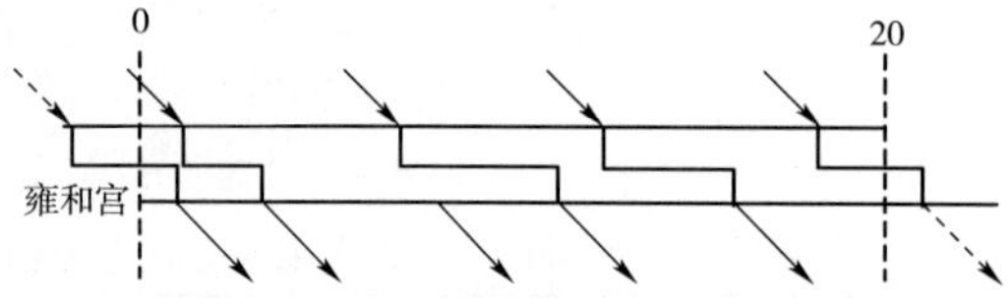

图 10-2-10　平峰时段雍和宫站列车衔接效果
(5 号线下行换 2 号线下行)

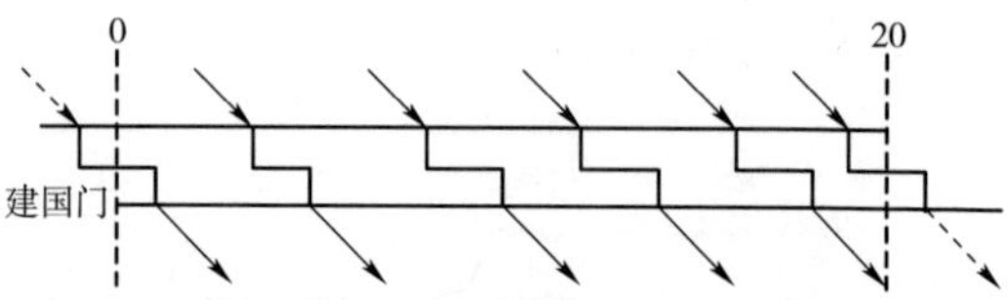

图 10-2-11　平峰时段建国门站列车衔接效果
(1 号线下行换 2 号线下行)

雍和宫站 5 号线下行换乘 2 号线下行方向列车，平均花费 3min10s，其中换乘走行时间为 2min，乘客平均候车时间为 1min10s。

建国门站 1 号线下行换乘 2 号线下行方向列车，平均花费 1min55s，其中换乘走行时间为 1min30s，乘客平均候车时间为 25s。

列车在换乘站的站停时间都在 40s 以上，因此乘客站台实际等待时间要比候车时间更少，如在图 10-2-11 中，1 号线换乘乘客步行至 2 号线建国门车站站台时，下行方向列车已经到达车站。

3　运力优化配置与运行图编制方法研究与应用前景

本章的研究内容为城市轨道交通网络运力优化配置和运行图编制提供了新的思路和方法，所采用的研究方法和取得的结论，对今后进一步科学、高效地制定网络运力配置计划，编制网络列车运行图具有一定的参考价值。

(1)城市轨道交通网络的迅速发展以及客流变化的复杂特性，给城市轨道交通网络运力配置及其优化带来了新的挑战，可从控制运营成本、提高客运服务等角度出发制定基于网络优化的运力配置方法。通过模型求解运力配置，减少了人为主观判断，简化了工作流程，为科学制定网络运力配置计划奠定了基础。

(2)机会约束模型求解网络运力优化配置，将网络线路间运力配置通过乘客换乘等待时间联系了在一起，并且通过引入客流的不确定性因素，使模型既能满足网络化运营需求，又能积极应对客流的波动变化。

(3)运力配置计划与断面客流量密切相关，因此应该对客流量及其变化做比较细致的预测和分析，使运力真实反映和适应客流在一定范围内的变化，更好地发挥模型的优势。

(4)列车运营模式将直接影响网络运力的优化配置结果。本章实际算例表明，基于“周期化运行”的运营模式，具有乘客服务水平高，运用灵活，能力利用率高，列车运行图铺画容易等诸多优点，可以成为今后城市轨道交通选择的运输组织模式。

(5)将编制轨道交通列车运行图看成为周期事件安排问题(PESP)，周期势差模型将 PESP 模型进一步深化发展，不但有助于对周期运行图编制的理解和分析，而且降低了求解实际问题的难度。

(6)网络列车周期运行图模型为解决编制轨道交通网络运行图的问题提供了一个有效的方法，模型中同时考虑了列车区间运行时间、停站时间、到发安全间隔、列车折返等周期约束，在网络换乘站进一步考虑了旅客换乘周期约束，将轨道交通网络各线关联了起来。

(7)列车在周期时间段内是按规律运行的，将区段内所有列车运行线画在一个周期时段的运行图内，非常简洁地将全天运行图运行线特征表示出来。将周期运行图复制到轨道交通全天运营时段内，可以得到初始全天列车运行图；在高峰阶段，列车按照满表运行线运行；在非高峰阶段，列车可按照抽取部分运行线的运行图运行；在早出车和晚收车阶段，由于列车间隔较大，列车间影响较小，可以结合列车进出段的约束条件，对部分列车运行线再进行细微调整。

(8)实际数据和计算表明，网络列车周期运行图模型及其优化算法是可行的，本模型可以扩展到更大规模的网络结构条件下进行网络列车周期运行图的求解,为编制实际网络运行图提供决策支持。另外,本章 2.2 节模型的目标函数为优化网络线间列车的换乘衔接,还可以考虑减少各线开行的列车数量,对网络运用车组总数进行优化。

4 本章小结

本章介绍了北京城市轨道交通网络运力配置实际情况;研究了针对不同时段运营特点的网络运力优化配置模型及其求解方法;以北京城市轨道交通网络为例,对平日各线运力进行了优化配置,对所得结果进行了分析。

本章还介绍了城市轨道交通周期运行图编制的特点,研究了网络列车周期运行图模型及其求解方法;以北京城市轨道交通网络为例,铺画了网络单元周期运行图。

参 考 文 献

[1] 北京城市轨道交通网络化运营研究[R].2009 北京市科技计划项目.

[2] 张国宝,傅嘉,刘明姝. 城轨列车非站站停及派生的越行问题研究[J]. 都市快轨交通,2005(5):18-22.

[3] 刘丽波,叶霞飞,顾保南.东京私铁快慢车组合运营模式对上海市域轨道交通线的启示[J].城市轨道交通研究,2006(11):38-41.

[4] Christian Liebchen, Rolf H. Möhring. A Case Study in Periodic Timetabling[J]. Electronic Notes in Theoretical Computer Science. 2002,66 (6):1-14.

[5] M. A. Odijk. A Constraint Generation Algorithm for the Construction of Periodic Railway Timetables. Transportation Research Part B. 1996,30(6):455-464.

[6] 方蕾,庞志显. 城市轨道交通客流与行车组织分析[J]. 城市轨道交通研究,2004(5):42-45.

[7] D. B. Clarke. An Examination of Kailroad Capacity and Its Implications for Rail-highway Intermodal Transportation [D]. Ph. D. Dissertation. Knoxville: University of Tennessee, 1995.

[8] 胡毓达.实用多目标规划[M].上海:上海科学技术出版社,1990.

[9] 刘宝碇,赵瑞清,王纲.不确定规划及其应用[M].北京:清华大学出版社 &Springer Press, 2003.

[10] 李得伟,韩宝明.行人交通[M].北京:人民交通出版社,2011.

[11] Leon. Peeters. Cyclic Railway Timetable Optimization[D].2003.

[12] Liebchen,Christian and Rolf H. Möhring. The Modeling Power of the Periodic Event Scheduling Problem: Railway timetables -and beyond. Preprint 020/2004, TU Berlin, Mathematical Institute.

[13] 彭其渊,杨明伦.计算机编制双线实用货物列车运行图的整数规划模型及求解算法[M].北京:中国铁道出版社,1994.

[14] 彭其渊,朱松年,王培.网络列车运行图的数学模型及算法研究[J].铁道学报,2001,23(1):1-8.

[15] 许红,马建军,龙建成,等.城市轨道交通列车运行图编制的数学模型及方法[J].北京交通大学学报,2006,30(3):10-14.

[16] 江志彬,徐瑞华,吴强,等.计算机编制城市轨道交通共线交路列车运行图[J].同济大学学报,2010,38(5):692-696.

[17] 須田寛.東海道新幹線[M].東京:大正出版株式会社,1989.

[18] M A Odijk. Railway Timetable Generation[D]. Delft:Delft University of Technology,1997.

[19] 汪波,杨浩,牛丰,等.周期运行图编制的模型与算法研究[J].铁道学报,2007,20(5):1-6.

[20] 汪波,韩宝明,牛丰,等.城市轨道交通网络运力优化配置研究[J].铁道学报,2011,33(12):9-14.

[21] Christian Liebchen. Periodic Timetable Optimization in Public Transport[M]. Berlin: Dissertation. de ,2006.

[22] 王朝瑞. 图论[M]. 北京:北京理工大学出版社,2001.

[23] Serafini P, Ukovich W. (1989b) A Mathematical Model for the Fixed-time Traffic Control Problem[J]. European Journal of Operation Research,1989,42(2):152-165.

[24] 毛保华. 城市轨道交通系统运营管理[M]. 北京:人民交通出版社,2006.

[25] 北京轨道交通列车运行图编制相关规定(试行). 2010,北京.

[26] 邱奎. 轨道交通线路折返能力与信号系统[J]. 城市轨道交通,2010,6:40-45.

[27] 赵荣华,杨中平. 轨道交通牵引供电系统仿真中的算法研究[J]. 公路运输,2007,6:96-102.

[28] 刘海东,等. 不同闭塞方式下城轨列车追踪运行过程及其仿真系统的研究[J]. 铁道学报,2005,2:120-126.

[29] 北京市轨道交通昌平线工程可行性研究报告[R]. 2010.

[30] Alfred V. Aho, John E. Hopcroft, Jeffrey D. Ullman. The Design and Analysis of Computer Algorithms[M]. Addison-Wesley, 1974.

[31] 汪波. 北京城市轨道交通路网末班车调整研究[J]. 现代城市轨道交通,2010(1):41-44.

[32] 汪波,韩宝明,战明辉,等. 轨道交通网络列车运行图编制研究[J]. 铁道学报,2013(4):8-13.

[33] 钱仲侯. 高速铁道概论[M]. 2 版. 北京:中国铁道出版社,1999.

[34] 时颢. 我国高速铁路列车运行图采用模式的分析[J]. 铁道学报,2000,22(1):92-97.

[35] 陈慧,杨浩. 客运专线周期运行图列车开行方案的研究[J]. 铁道运输与经济,2006,28(12):80-83.

[36] 周双贵,尚寿亭. 一般周期事件排序的网络模型及算法[J]. 铁道学报,2001,23(2):13-16.

[37] 汪波,杨浩. 基于规格运行图的铁路客运专线通过能力的研究[C]//2005 全国博士生学术论坛(交通运输学科)论文集. 北京:中国铁道出版社,2005:292-299.

[38] 山下修, 富井規雄, 榎田智康. ディジタルATC 対応運転曲線作成システムの開発[J]. 鉄道総研報告,2003,17(12): 7-12.

[39] M. T. Claessens, N. M. van Dijk, Zwaneveld. Cost Optimal Allocation of Rail Passenger Lines[J]. European Journal of Operational Research. 1998,110(3):474-489.

[40] Katja Boos. Line Planning in Railway System[Z]. 2002,10.

[41] Chang Y H,Yeh C H,Shen C C. A Multiobjective Model for Passenger Train Services Planning:Application to Taiwan's High-Speed Rail Line[J]. Transportation Research Part B. 2000,34:91-106.

[42] Jan-Willem Goossens. Models and Algorithms for Railway Line Planning Problem[Dissertation],2004.

[43] Ralf Borndorfer,Martin Grotschel,M. E. Pfetsch. Models for Line Planning in Public Trans-

port[R]. Berlin Germany,2004.

[44] Schrijver A. ,Steenbeek A. Timetable Construction for Railned[R]. Netherland. 1994.

[45] M. A. Odijk,van der Aalst W. M. P. A Petri Net Based Tool to Evaluate the Performance of Railway Junction Track Layouts[C]. Proceedings of the European Simulation Multiconference, Barcelona. 1994,207-211.

[46] Rozema. RailEase:Ondersteuning bij het specificeren van Railinfrastructuur in Knooppunten [R]. Deflt University of Technology, Defft,Netherland. 1994.

[47] J. H. A. van den Berg, M. A. Odijk. DONS:Computer aided design of regular service timetables[J]. Railway Operations, Computers in railways IV,1994,2:109-115.

[48] K. Natchtigall. Periodic Network Optimization with Different Arc Frequencies[J]. Discrete Applied Mathematics,1996(69):1-17.

[49] K. Natchtigall,S. Voget. A genetic algorithm approach to periodic railway synchronization [J]. Computers & Operations Research,1996,23(5):453-463.

[50] K. Natchtigall,S. Voget. Minimizing Waiting Times in fixed interval Integrated Interval Timetables By Upgrading Railway Tracks[J]. European Journal of Operational Research,1997, 103:610-627.

[51] Carloe Giesemann. Periodic Timetable Generation[C]. Seminar on Algorithms and Models for Railway Optimization. University of Constance. 2002.

[52] P. J. Zwaneveld,L. G. Kroon,H. E. Romeijn Salomon,S. Dauzere- Peres,S. P. M. Van Holland H. W. Ambergen. Routing Trains Through Railway Satations: Model Formulation and Algorithms[J]. Transportation Science,1996,30:181-194.

[53] Peter J. Zwaneveld ,Leo G. Kroon, Stan P. M. van Hoesel. Routing trains through a railway station based on a Node Packing model[J]. European Journal of Operational Research, 2001,128(1):14-33.

[54] Christian Liebchen. Symmetry for Periodic Railway Timetables[J]. Electronic Notes in Theoretical Computer Science,2004,92:43-51.

[55] Narayan Rangaraj. An Analysis of Cyclic Timetables for Suburban Rail Services[J]. ABHIVYAKTI, 2005,16(1):26-30.

[56] Solution of Real- World Train Timetabling Problems.

[57] Leo G. Kroon, Leon W. P. Peeters. A Variable Trip Time Model for Cyclic Railway Timetabling[J]. Transportation Science, 2002,37(2):198-212.

[58] Christian Liebchen, Mark Proksch, Frank H. Wagner. Performance of Algorithms for Periodic Timetable Optimization[R]. Technische Universitat Berlin,2004.

[59] Thomas Lindner. Train Schedule Optimization in Public Rail Transport[Dissertation].2000.

[60] 奥瀬正行. 平成13年秋ダイヤ改正に伴うのぞみ利用促進[J]. JREA, 2001,44(11): 21-23.

[61] 藤野修. のぞみの10年、次の10年[J]. 鉄道ジャーナル, 2003,435(1):46-51.

[62] 須田寛. 東海道新幹線の現状と展望[J]. 鉄道ジャーナル, 2002,423(1):75-81.

[63] 上林整，奥瀬 正行，東海道新幹線の平成 15 年 10 月ダイヤ改正と旅客サービスについて[J]. JREA,2003,46(10):54-56.

[64] 東海道山陽新幹線時刻表(2007.7－2007.9). JR 東海.

[65] 東北、山形、秋田新幹線時刻表(2007.7－). JR 西日本.

[66] 上越、長野新幹線時刻表(2007.7－). JR 西日本.

[67] Serafini P, Ukovich W. A Mathematical Model for Periodic Scheduling Problems[J]. SIAM J. Discrete Math,1989,2(4):550-581.

[68] C. Hanen. Study of a NP-hard Cyclic Scheduling Problem:the Recurrent Job-Shop[J]. European Journal of Operation Research,1994,72:82-101.

[69] Gertsbakh ,Serafini P. Periodic Transportation Schedules with Flexible Departure Times [J]. European Journal of Operation Research, 1991,40:298-309.

[70] Rockafellar R. T. Network Flowers and Monotropic Optimization[M]. New York: John Wiley, 1984:173-201.

[71] 殷剑宏，吴开业. 图论及其算法[M]. 合肥：中国科学技术大学出版社, 2005.

[72] 徐俊明. 图论及其应用[M].2 版. 合肥：中国科学技术大学出版社, 2005.

[73] Wong, Rachel C. W. and Janny M. Y. Leung. Timetable synchronization for mass transit railway[C]. Homepage of the Ninth International Conference on Computer- Aided Scheduling of Public Transport (CASPT), Mark Hickman, Pitu Mirchandani, and Stefan Vol,2004.

[74] 徐行方，朱学杰. 沪宁杭城际列车开行密度的统计分析[J]. 同济大学学报(自然科学版),2005,33(2): 174-178.

[75] 冯启富. 关于京津城际轨道交通公交化的研究[J]. 铁道经济研究, 2006,03:28-30.

[76] 史峰，邓连波，黎新华，方琪根. 客运专线相关旅客列车开行方案研究[J]. 铁道学报, 2004,26(2):16-20.

[77] 刘宝碇，赵瑞清. 随即规划与模糊规划[M]. 北京：清华大学出版社,1998.

[78] 谢如鹤，等. Logit 模型在广深铁路客流分担率估算中的应用[J]. 中国铁道科学, 2006,27(3):111-116.

[79] 仇智勇. 铁路客运专线的客运量预测[J]. 铁道运输与经济, 2004,4:47-48.

[80] 马波涛，张于心，赵翠霞. 运用 Logit 模型对高速客流分担率的估计[J]. 北京交通大学学报, 2003,27(2):66-69.

[81] Horton, Joseph Douglas. A Polynomial-Time Algorithm to Find the Shortest Cycle Basis of a Graph[J]. SIAM Journal on Computing, 1988,16(2):358-366.

[82] Golynski, Alexander and Joseph Douglas Horton (2002). A Polynomial Time Algorithm to Find the Minimum Cycle Basis of a Regular Matroid[C]. In Martti Penttonen and Erik Meineche Schmidt (Eds.), SWAT, Volume 2368 of Lecture Notes in Computer Science: 200-209.